Köhler/Weiß
Praxisbuch Seminarleitung

Katja Köhler / Lorenz Weiß

Praxisbuch Seminarleitung

Kompetenzorientiertes Führen und Gestalten von Studienseminaren in der Lehrer_innenausbildung

Katja Köhler ist als Seminarrektorin in der Lehrerausbildung von Grundschullehramtsanwärtern in Bayern tätig. Sie ist Beratungslehrkraft, Lehrbeauftragte und Zweitprüferin an der Universität Bayreuth.

Lorenz Weiß ist als Seminarrektor in der Lehrerausbildung von Grundschullehramtsanwärtern in Bayern tätig. Er ist Trainer für Unterrichtsentwicklung, Lehrbeauftragter an der Friedrich-Alexander-Universität Erlangen-Nürnberg und Moderator für eine wahrnehmungs- und wertorientierte Schulentwicklung.

Dieses Buch ist erhältlich als:
ISBN 978-3-407-25870-0 Print
ISBN 978-3-407-25875-5 E-Book (PDF)

1. Auflage 2020

Layout/Reihenkonzept: glas ag, Seeheim-Jugenheim
Umschlaggestaltung: Michael Matl
Umschlagabbildung: © gettyimages/ALotOfPeople

Satz und Herstellung: Michael Matl
Druck und Bindung: Beltz Grafische Betriebe, Bad Langensalza
Beltz Grafische Betriebe ist ein Unternehmen mit finanziellem Klimabeitrag (ID 15985-2104-1001).
Printed in Germany

Weitere Informationen zu unseren Autor_innen und Titeln finden Sie unter: www.beltz.de

Inhalt

Einführung: Seminarleitungen als Träger unterschiedlicher beruflicher Rollen

Sie interessieren sich für das berufliche Wirken und Gestalten in der Studienseminarleitung? Unserer Erfahrung nach ist dies eine anspruchsvolle, aber auch eine der schönsten und bereichernden Tätigkeiten in der Lehrerbildung, die viele Freiheiten mit sich bringt und mit vielerlei Vorstellungen verbunden ist, die bei Lehrkräften, die selbst im Studienseminar waren, oft biografisch geprägt sind.

Die Studienseminarleitung ist eine verantwortungsvolle, reizvolle und herausfordernde Gestaltungsaufgabe im schulischen Bereich der Lehrerbildung. Die Vielseitigkeit der Aufgaben, die Quantität der intensiven sozialen Kontakte, die Breite der Themen und die Übernahme von Verantwortung machen diese Tätigkeit so attraktiv. Fachliche und pädagogisch nachhaltige Wirksamkeit sowie die Wertschätzung der Zusammenarbeit von Lehramtsanfängern untereinander und in Kooperation mit deren Vorgesetzten im Studienseminar hängen in hohem Maße vom Engagement, von der Kommunikationsfähigkeit und von den Kompetenzen der Studienseminarleitung ab.

In der Regel lernen Studienseminarleitungen das, was sie können sollen, im laufenden Alltagsprozedere, also »on the job«, erhalten vielleicht einen Unterstützungslehrgang und bekommen erfahrene Kollegen an die Seite. Die vorliegende Veröffentlichung ist Praxishandbuch und Praxisanleitung zugleich, um Lehrenden, die neu in diese Tätigkeit starten, aber auch erfahrenen Studienseminarleitungen einen Überblick über die Anforderungen sowie die typischen Handlungsfelder von Studienseminarleitungen oder neue Impulse zu geben. Das Buch soll diesen Personengruppen ermöglichen, ziel- und adressatengerecht berufliche Handlungskompetenz und die damit verbundenen Anforderungen als Lehrerausbilder zu erlangen.

Um eine ausgeschriebene Stelle als Studienseminarleitung zu erhalten, weisen Lehrende im Rahmen ihrer Unterrichtstätigkeit etwa durch ihre Tätigkeit in der Schulleitung als Rektor, Konrektor, Beratungsrektor etc. nach, dass sie über ausgewiesene fachwissenschaftliche, fachdidaktische, allgemeindidaktische und pädagogische Urteilskraft und Kenntnisse verfügen. Zusätzlich spielen sicher vielfältige Erfahrungen in den Bereichen Schulentwicklung und Aus- und Fortbildung eine Rolle ebenso wie eine professionelle und loyale Haltung zum Arbeitgeber.

Mit dem Beginn der neuen Tätigkeit beweisen sich Studienseminarleitungen als Führungskraft (Kapitel 1) in den Handlungsfeldern »Studienseminarleitungen als Ausbilder« (Kapitel 2), als Berater (Kapitel 3), als Prüfer und Beurteiler (Kapitel 4) und als Gestalter und Entwickler (Kapitel 5) in der Lehrerausbildung. Die beiden letzten Kapitel zeigen die Studienseminarleitung als Profi im Umgang mit herausfordernden Situationen (Kapitel 6) und als Profi in der Gesprächsführung und im Umgang mit schwierigen Lehramtsanfängern (Kapitel 7).

Herzlicher Dank gilt unserer Lektorinnen für die konstruktive Zusammenarbeit sowie allen unseren Lehramtsanfängern, die uns wohlwollend und konstruktiv während der gemeinsamen Arbeit Rückmeldung geben. Nicht zuletzt danken wir auch unseren Studienseminarleitungen Ingrid Dröse und Christine Nerrlich, die uns in unserer eigenen Ausbildungszeit und darüber hinaus stets wohlgesonnen begleitend Mut zum kreativen Handeln gaben und uns persönlich bereichert, gefördert, gefordert und unterstützt haben. Weiterer Dank gilt des Weiteren all den Vorgesetzten, die uns in unserer aktuellen Arbeit im Studienseminar unterstützen und im wertschätzenden Gespräch begleiten, und natürlich all den Kolleginnen und Kollegen in der Lehrerausbildung, mit denen es möglich war, intensiv in der Sache zu ringen und Lehrerbildung weiterzuentwickeln, im Besonderen zählen dazu Monika und Uli Wandel, Stefan Kuen, Volkmar Weinhold sowie Matthias Krisch.

Wir haben die unserer Meinung nach wichtigsten Aspekte zusammengefasst, nicht alles ist möglich niederzuschreiben. Bei der Auswahl war es für uns wichtig, dass die Informationen zum einen direkt praktisch verwertbar sind und dass zum anderen die Handlungsschritte, die sich mehrfach erfolgreich seminartechnisch und -didaktisch in unserer langjährigen Tätigkeit in der zweiten Phase der Lehrerbildung bewährt haben, als Fundgrube für andere dienen können.

Haben Sie Fragen, Anmerkungen oder Interesse an einer Zusammenarbeit oder Fortbildung zur Studienseminarentwicklung, können Sie sich gerne an uns wenden.

Wir wünschen Ihnen viel Erfolg, Zufriedenheit und Gelassenheit in diesem Beruf und sind gespannt auf Ihre Rückmeldungen unter: lorenz.weiss@web.de

Katja Köhler und Lorenz Weiß[1]

1 Aufgrund der Verschiedenheit der Lehrämter und der Bezeichnungen der Lehrnovizen in Ausbildung verwenden wir den Begriff »Lehramtsanfänger«. Mit diesem Begriff sind alle Geschlechter gemeint und sollen sich auch angesprochen fühlen.

Studienseminarleitungen als Führungskraft | 1

An die Tätigkeit der Studienseminarleitung als Führungskraft sind vielerlei Erwartungen geknüpft. Als Funktionsträger und Stelleninhaber in der Lehrerbildung benötigt die Studienseminarleitung kommunikative Fähigkeiten und die Bereitschaft, soziale Verantwortung zu übernehmen. Im Rahmen fachlicher und konzeptioneller sowie methodischer Qualifikation wird in diesem Kapitel die Studienseminarleitung als Führungskraft beschrieben. Dabei werden Impulse gegeben, die zur Ausbildung von Rollenklarheit beitragen, und es werden Möglichkeiten der Führung auch im Rahmen bewusst gestalteter Gruppenprozesse und -phasen vorgestellt. Daran anschließend werden zwei Möglichkeiten der Öffentlichkeitsarbeit aufgezeigt, die dazu beitragen, Verständnis und Transparenz für die Arbeit im Studienseminar zu schaffen.

Seminarleitungen als Träger unterschiedlicher beruflicher Rollen | 1.1

Der Umbruch von der »herkömmlichen« Lehrkraft oder vom Funktionsträger in anderen Bereichen hin zur (Studien-)Seminarleitung geht mit einer Vielzahl an neuen Anforderungen und Herausforderungen einher. Im Folgenden zeigen wir einen Ausschnitt unterschiedlichster Aufgaben- (s. 1.1.1) und Rollenanforderungen (s. 1.1.2 bis 1.1.5), die die Leitung eines Studienseminars mit sich bringt, und stellen eine Möglichkeit vor, sich selbstreflexiv mit dem eigenen Rollenverständnis als Studienseminarleitung auseinanderzusetzen. Das soll selbstbewusstes und sicheres Handeln ermöglichen. Gestärkt durch die eigenen Überlegungen, wie man die soziale und die inhaltliche Rolle als Studienseminarleitung im System Schule und Lehramtsanfängerausbildung gestalten möchte, kann man Strukturen im Studienseminar fördern und diese klar kommunizieren. Hierfür ist es jedoch notwendig, sich grundlegend dem anzunähern, ob man sich als Studienseminarleitung sich eher als Moderator, Wissensvermittler, Organisator, Lernhelfer, Ausbilder, Prüfer, Beurteiler, Unterstützer etc. versteht und wie man in Folge dieser Grundentscheidung(en) in der Regel ein Studienseminar führen und leiten möchte.

Anforderungsprofile, die an Studienseminarleitungen gestellt werden | 1.1.1

In Stellenausschreibungen für Studienseminarleitungen sind zum Teil offizielle Anforderungen benannt. Je nach Bundesland können diese variieren. Die folgende Übersicht zeigt Anforderungen in ausgewählten Tätigkeitsfeldern, die in Stellenausschreibungen zur Seminarleitung zu finden sein können.

fundierte Erfahrungen in der Lehrerausbildung	Koordination didaktischer Fragen	z.T. verantwortliche Tätigkeiten in der Verwaltung	lehramtsbezogene ausbildungsfachliche Aufgaben
Koordination der Arbeit im Studienseminar als Studienseminarleitung	Mitwirkung bei der Fortbildung in den unterschiedlichen Phasen der Lehrerbildung	Gestalten von Studienseminarkonferenzen	Abnahme von Prüfungen, Korrekturen
Einführung neuer Seminarleitungen	Organisation und Leitung von Lehrgängen	Leitung von Arbeitsgruppen	Mitarbeit an der Lehrerprüfungsordnung

Abb. 1: Offizielle Anforderungen an Seminarleitungen im Rahmen von Stellenausschreibungen in Auswahl

Aus der Übersicht geht hervor, was die Rollenausgestaltung so komplex macht: An die Seminarleiterrolle werden Erwartungen als fachlicher Experte in der Lehrerbildung und gleichzeitig als Führungskraft gerichtet. Seminarleitungen sind u. a.:

- Führungskraft
- Ausbilder
- Berater
- Prüfer und Beurteiler
- Konfliktmanager
- u. a. m.

Erwartungen sind von Personen getroffene Annahmen über oder Haltungen zu Handlungsmustern, Werten oder Verhaltensweisen anderer Personen. Sie können zu (Rollen-)Konflikten führen, etwa wenn sie enttäuscht werden, weil das Handeln nicht den Annahmen entspricht. Rollenkonflikte können Stress verursachen; die ersten Symptome einer Rollenüberforderung sind unter Umständen Krankheit, berufliche Demotivation oder latente Unzufriedenheit.

Die Seminarleitung ist vielfache Rollen*trägerin* und bestimmt dementsprechend mit, wie sie mit den an sie gerichteten Erwartungen umgehen will. Der Handlungsspielraum im Umgang mit Erwartungen hängt deshalb in großem Maß von der eigenen Interpretation der gemachten Erfahrungen ab. Diese ist wiederum abhängig vom eigenen Selbstkonzept, eigenen biografisch bedeutsamen Erfahrungen, von bisherigen Rollenerlebnissen, der formalen und informellen Macht, der Abhängigkeit im Lehrerbildungssystem und den Rollenalternativen.

1.1.2 *Rollenklarheit gewinnen – professionelle Distanz und Professionalität*

Bei einer Tätigkeit, die mit solch vielen verschiedenen Anforderungen und Rollenaspekten einhergeht, ist professionelle Distanz unabdingbar. Sie entsteht dadurch, dass die Seminarleitung bewusst ihre Rolle gestaltet. Dies bedeutet: Die Seminarleitung ist eine sich selbst reflektierende Instanz und steuert bewusst die übernommene Rolle. Dazu gehören die intraindividuelle Auseinandersetzung und Verhandeln, Aushalten von Ambiguität und Ringen um das richtige Handeln als Mensch mit Werten, Motiven, Interessen und Zielen. Dabei fließen in die Rollenausübung sowohl Teile der eigenen Persönlichkeit als auch Aspekte und Anforderungen der übernommenen Rolle ein.

Professionalität in der Rolle als Seminarleitung entsteht, indem:

- erfasst wird, dass es sich um eine berufliche Rolle handelt, die bewusst gestaltet werden kann.

- begriffen wird, dass die Erwartungen der verschiedenen Bezugsgruppen (Seminarleitungskollegen, Vorgesetzte, Seminaristen, Betreuungslehrkräfte, Fachleiter, Schulleiter, ...) die Rollenausübung mit beeinflussen. Der Umgang mit den eigenen Erwartungen und den Erwartungen der anderen ist die Grundlage der Rollengestaltung.
- man erkennt, dass ein Gestaltungsspielraum im Umgang mit Erwartungen besteht, den man selbst aktiv füllen muss.
- im Rahmen zunehmender Berufserfahrung erfasst wird, wie sich Rolle und die eigene Persönlichkeit als Seminarleitung ergänzen, wo sie in gewisser Weise übereinstimmen und wo sie sich reiben. Nur so lässt sich für sich selbst eine stimmige Seminarleitungsrolle finden.
- begriffen wird, dass Erwartungen keine Aufgaben sind, die per se zu erfüllen sind. Es müssen eigene, differenzierte Rollendefinition in Bezug auf eigene Erwartungen gefunden werden. Dann können anderen Bezugsgruppen der eigene Standpunkt klar(er) dargelegt und Gestaltungsspielräume eröffnet werden. Erwartungen, Einstellungen und Haltungen müssen kommuniziert werden und es muss mit den Bezugsgruppen ausgehandelt werden, wo und wie Schwerpunkte gesetzt werden.

Tipp: Als Seminarleitung sollten Sie die Erwartungen kennen, die die wichtigsten Bezugsgruppen an Sie als Studienseminarleitung haben. Darüber Vermutungen anzustellen, reicht nicht aus. Fragen Sie explizit nach. Kommen Sie mit den wichtigsten Bezugsgruppen ins Gespräch. Dann kann man auch seine eigenen Erwartungen offen legen und Transparenz schaffen.

Die folgende Tabelle hilft dabei, für sich selbst Rollenklarheit zu gewinnen bzw. die eigene Rolle zu überdenken.

Fragen an mein Seminarleitungs-Ich	Fragen an mein Führungskraft-Ich
• Was ist meine erste Assoziation zum Begriff »Studienseminarleitung«? • Was kann ich besonders gut in der Studienseminarleitung? • Was wäre mein Worst-Case-Szenario? • Was motiviert mich in der Studienseminarleitung? • Welche Herausforderungen habe ich in der Studienseminarleitung schon gemeistert? • Worauf bin ich besonders stolz? • Welchen Einfluss möchte ich als Studienseminarleitung auf die Seminaristen haben? • Wann ist ein Seminartag so gelungen, dass ich zufrieden und glücklich nach Hause gehe?	• Was ist meine erste Assoziation zum Begriff »Führungskraft«? • Führe ich lieber oder lasse ich mich lieber führen? • Wann führe ich tendenziell eher beziehungsbezogen, wann führe ich tendenziell eher aufgabenbezogen? • Führe ich grundsätzlich eher beziehungsbezogen oder eher aufgabenbezogen? • Was ist für mich in der »Führung« verhandelbar, was nicht? • Ist mir eher absolute Kontrolle der Seminaristen wichtig oder kann ich mit Vertrauensvorschuss arbeiten? • Fühle ich mich von der sozialen Resonanz der Seminaristen abhängig, wenn ich »unbequeme« Aufgaben verkünden oder Beschlüsse treffen will/muss?

Tab. 1: Fragen an mein Seminarleitungs- und Führungskraft-Ich

Tipp: Erstellen Sie ihr eigenes Erwartungsprofil, um sich selbst Ihre Rolle als Seminarleitung und Ihre Erwartungen an sich klar zu machen, aber auch um sie transparent der Seminargruppe gegenüber zu kommunizieren, denn so können Sie sich selbst vor »geheimen« Erwartungen schützen und mit noch mehr Freude im Beruf agieren.

Gestalten Sie ihr individuelles *Rollenmixplakat etwa* anhand der Anforderungs- und Tätigkeitsbeschreibung und Ihrer Antworten auf Fragen in Tabelle 1 in der Stellenausschreibung. Es liegt bei Ihnen, herauszufinden und zu entscheiden, als was sie sich (nicht) sehen und was sie (nicht) sein möchten. Gliedern Sie nach:

- Diese Rollen möchte ich besonders ausfüllen ...
- Meine emotionale Empfindung zur jeweiligen Rolle ...
- So stark gewichte ich jede einzelne Rolle ...

Hier eine Auswahl: So sehe ich mich in meiner Rolle als Studienseminarleiter: Wissensvermittler, Anführer, Forschender, Herrscher, Konfliktmediator, Prüfer, Begleiter, Coach, Moderator, Motivator, Dienstleister, Außenstehender, Beobachter, Leithammel, Kontrolleur, Kommunikator, Repräsentant, Lehrmeister, Problemlöser, Problemfinder, Verhandler, Ressourcenverteiler, Experte, Denker, Vertrauensperson, Visionär, Herausforderer, Vorbild, Lehrer, Schiedsrichter, Fairplay-Beauftragter, Kollege, Regierungsangestellter, Elternteil, Ehegatte/in, Kind, Seminarleiterkollege, Fortbildner, Ausbilder, Inspirateur, Gallionsfigur, Vorgesetzter, Vernetzer, (eigene Ergänzungen und nicht genannte Rollen)
Achten Sie darauf, welche Emotionen Sie mit den jeweiligen unterschiedlichen Rollen verknüpfen: Freude, Stolz, Aufregung, Wut, Sorge, Angst, Überraschung, Trauer, Verachtung, ...

1.1.3 | *Unterschiedliche Führungsstile: Studienseminare situationsangepasst leiten*

Je nach Aufgabenstellung, Anforderungssituation sowie Gruppendynamik im Studienseminar stehen unterschiedliche Führungsstile zur Auswahl. So kann es bei der Übernahme neuer Lehramtsanfänger relevant sein, engmaschig zu kontrollieren und anzuleiten (Führungsstil 1 und 7). Im weiteren Verlauf der Ausbildung kann dann ggf. zu einem koordinierenden Führungsstil (Führungsstil 2) gewechselt werden. Im Prüfungszeitraum spielt wiederum die Motivierung (Führungsstil 6) und aufbauende Unterstützung eine große Rolle usw. Abbildung 2 zeigt eine Auswahl von Führungsstilen.

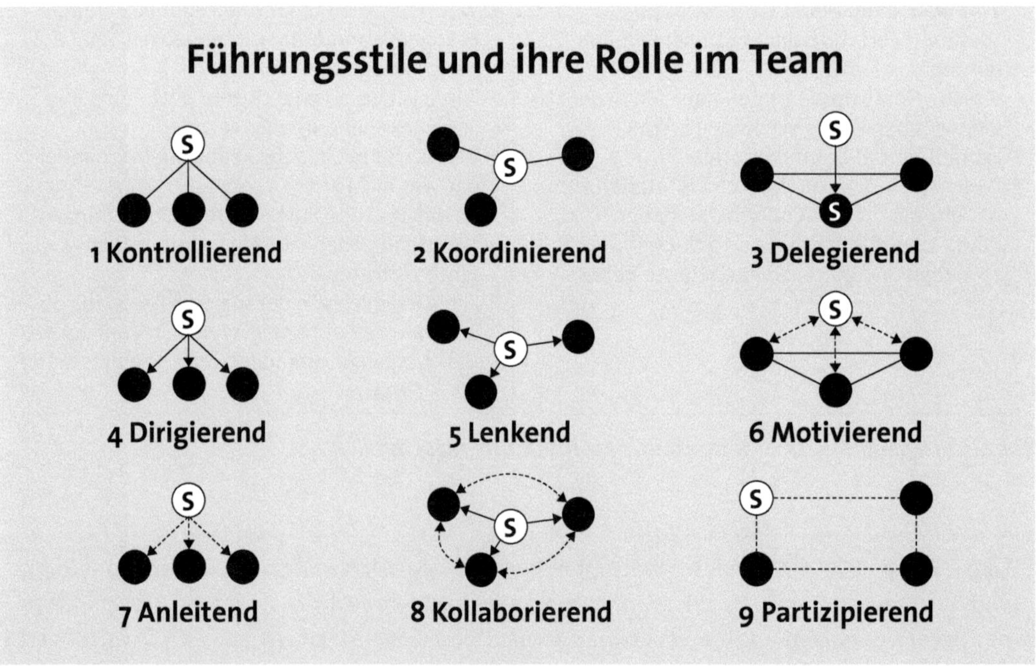

Abb. 2: Führungsstile und die korrelierende Haltung der Studienseminarleitung

Tipp: Sammeln Sie Beispiele: Welchen Führungsstil möchte ich von meiner Grundausrichtung her gerne pflegen? In welchen Situationen können auch die anderen Führungsstile relevant werden?

Die eigene Rolle als Studienseminarleitung finden 1.1.4

Um in der Rolle als Studienseminarleitung anzukommen, lohnt es sich, vorab und immer wieder (zwischen-)reflektierend inne zu halten und sich als Studienseminarleitung im Arbeitsstrudel zu distanzieren, sich selbst als Mensch mit weiteren Rollen zu finden, um dann mit (vertiefter) Rollenklarheit in die Studienseminarleitung zurückzukehren, denn Klarheit in der Rolle als Seminarleitung bringt Klarheit im Handeln der Seminarleitung. Hierzu liefert Tabelle 2 wertvolle Hilfestellung in Form von Fragen zu unterschiedlichen Aspekten der Rollenfindung.

Tipp: Eine Visualisierung erleichtert die Strukturfindung und -übersicht. Gestalten Sie für sich eine Studienseminarleitungsrollenlandkarte!

Rollenkonzept gewinnen	**Rolle übernehmen**	**Rolle festlegen**
• Ich bin ein Rollenträger! • Rollenträgersein annehmen und bewusst gestalten	• Was macht mich aus? Was sind meine Ziele, Werte, Fähigkeiten, ... • Was sind die amtlichen Vorgaben? Aufgaben, Strukturen, Ziele, Erwartungen, Rollenpartner, Umfeld, ...	• Was möchte ich? • Was muss, kann, soll ich tun? • Wo gibt es Überschneidungen und Unterschiede zwischen mir und den Erwartungen/Vorgaben anderer?
Rolle entfalten	**Rollenerfolg**	**»Ach so«- Sätze!**
• eigene Handlungspräferenzen erkennen • Gespräche führen • Konflikte lösen • Herausforderungen annehmen • Feedback • Reflexion • Wertschätzung des anderen • Unterstützung annehmen und/ oder einfordern • Erfolge wahrnehmen und feiern	• Rolle akzeptieren, ausgestalten und genießen • Ungewünschte Rollen verhandeln und ggf. zurückweisen	• Ich bin nicht für das Glück der anderen zuständig. • Erwartungen anderer müssen nicht automatisch erfüllt werden. • Rollen müssen immer wieder neu ausgehandelt werden. • Der Dank Erwachsener drückt sich manchmal etwas versteckter aus und muss erst gefunden werden. • Ich mache die Probleme anderer nicht zu meinen Problemen.

Tab. 2: Kriterien zur Reflexion der eigenen Studienseminarleitungsrolle

Gelungenes Emotionsmanagement 1.1.5

Grundsätzlich erfüllen Emotionen vier wichtige Funktionen. Sie dienen als Bewertungssystem für Umweltreize (Gefahr oder Gutes). Sie begründen, warum wir Dinge tun oder unterlassen (Motivation). Sie dienen als Signal (Freund oder Feind). Sie steuern den sozialen Umgang miteinander (Kommunikationsinstrument). Als Seminarleitung ist man unweigerlich immer wieder mit Emotionen konfrontiert. Mit den eigenen Emotionen, etwa Freude über oder auch Angst bzw. Sorge im Hinblick auf Verantwortungsgefühl, Missmut, Ablehnung und Irritation: »Ich bin total überfordert, heute war ein guter Seminartag, die Prüfungsnote war ungerecht, die Seminaristen könnten dankbarer sein, wie soll ich das alles schaffen, ich habe mir so viel Mühe gegeben und kein Dank, heute haben alle inhaltlich viel mitgenommen, ich bin ganz alleine und gehöre nicht zur Gruppe der Seminaristen und nicht mehr zum Lehrerkollegium, meine Seminarleitungskollegen unterstützen mich sehr gut, ...« Zusätzlich ist die Studienseminarleitung mit den Emotionen der Seminaristen konfrontiert. Dazu gehören u. a. Freude über Gelungenes, Überforderung, Wirksamkeitserlebnisse, Unzufriedenheit über Noten, Gleichgültigkeit, private Beziehungsprobleme, ...

Das Emotionsmanagement ist deswegen für die Studienseminarleitung besonders wichtig, um die normalerweise unbewusste Bewertung von Situationen u.Ä. besser verstehen und positiv Einfluss darauf nehmen zu können. Aus unserer Erfahrung hat sich Folgendes bewährt:

- gelassen bleiben – Emotionen und Impulse kontrollieren, bewusst auch zeitversetzt reagieren
- optimistisch sein – positive Aspekte der Situation sehen
- bewusstes Reflektieren: Wie reagiere ich auf überraschende Wendungen, Nachfragen, Rückmeldungen als Studienseminarleitung? Welche Muster und Strukturen leiten mein Handeln? Wie möchte ich ggf. alternativ reagieren?
- Selbstreflektion und Selbstmanagement sind wesentliche Voraussetzungen, um auf die Emotionen im eigenen System einzuwirken. Wie reagiere ich auf Druck und Belastungen? Kommt es vor, dass ich nicht den richtigen Ton treffe, wenn ich selbst unter Druck stehe? Bekommen manchmal die Falschen die kalte Dusche ab, wenn ich mich geärgert habe?
- Welche Haltung und welche Verhaltensweisen sind hilfreich, um eine Kultur zu schaffen, in der Emotionen angemessen ausgedrückt und sinnvoll reguliert werden können?
- auf die eigene Gesundheit achten: Was hält mich emotional stabil? Was gibt mir Selbstvertrauen? Was motiviert mich? Wie trage ich Konflikte konstruktiv aus?
- Prioritäten setzen, Kompromisse finden, sich nicht zurückziehen oder sich aufopfern, weil man alle Erwartungen (die eigenen und die der anderen) als Studienseminarleitung erfüllen möchte

Im Umgang und in der Zusammenarbeit mit den Lehramtsanfängern gelten im Hinblick auf die Emotionsregulation für alle an der Ausbildung Beteiligten die folgenden Prinzipien:

- ausgleichender Umgang mit Druck und Widerstand (wo kann Druck rausgenommen werden statt weiter zu verstärken, z. B. durch (unnötige) Zusatz(fleiß)aufgaben im Studienseminar in Stoßzeiten, welche Widerstände gibt es zu den Tätigkeiten im Studienseminar und mit dem Widerstand dahingehend arbeiten, dass die Lehramtsanfänger in ihren Bedürfnissen wahrgenommen und konstruktive Lösungen gefunden werden. Auf diese Weise werden Motivation und Kooperationsfähigkeit gestärkt)
- Positives verstärken, Stärken stärken
- Klarheit und Strukturen schaffen
- Widerstände erkennen und mit ihnen arbeiten (siehe Kapitel 7. Umgang mit schwierigen Lehramtsanfängern)
- Motivation und Kooperationsfähigkeit stärken
- Orientierungspunkt sein und Leitplanken vorgeben
- gelassen bleiben – Emotionen und Impulse kontrollieren
- optimistisch sein – positive Aspekte der Situation sehen

- Feedback geben – kritische Punkte ansprechen
- Wertschätzung ausdrücken – Erfolge hervorheben und feiern
- Perspektiven entwickeln – Lehramtsanfänger mitnehmen

Als Führungskraft geben Sie als Studienseminarleitung durch das eigene Verhalten im Umgang mit Emotionen den Standard vor, an dem sich Mitarbeiter orientieren.

Seminarführung 1.2

Lehramtsanfänger führen – Was heißt das? 1.2.1

Führung ist im Hinblick auf die Leitung von Studienseminaren ein interaktionales Zusammenwirken zwischen der Seminarleitung und der Gruppe der Lehramtsanfänger (s. 1.1.3) im Hinblick auf die Umsetzung der amtlichen Rahmenbedingungen der Ausbildungs- und Prüfungsordnung.

Die Beziehung zwischen der Seminarleitung und den Lehramtsanfängern ist dabei eine asymmetrische, was aus der Weisungsbefugnis der Seminarleitung auf der einen Seite und der Weisungsgebundenheit der Lehramtsanfänger auf der anderen Seite resultiert. Diese Asymmetrie ist also institutionell bedingt und ist kennzeichnend für die soziale Gemeinschaft des Seminars.

Aus institutioneller Sicht wird die Seminarleitung ernannt und erhält Führungsrechte und -aufgaben, die rechtlich geregelt sind. Die Seminarleitung ist demnach Funktionsträger und Führungskraft mit (eingeschränkten) Kompetenzen als Stelleninhaber in ihrem Bereich.

Aus funktionaler Sicht ist die Seminarleitung dafür verantwortlich, den Gestaltungsspielraum, den die Leitung mit sich bringt, auszufüllen, d. h. sie trifft (Struktur-)Entscheidungen, übernimmt Koordinationsaufgaben, organisiert, begleitet, kontrolliert und beurteilt.

Im Studienseminar führt die Seminarleitung die Gruppe mit der Schub- und der Beziehungskraft (s. Tab. 3)

Führung durch Schubkraft	**Führung durch Beziehungskraft**
Die Lehramtsanfänger • erhalten alle notwendigen Informationen und Ressourcen, die sie zur Aufgabenerfüllung brauchen. • sind transparent über Gütekriterien ihres Handelns informiert. • können sich selbst in die Seminararbeit einbringen oder werden dazu ermuntert.	Die Seminarleitung • schafft günstige Rahmenbedingungen, um die Gruppe der Lehramtsanfänger zusammenzuführen und zu stärken. • schafft und erhält eine offene und wertschätzende Arbeitsatmosphäre. • betont die Bedeutung des Sich-gegenseitig-Akzeptierens und Unterstützens. • spricht (latente) Emotionen an und hält die Gruppe arbeitsfähig (siehe dazu 1.3.)

Tab. 3: Führung durch Schub- und Beziehungskraft

Um Führungsaufgaben gerecht werden zu können, muss sich die Seminarleitung darüber klar werden, wie sie führen möchte und wie sie den Bedürfnissen der Geführten begegnen möchte (s. Tab. 4)

Selbstreflexion – Wie möchte ich führen?	Reflexion der Gestaltung der Führung
Einflussnahme und Führung vor allem • durch Druck • über soziale Verbindungen • durch Expertenwissen • durch Information und Inhalte • durch Herausforderungen • über Position • durch Beziehung • durch Belohnung • durch Vorbildfunktion • durch methodische Kompetenz • durch… Es hat sich bewährt, Einflussnahme und Führungsweise in Abhängigkeit von Ausbildungsstation und Situation zu variieren und nicht nur auf eine Art und Weise die Gruppe der Lehramtsanfänger zu führen.	Wie kann ich erreichen, dass ich die Bedürfnisse der Lehramtsanfänger als mein Gegenüber im Einzelnen und in der Gruppe wahrnehme und konstruktiv mit ihnen arbeite? Bedürfnisse der Gesprächspartner können sein: • das Bedürfnis, verstanden werden zu wollen, • das Bedürfnis, sich willkommen und akzeptiert zu fühlen, • das Bedürfnis, sich wichtig zu fühlen, • das Bedürfnis, sich wohl zu fühlen, • das Bedürfnis, sich sicher zu fühlen • das Bedürfnis, eine befriedigende Beziehung aufzubauen, • das Bedürfnis, sich selbst zu verwirklichen (zu wollen, zu können und zu dürfen), • das Bedürfnis, sich zugehörig zu fühlen, • das Bedürfnis, …

Tab. 4: Reflexionshilfen zur Gestaltung der Führungsaufgaben

1.2.2 | *Gruppenprozesse bewusst wahrnehmen und leiten – die fünf Gruppenphasen*

In jeder Gruppe herrscht eine Eigendynamik: Jedes einzelne Mitglied wirkt auf das Gruppengeschehen ein und das Gruppengeschehen hat wiederum Auswirkungen auf die einzelnen Mitglieder.

Gruppen, die über einen gewissen Zeitraum zusammen sind und gemeinsam etwas tun und erleben, durchlaufen dabei verschiedene Phasen. Diese Phasen werden im Folgenden idealtypisch beschrieben, sie verlaufen allerdings nie gleich. Und doch durchläuft jede Gruppe die fünf Phasen auf irgendeine Art und Weise. Manchmal überspringt eine Gruppe eine Phase oder fällt wieder in eine Phase zurück, die sie bereits durchlebt hat. Im Großen und Ganzen macht sie aber die Prozesse durch, die in Abbildung 3 dargestellt sind und im Folgenden genauer erläutert werden.

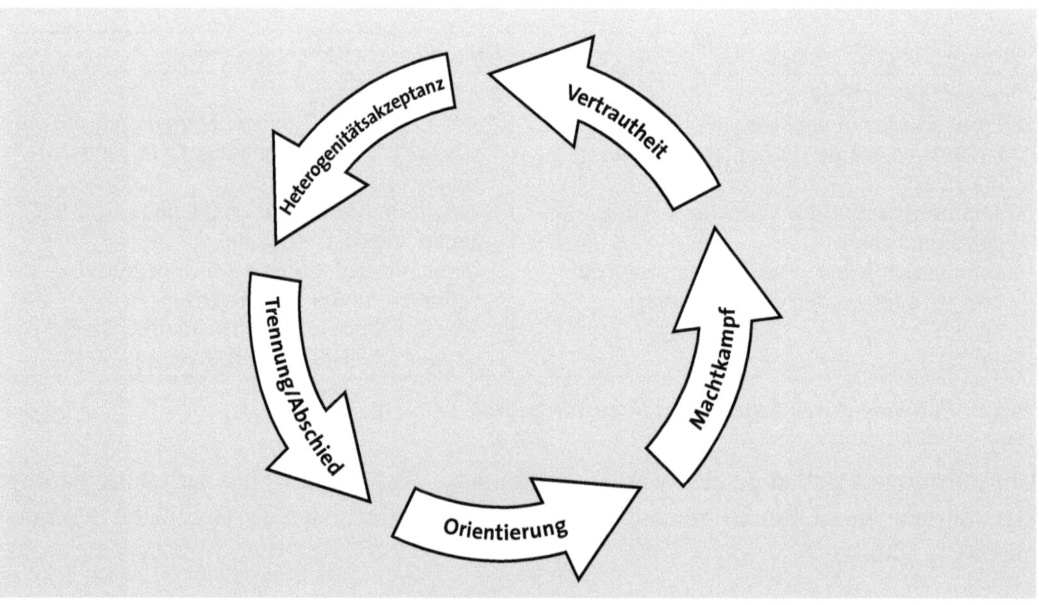

Abb. 3: Die fünf Gruppenphasen nach Tuckman (1965)

Je nachdem, in welcher Phase sich die Gruppe gerade befindet, braucht sie mehr oder weniger klare oder enge Führung und Vorgaben. Das Wissen um die Gruppenphasen hilft der Seminarleitung, mit Schwierigkeiten oder Konflikten gelassener umzugehen. So kann es z. B. irritierend sein, wenn man nach ein paar Wochen des Neubeginns merkt, dass die »kuschelige« Anfangsharmonie einer Unzufriedenheit weicht. Vermutlich ist die Gruppe dann in der Phase des Machtkampfes angekommen und muss die Rollen jedes Einzelnen klären. Geht die Seminarleitung reflektiert mit diesen Situationen um, kann sie die Gruppe in ihrem Prozess voranbringen, so dass die Mitglieder wieder aufgabenbezogen, beziehungsgestärkt sowie respektvoll miteinander umgehen und arbeiten können.

Gleichzeitig kann sich die Seminarleitung davor schützen, ihre Kompetenz anzuzweifeln, indem sie die Veränderungen als Machtkampfphase identifiziert, statt die Unstimmigkeiten auf sich und ihr Handeln zu beziehen. Stattdessen kann sie ihre Rolle als Führungskraft wahrnehmen und die passenden Leitplanken vorgeben bzw. gemeinsam entwickeln.

Orientierungsphase

In der Orientierungsphase lernt die Gruppe sich (neu) kennen. Entweder sie kommt neu zusammen oder es kommen mehrere neue Mitglieder zur bestehenden Gruppe hinzu, z. B. in dienstalterheterogenen Seminaren. Auch wenn ein Teil der Gruppe sich bereits kennt, ist ein solcher Zeitpunkt ein Umbruch und Neustart für die Gruppe. Kennzeichen dieser Phase, Aufgaben der Leitung und Tipps sind in Tabelle 5 dargestellt.

Kennzeichen der Orientierungsphase	Aufgabe der Leitung – eng und klar führen	Tipps
• Unsicherheit, Bedürfnis nach Orientierung an Inhalten und Bezugspersonen • vorsichtiges und eher zurückhaltendes Verhalten der Gruppenmitglieder • Wunsch nach Gemeinschaft und dem Gefühl, dazuzugehören • Abschätzen und Taxieren der anderen Gruppenmitglieder • starke Orientierung der Gruppe an der Leitung • zusammengefasst aus Sicht der Seminaristen: »Wo bin ich hier, wer sind die anderen und wie läuft der Laden?«	• Sicherheit und Orientierung/Überblick geben • klare, enge Führung und Vorgaben • selbstsicheres, eindeutiges Auftreten • Ruhe und Freundlichkeit, Freude über die neuen Personen ausstrahlen • zu *allen* Gruppenmitgliedern einen Kontakt herstellen • Initiative ergreifen, Gespräche anstoßen, motivieren • fachliche und sachliche Informationen geben	• besonders intensive Vorbereitung der ersten Seminartage • in den ersten Seminartagen Struktur geben • stets einen Überblick über den Tagesablauf und die einzelnen Anforderungen geben • Anspannung der Gruppe reduzieren durch Kennlernspiele, musische Aktivitäten sowie Bewegungsaufgaben • räumliches Ankommen ermöglichen durch Erkunden und Abgehen des Seminarraumes und der Schule/Schulumgebung • Einführen bedeutsamer Rituale (z. B. die erste Runde: Was liegt an, gibt es Fragen, was ist in der Zwischenzeit passiert?) und festlegen erster Regeln (Pünktlichkeit, Entschuldigungsformen, Kleidungsmöglichkeiten, Pflichtarbeiten im Seminar und im Unterricht, ...) • wichtige Informationen in Papierform ausgeben ermöglicht Rückfragen, Mitdenken und erhöht das Gefühl, etwas mitgenommen zu haben

Tab. 5: Orientierungsphase – Kennzeichen, Aufgaben und Tipps

Machtkampfphase

Nach der Zeit des Kennenlernens folgt i. d. R. eine Phase des Machtkampfes. Die Gruppenmitglieder, oder zumindest einige, haben nach anfänglicher Unsicherheit an Selbstsicherheit gewonnen und betonen nun ihre Interessen und Wünsche, die sie bisher eher zurückgehalten haben, z. T. unterschwellig, z. T. deutlich. Die Gruppenmitglieder möchten herausfinden, wer welche Position in der Gruppe einnimmt, und sich ihren Platz/ihre Rolle sichern. Dabei wird zumeist auch die Seminarleitung in die Kritik und in den Machtkampf einbezogen (s. Tab. 6).

Kennzeichen der Machtkampfphase	Aufgabe der Leitung – Moderation, konstruktive Lösungen finden	Tipps
• Interessen und Bedürfnisse Einzelner treten deutlich(er) hervor • Herausbildung von versteckten und offenen Meinungsverschiedenheiten, Konflikten und Diskussionen • Bildung von Untergruppen • Sichtbarwerden erster Rollen (Weichensteller, Teamarbeiter, Beobachter, Perfektionist, Macher, Erfinder, Anführer, Kritiker, Außenseiter, ...) • kritische Herausforderung der Seminarleitung; Gruppenmitglieder testen aus, wie weit sie gehen können • zusammengefasst aus Sicht der Seminaristen: Ich bin nicht einverstanden, wie es hier läuft und das muss ich auch mal sagen? Wer ist der Bestimmer?	• Diskussionen anregen, moderieren und bei Konflikten Lösungsansätze finden und (zunächst) als verbindlich festlegen • Ausloten der Rollenkämpfe, so dass alle ihren Platz/ihre Rolle in der Gruppe finden können • darauf achten, dass sich alle einbringen können • wertschätzenden, respektvollen Umgang miteinander pflegen • sich als Seminarleitung nicht angegriffen fühlen	• klare Regeln und Abmachungen treffen • alle Gruppenmitglieder mit einbeziehen und ihre Ansichten erfragen • abwechslungsreiche Seminargestaltung: verschiedene Interessen abdecken, einbinden von kleinen emotional gehaltvollen und musischen Elementen in den Seminartag • Team-/Kooperationsspiele • Wir-Gefühl der Gruppe stärken und als Seminarleitung Fortschritte rückmelden

Tab. 6: Machtkampfphase – Kennzeichen, Aufgaben und Tipps

Phase der Vertrautheit

Haben sich die Rollen und Beziehungen nach der Machtkampfphase in der Gruppe geklärt, entsteht eine hohe emotionale Vertrautheit und das Wir-Gefühl kann noch stärker wachsen. Stärken und Schwächen der Einzelnen treten in den Hintergrund. Die Gruppe kann aufgabenzentriert und leistungsstark agieren (s. Tab. 7).

Kennzeichen der Vertrautheitsphase	Aufgabe der Leitung – Verantwortung schrittweise abgeben	Tipps
• großes Bedürfnis nach Harmonie • starkes Zusammengehörigkeitsgefühl • z.T. Stellen der Beziehungen zueinander über das Seminarprogramm • Neigung zur Überschätzung • Gefahr der Verurteilung von individuellen Abweichungen durch zu großen Konformitätsdruck • zusammengefasst aus Sicht der Seminaristen: »Wir sind wir, bei uns ist es schön und wir können was!«	• der Gruppe Freiraum und Gestaltungsmöglichkeiten geben • sich als Seminarleitung leicht zurücknehmen und etwas weiterführen • darauf achten, dass Einzelne nicht zu dominant werden • betonen, dass die Meinung eines jeden wichtig ist und auch eingefordert wird	• Gestaltung von Aktivitäten, z.B. einen Ausflug oder einen Seminartag, bei geeigneten Themen an die Seminaristen abgeben • delegieren von Aufgaben • Zusammengehörigkeitsgefühl weiter stärken und betonen

Tab. 7: Phase der Vertrautheit – Kennzeichen, Aufgaben und Tipps

Akzeptanz der Heterogenität

Jedes Seminarmitglied kann sich in seiner Individualität in die Gruppe, die nun ein Team ist, einbringen. Jeder wird als Individuum in der Gemeinschaft respektiert, gleichzeitig herrscht ein hohes Maß an gegenseitiger Rücksichtnahme. Die Beziehungen und Ziele sind etabliert, das Team orientiert sich an gemeinsamen Zielen und ist sehr leistungsstark (s. Tab. 8).

Kennzeichen	Aufgabe der Leitung: Delegieren	Tipps
• leistungsstarke und ausgeglichene Gruppe • aktives Einbringen der Fähigkeiten (nahezu) aller Gruppenmitglieder • offenes Austragen und gemeinsames Lösen von Konflikten • Respekt untereinander und wertschätzender Umgang miteinander • zusammengefasst aus Sicht der Seminaristen: »Wir sind wir und wir sind toll! Wahnsinn, was wir gemeinsam alles schaffen!«	• Aufgaben und Verantwortung abgegeben und/oder delegieren • Unterstützung in organisatorischen Angelegenheiten • Sorge tragen, dass alle in Entscheidungsprozesse einbezogen sind, einholen des Einverständnisses aller • an bestehende Absprachen erinnern • Individualität bei kreativen Einzelgängern respektieren	• Abgabe von Verantwortlichkeiten schafft Beteiligung und damit Verantwortung für das Geschehen in der Gruppe; Folge: Stärkung des Wir-Gefühls • aufgrund der Leistungsstärke der Gruppe: Projektierung größerer Aktionen, die von der Gruppe selbstständig vorbereitet und durchgeführt werden

Tab. 8: Phase der Akzeptanz der Heterogenität – Kennzeichen, Aufgaben und Tipps

Trennungs-/ Abschiedsphase

Jede Gruppe geht irgendwann auseinander, das Referendariat endet (s. Tab. 9).

Kennzeichen der Trennungsphase	Aufgabe der Leitung – Zeremonienmeister	Tipps
• Abschied nehmen, Trauer • Unsicherheit, wie es weitergeht • Klammern an bisher Gewohntes • Stolz, so viel geschafft zu haben • Verdrängung des Abschieds • Neuorientierung jedes Einzelnen • Schwelgen in Erinnerung • Wehmut • zusammengefasst aus Sicht der Seminaristen: »Wahnsinn, was wir geschafft haben, schön war's! Wie geht es jetzt für mich weiter?«	• Zeit und Raum geben, den Abschied bewusst wahrzunehmen • Abschied bewusst gestalten (lassen), die Verantwortung dafür übergeben • Abschied thematisieren • Abschlussreflexionen und Bilanzierungen zur gemeinsam erlebten Zeit ermöglichen • Gespräche führen, jeden als Seminarleitung noch einmal einzeln wahrnehmen	• Zeit für eine ausführliche Bilanzierung und Evaluation nehmen • Reflexionsmethoden auch in kreativer Form anbieten • eine stilvolle Abschiedsfeier organisieren, die Organisation (weitgehend) der Gruppe überlassen • Raum und Zeit geben, um in Erinnerung zu schwelgen • Wissen, dass manche Seminaristen einen Abschied im »Streit« brauchen, um sich lösen zu können, dies nicht auf die eigene Person, sondern auf die Rolle als Seminarleitung beziehen

Tab. 9: Trennungsphase – Kennzeichen, Aufgaben und Tipps

1.3 Öffentlichkeitsarbeit als Möglichkeit, Transparenz zu schaffen

Bei der Öffentlichkeitsarbeit im Studienseminar geht es darum, über die Arbeit in dieser Phase der Lehrerbildung positiv zu informieren. Angesprochen werden die relevanten Gruppen der an der Ausbildung Beteiligten wie Schulleitungen, Mentoren, Praktikums- und Betreuungslehrkräfte, Lehramtsanfänger, Aus- und Fortbildner aus allen Phasen der Lehrerbildung, Schulamtsleitungen, Regierungsvertreter. Öffentlichkeitsarbeit ist eine vertrauensbildende Maßnahme. Die Ziele sind:

- Vergrößerung des Bekanntheitsgrads
- Aufbau von Beziehungen
- Schaffen von Verständnis und Transparenz bezüglich der Arbeit im Studienseminar

Neben Informationsveranstaltungen stehen zwei weitere Instrumente zur Verfügung, um über die Zielstellungen und ggf. auch Arbeitsweisen im Studienseminar zu informieren: zum einen der Auftritt auf der Seminarschulhomepage und zum anderen Flyer.

Im Folgenden zeigen wir ein Beispiel für einen Homepagetext, entstanden aus der Leitbildarbeit zur Arbeit im Studienseminar. Es vereint zentrale Zielvorstellungen der beteiligten Studienseminarleitungen und informiert über zentrale Aufgabenfelder einer Lehrkraft.

Seminarschulhomepage
Herzlich willkommen im Studienseminar zur Ausbildung von Lehramtsanwärterinnen und Lehramtsanwärtern

Aufgaben des Lehrerberufs
Das Aufgabenspektrum von Lehrkräften wird in der Gemeinsamen Erklärung des Präsidenten der Kultusministerkonferenz und der Vorsitzenden der Bildungs- und Lehrergewerkschaften beschrieben. Es wird klar erkennbar, dass das Berufsbild des Lehrers weit mehr umfasst, als man auf den ersten Blick vermutet!

- Lehrerinnen und Lehrer sind zum einen Fachleute für das Lehren und Lernen.
- Sie sind sich bewusst, dass die Erziehungsaufgabe in der Schule eng mit dem Unterricht und dem Schulleben verknüpft ist.
- Sie üben ihre Beurteilungsaufgabe im Unterricht und bei der Vergabe von Berechtigungen für Ausbildungs- und Berufswege kompetent, gerecht und verantwortungsbewusst aus.
- Lehrerinnen und Lehrer entwickeln ihre Kompetenzen ständig weiter und nutzen wie in anderen Berufen auch geeignete Fort- und Weiterbildungsangebote, um die neuen Entwicklungen und wissenschaftlichen Erkenntnisse in ihrer beruflichen Tätigkeit zu berücksichtigen und zu nutzen.
- Sie beteiligen sich an der Schulentwicklung, an der Gestaltung einer lernförderlichen Schulkultur und eines motivierenden Schulklimas.

Wir sehen unsere Aufgabe als Seminarrektoren darin, jungen Menschen auf der Grundlage der theoretischen Kenntnisse der 1. Phase der Lehrerbildung die nötigen Handlungskompetenzen für ihre fordernde, anspruchsvolle und sich ständige wandelnde Berufspraxis zu ermöglichen.
Ziel der Ausbildung ist es, eine voll belastbare Lehrkraft auszubilden, die als in sich ruhende Lehrerpersönlichkeit auf ein breites didaktisch-methodisches Handlungsrepertoire zurückgreifen kann und damit in allen Klassensituationen als Klassenlehrkraft einsetzbar ist und sich bewusst als »reflective practioner« an Schulentwicklungsprozess beteiligen kann.
Lehrerbildung geht allerdings über die reine Kenntnis- und Kompetenzvermittlung hinaus und zielt somit auf die Bildung einer selbstständigen, eigenverantwortlichen, mündigen Lehrerpersönlichkeit, die als professionell arbeitende, souverän agierende, in sich stabile Lehrerpersönlichkeit als Klassenlehrkraft einsetzbar ist und die der Schulentwicklung eigenständige Impulse geben kann. Als Orientierung dient bzgl. der Ausbildungsziele der kompetenzorientierte Bildungsbegriff und bzgl. der Lehrerpersönlichkeit der humanistische Bildungsbegriff.

Als Flyer haben sich in unserer Arbeit drei besonders bewährt: derjenige zur Außendarstellung des Studienseminars, der zur Zusammenarbeit mit Betreuungslehrkräften und der zur Zusammenarbeit mit Lehrkräften. Sie bieten die Möglichkeit, erste Informationen zu vermitteln und die Kontaktaufnahme zu ermöglichen. Das praktische Format erlaubt ein einfaches Versenden im Briefumschlag, versehen mit einem individuell auf die jeweilige Seminarsituation abgestimmten persönliches Begleitschreiben. Die Flyer sind als veränderbare Downloadvorlage an die eigenen Vorstellungen und juristischen Fachbegriffe (Lehramtsanwärter, Referendar, Fachleiter, Studienseminarleitung, usw.) anpassbar.

KV 1 Flyer »Studienseminar zur Ausbildung von Lehramtsanfängern – Herzlich willkommen« (⇨ S. 131)

KV 2 Flyer »Betreuungslehrkraft im Studienseminar – Herzlich willkommen« (⇨ S. 133)

KV 3 Flyer »Zusammenarbeit mit dem Lehramtsanfänger – Erste Schritte« (⇨ S. 135)

2 Seminarleitungen als Ausbilder

Die Studienseminarleitung als Fachkraft für die 2. Phase der Lehrerausbildung kennt wesentliche Stützpfeiler erfolgreicher Seminardidaktik, plant ausgehend von der Ausbildungsordnung Ausbildungssequenzen bis hin zum einzelnen Seminartag, informiert, kooperiert mit denjenigen, die an der Ausbildung beteiligt sind wie Schulleitungen, Mentoren, Praktikums- und Betreuungslehrkräfte, und stellt transparent die Anforderungen an die Arbeit im Studienseminar vom amtlichen Schriftwesen einschließlich »besonderer Unterrichtsvorbereitungen« und Belehrungen zu wichtigen, auch schulrechtlichen Aspekten, dar.

2.1 Seminardidaktik

Didaktik umfasst die theoretische (wissenschaftliche) und praktische Auseinandersetzung mit dem Zusammenhang von Lehren (Unterricht) und Lernen. Sie ist die Reflexion von intendiert organisierten Lehr- und Lernprozessen.

Seminardidaktik ist unserem Verständnis nach das intendiert pädagogisch und fachwissenschaftlich angeleitete Lehren und Lernen lehrerbildungsspezifischer Inhalte, die i.d.R. durch die Lehramtsprüfungsordnungen vorgegeben sind. Die Gegenstandsbereiche der Seminardidaktik lassen sich wie folgt zusammenfassen: Was (Inhalte) lernt wer (Seminarleitung-Seminarist(en)-Relation) von wem (lehrende Person) wie (Methoden) womit (Medien) wozu (Kompetenzen der Lehrerbildung) mit wem (Sozialform) wann (Zeitspanne) wo (Lernort)?

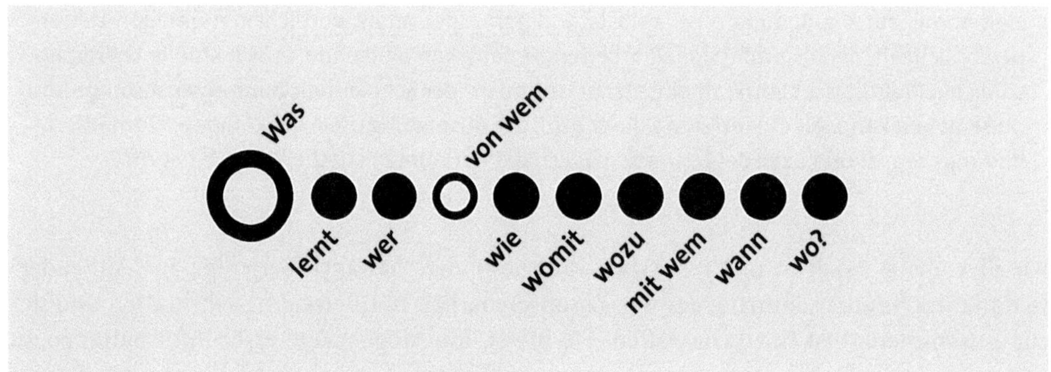

Abb. 4: Gegenstandsbereich der Seminardidaktik

Wichtig ist uns, dass das fachliche Arbeiten im Seminar über einen längeren Zeitraum durch, wie wir es nennen, »Herzpfeiler« gestützt wird. Denn sonst kippt die Stimmung und die Seminargruppe kann ihr Leistungspotenzial nicht ausschöpfen.

Herzpfeiler sind dabei die emotionalen Prozesse im Studienseminar, die die Vermittlung der Inhalte und das Geschehen um diese herum tragen. Zu solchen Herzpfeilern zählen etwa Rituale, z.B. die erste Runde, die zu Beginn eines jeden Seminartags ermöglicht, dass jede Stimme einmal gehört wird. Auch wenn Raum dafür geboten wird, dass Fragen gestellt und Erfahrungen ausgetauscht werden können, oder gemeinsames Essen, gemeinsame Pausen und gemeinsame Unternehmungen stärken die Gruppe und jeden Einzelnen. Diesbezüglich sollten auch freundliche Worte und das Wahrnehmen, Versprachlichen und Feiern von Erfolgen nicht unterschätzt werden. Denn: Wo ich angenommen werde, wo ich mich wohl fühle, wertgeschätzt werde und mich einbringen kann, gehe ich gerne hin und lerne mehr. Gleichzeitig schaffen gemeinsam erlebte Erfahrungen positive Beziehung und verstärken den qualitativ lernstützenden emotionalen Aspekt des Kompetenzerwerbs. Beim Lesen dieses Kapitels wird deutlich werden, dass dies ein zentrales Anliegen von uns darstellt.

Wir geben im Folgenden für uns bewährte Anregungen zur Seminardidaktik in Auswahl weiter. Da Sie bereits Experten für das Lehren sind, lassen wir Themen wie Methoden, Medien, Sozialform etc. außen vor und beschränken uns auf Aspekte, die für die Seminarsituation besonders relevant sind.

Inhalte – Kompetenzorientierung, Anwendungssituationen, Praxisbeispiele 2.1.1

Implementierung der Kompetenzorientierung der Lehrerbildung nach KMK 2004

Die Kultusministerkonferenz legte 2004 Standards für die Lehrerbildung fest. Sie beschreiben Anforderungen an das Handeln von Lehrpersonen und beziehen sich auf Kompetenzen, über die eine professionelle Lehrkraft verfügt, um schulspezifische Anforderungen zu bewältigen. In der Lehreraus- und Fortbildung erwerben die Lehramtsanfänger das Sach- und Fachwissen sowie Kompetenzen, also Fähigkeiten, Fertigkeiten und Einstellungen, aber auch Werthaltungen und ein Bewusstsein für die Verantwortung zur bewusst gestalteten Ausübung des Lehrberufs in der Schule. Die Hauptbereiche schulischer Praxis – Unterrichten, Erziehen, Beurteilen und Innovieren – wurden in insgesamt elf Kompetenzen untergliedert.

Kompetenzen sind immer an (schulfachliche) Inhalte geknüpft, sind an die spezifische schulische Anforderungssituation gebunden, können nicht isoliert erworben werden und werden zunehmend differenziert und reflektiert. Der Erwerb der Kompetenzen ist ein lebenslanger Prozess. Hierzu leistet die Lehrerausbildung einen wesentlichen Beitrag zum professionellen Umgang und einem Anbahnen einer konstruktiven Haltung zum lebenslangen Lernen als Lehrkraft.

Kompetenzbereich	Zugehörige Kompetenzen
Unterrichten Lehrerinnen und Lehrer sind Fachleute für das Lehren und Lernen	*Kompetenz 1:* Lehrerinnen und Lehrer planen Unterricht fach- und sachgerecht und führen ihn sachlich und fachlich korrekt durch. *Kompetenz 2:* Lehrerinnen und Lehrer unterstützen durch die Gestaltung von Lernsituationen das Lernen von Schülerinnen und Schülern. Sie motivieren Schülerinnen und Schüler und befähigen sie, Zusammenhänge herzustellen und Gelerntes zu nutzen. *Kompetenz 3:* Lehrerinnen und Lehrer fördern die Fähigkeiten von Schülerinnen und Schülern zum selbstbestimmten Lernen und Arbeiten.
Erziehen Lehrerinnen und Lehrer üben ihre Erziehungsaufgabe aus.	*Kompetenz 4:* Lehrerinnen und Lehrer kennen die sozialen und kulturellen Lebensbedingungen von Schülerinnen und Schülern und nehmen im Rahmen der Schule Einfluss auf deren individuelle Entwicklung. *Kompetenz 5:* Lehrerinnen und Lehrer vermitteln Werte und Normen und unterstützen selbstbestimmtes Urteilen und Handeln von Schülerinnen und Schülern. *Kompetenz 6:* Lehrerinnen und Lehrer finden Lösungsansätze für Schwierigkeiten und Konflikte in Schule und Unterricht.

Beurteilen Lehrerinnen und Lehrer üben ihre Beurteilungsaufgabe gerecht und verantwortungsbewusst aus.	*Kompetenz 7:* Lehrerinnen und Lehrer diagnostizieren Lernvoraussetzungen und Lernprozesse von Schülerinnen und Schülern; sie fördern Schülerinnen und Schüler gezielt und beraten Lernende und deren Eltern. *Kompetenz 8:* Lehrerinnen und Lehrer erfassen Leistungen von Schülerinnen und Schülern auf der Grundlage transparenter Beurteilungsmaßstäbe.
Innovieren Lehrerinnen und Lehrer entwickeln ihre Kompetenzen ständig weiter.	*Kompetenz 9:* Lehrerinnen und Lehrer sind sich der besonderen Anforderungen des Lehrerberufs bewusst. Sie verstehen ihren Beruf als ein öffentliches Amt mit besonderer Verantwortung und Verpflichtung. *Kompetenz 10:* Lehrerinnen und Lehrer verstehen ihren Beruf als ständige Lernaufgabe. *Kompetenz 11:* Lehrerinnen und Lehrer beteiligen sich an der Planung und Umsetzung schulischer Projekte und Vorhaben

Tab. 10: Übersicht über die Kompetenzen der Lehrerbildung (nach KMK 2004)

Wann ist eine Lehrkraft kompetent? Kompetent ist eine Lehrkraft dann, wenn sie ihr Wissen und Können motiviert in Handlung umsetzt und diese Handlung im Rahmen eigener Professionalisierung für sich selbst und im sozialen Austausch mit anderen (im Schulentwicklungsprozess) reflektiert.

Die kompetente Lehrkraft
- erkennt eine schulische Situation,
- weiß, wie sie diese Situation bewältigt,
- kann dieses Wissen auch umsetzen,
- möchte bewusst die Situation verändern oder beibehalten,
- setzt das motivierte Können in eine Handlung um,
- reflektiert die Handlung für sich und mit anderen im Rahmen eigener Professionalisierung und des Schulentwicklungsprozesses.

Anwendungssituationen in der Lehrerbildung

In der zweiten Phase der Lehrerbildung (Referendariat) geht es darum, vornehmlich theoretisch erworbene Wissensstrukturen aus der ersten Ausbildungsphase (Universität) mit der Schulpraxis zu verknüpfen, theoriegeleitetes Praxishandeln zu ermöglichen und (selbst-)reflektierend zu begleiten. Die Aufgabe der Seminarleitung ist es, unter Bezug auf o. g. Kompetenzen, im Rahmen der Gestaltung der Seminartage konkrete Situationen anzubieten, in denen das Thema des jeweiligen Seminartags Anwendung findet. So kann das erworbene Wissen in ein (simuliertes) Können münden und in der eigenverantwortlichen Schulpraxis des Lehramtsanfängers zum tatsächlichen Handeln und Können führen. Anwendungssituationen führen die Arbeit eines Seminartags oder einer sequenziell aufgestellten Seminartagsreihe in eine erweiterte Komplexität beruflichen Schulhandelns und gehen damit über ein reines Vermitteln von Wissen und ggf. (fach-)didaktischer Umsetzung hinaus. Sie berühren im Idealfall mehrere Tätigkeitsbereiche und erlauben im Rahmen natürlicher Differenzierung einen Zugriff der Lehramtsanfänger auf unterschiedlichem Könnensniveau zur individuellen Kompetenzerweiterung, weg vom spontan unreflektiert Handelnden hin zum situativ reflektiertem und bewusst gestaltetem Bewältigen von schulischen Anforderungssituationen. Die Ausbildungsordnung der einzelnen Schularten gibt eine klare Richtung bezüglich der zu behandelnden Inhalte vor, die mit Hilfe des in Abbildung 5 gezeigten Rasters eine kompetenzorientiertere Ausbildung ermöglichen.

Geeignete Anwendungssituation finden mit Hilfe der Kompetenzen der Lehrerbildung (KMK 2004)

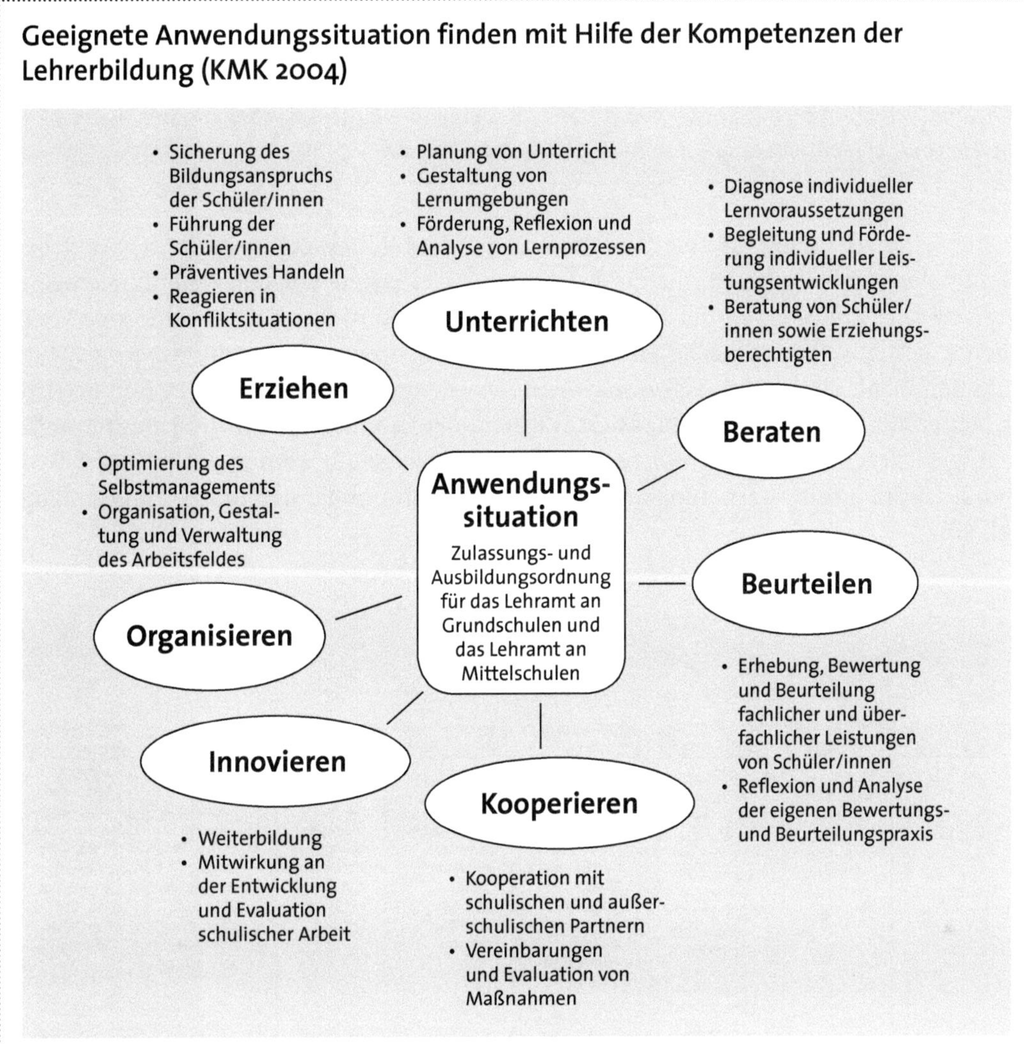

Abb. 5: Übersichtsraster zur Planung von Ausbildungstagen

Hilfreiche Fragen zur Beurteilung der Eignung von Anwendungssituationen

- Welche Kompetenzbereiche der Lehrerbildung werden bei der Lösung der Anwendungssituation besonders angesprochen?
- Welches (schul-)pädagogisch-psychologisches sowie sachstrukturelles und (fach-)didaktisches Wissen wird benötigt?
- In welchen Bereichen werden Lehramtsanfänger unter-/überfordert?
- Wie kann am Vorwissen der Lehramtsanfänger angeknüpft werden?
- Wie kann Expertenwissen von Lehramtsanfänger genutzt werden?
- Wie typisch ist die Anwendungssituation für die individuelle schulische Realität »vor Ort« des jeweiligen Lehramtsanfängers?
- Ist die Anwendungssituation schulspezifisch und auf andere Situationen übertragbar?
- Kann die Bewältigung der Anwendungssituation anhand von Kriterien festgestellt werden?
- Wie kann das Bewältigen der Anwendungssituation in der Schule und/oder im Seminar reflektiert und begleitet werden?

Praxisbeispiel:
Betrachtung des schulpädagogischen Themas »Lernstrategien im Unterricht« anhand des Planungsrasters und unter dem Aspekt des Anwendungsbezugs

»Sie werden gebeten, für die Konferenz einen ersten Vorschlag zur Implementierung von Lernstrategien an der Schule zu entwerfen und diesen der Steuergruppe vorzustellen.«
Anwendungssituation mit Schwerpunkt aus dem schulpädagogisch-psychologischen Bereich im Bereich der Schulentwicklung – Kompetenzbereich Innovieren

Für die Seminarplanung und die Gestaltung eines Ausbildungstags wird in der Aufgabenstellung »Sie werden gebeten, für die Konferenz einen ersten Vorschlag zur Implementierung von Lernstrategien an der Schule zu entwerfen und diesen der Steuergruppe vorzustellen.«, der Anwendungsbezug konkret genannt, der direkte Anwendungsbezug für den konkreten Inhalt des Seminartags transparent. Diese Aufgliederung nach den Kompetenzen der Lehrerbildung kann auch ritualisiert während des Seminartags für die Lehramtsanfänger aufgefächert und mit der Studienseminar zusammen gefüllt werden. Dadurch erhält der Seminartagsinhalt eine Vertiefung und Durchdringung für und durch die Lehramtsanfänger (Abb. 6).

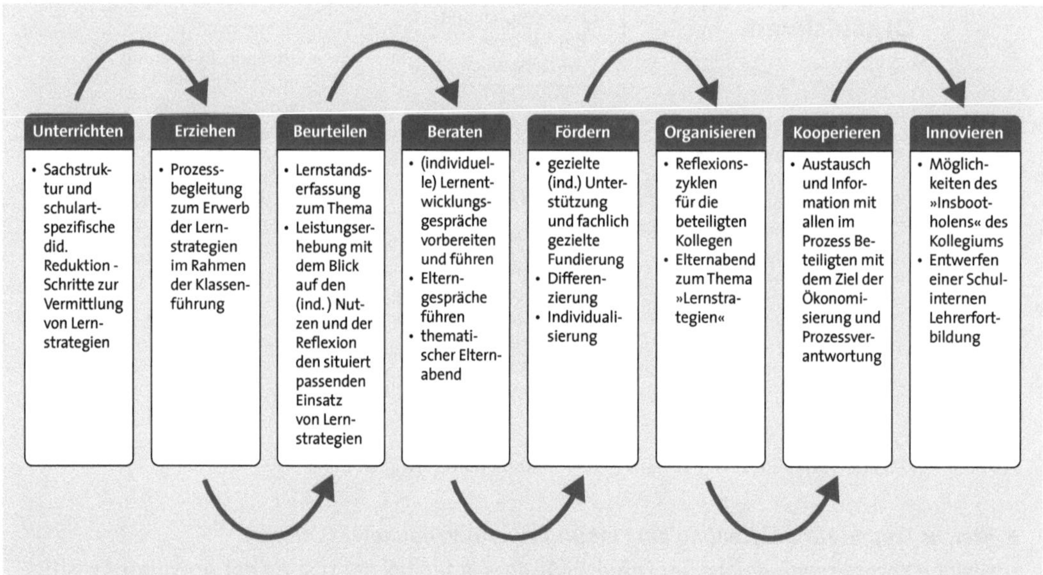

Abb. 6: Aufmerksamkeitsrichtungen zur Gestaltung eines Seminartags oder einer sequenziellen Seminartagsreihe zu einem schulpädagogischen Thema

Praxisbeispiel: Überlegungen zur Planung von Anwendungssituationen mit fachdidaktischen Inhalten « anhand des Planungsrasters

Die allgemein formulierten »Standards der Lehrerbildung« müssen im Rahmen der fachbezogenen Ausbildung immer mit Inhalten aus der Fachwissenschaft und Fachdidaktik, neben den Inhalten aus der Schulpädagogik und Psychologie, verknüpft werden, um zu ermöglichen, dass Lehramtsanfänger ihre Kompetenzen selbstständig und angeleitet weiterentwickeln können.

»Um der Heterogenität Ihrer Klasse gerecht zu werden, entschließen Sie sich im Fach Mathematik Aufgabenformate mit natürlicher Differenzierung einzusetzen und in einem Elternabend vorzustellen!«
Anwendungssituation mit Schwerpunkt aus der Fachdidaktik Mathematik – Kompetenzbereich Unterrichten

Unverzichtbare Elemente erfolgreicher Seminarführung 2.1.2

Im Lauf unserer Dienstjahre haben sich einzelne Elemente der Seminarführung als besonders gewinnbringend erwiesen und uns in den Seminarevaluationen von den Lehramtsanfängern auch in dieser Hinsicht rückgemeldet.

Sie werden merken, dass bei vielen der von uns genannten Punkte die Herzpfeiler (vgl. 2.1.) zum Tragen kommen.

- *Tagesbeginn und -abschluss:* Jeder Seminartag startet mit der Ankommensphase und dem offiziellen Beginn. Diese können bewusst gestaltet werden.
  - Für die Ankommensphase ist der Raum passend vorbereitet, evtl. läuft Musik im Hintergrund und die Seminaristen können untereinander und mit der Seminarleitung zwanglos in Kontakt kommen. Die Ankommensphase, z. B. die Musikauswahl, kann auch von den Lehramtsanfängern gestaltet werden.
  - Der Tagesbeginn ist der offizielle Beginn des Seminartags. Gestaltungsmöglichkeiten sind z. B. ein Spruch, ein Motto, musikalische Elemente oder eine (thematisch zum Inhalt des Seminartags passende) Aktivierung der Lehramtsanfänger. Unserer Erfahrung nach wird es besonders abwechslungsreich und auch persönlicher, wenn dieser Abschnitt von den Lehramtsanfängern selbst gestaltet wird. Im Anschluss an den Tagesbeginn wird das Tagesprogramm von der Seminarleitung vorgestellt.
  - Zum Abschluss des Seminartages kann nochmals auf das Eingangsmotto bzw. den Spruch zu Beginn eingegangen oder das musikalische Element wiederholt werden.
- *Erste Runde:* Als besonders wertschätzend wird es von den Lehramtsanfängern wahrgenommen, wenn ihnen die Möglichkeit gegeben wird, allgemeine und spezielle Fragen zu stellen und Erlebnisse zu teilen. Dies ist oft auch emotional gefärbt und allein dadurch wertvoll. Zudem hat die Seminarleitung so jeden Lehramtsanfänger einmal gehört. Gleichzeitig haben die Seminaristen, dadurch dass sie an Erlebnissen und Fragen der anderen teilhaben, das Gefühl, als Gruppe ein ähnliches Erleben zu haben, wodurch sich die Gruppe gleichermaßen gestärkt und entlastet fühlt.
- *Einbezug der LAA in die Seminarplanung:* Im Hinblick auf Transparenz und Teilnehmerorientierung hat es sich bewährt, die Abfolge der Seminarinhalte über das Jahr vorzustellen und die Gedankenschritte, die sich die Seminarleitung dabei im Einzelnen gemacht hat, zu verbalisieren. Besondere Wünsche der Lehramtsanfänger oder besondere Kompetenzen, die diese einbringen können, sollten in diesem Zusammenhang ernst genommen und, falls möglich, einbezogen werden.
- *Wiederholtes, begründetes Benennen von Abläufen im Seminar:* Dieser Schritt wird oftmals unterschätzt. Nimmt man ihn ernst, so kann die Teilnehmerorientierung und Transparenz auf ein höheres Niveau gehoben werden, z. B. warum ist die Abgabe von Vorbereitungen zu einem bestimmten Zeitpunkt für das Arbeiten der Lehramtsanfänger wichtig, weswegen wird in der Nachbesprechung von Unterricht auf bestimmte Aspekte besonders Wert gelegt, …

- *Begründen des methodischen Vorgehens:* Oftmals bleiben die methodischen Überlegungen der Seminarleitung ein Geheimnis für die Lehramtsanfänger. Macht man sie transparent, kann zum einen flexibel umstrukturiert werden und zum anderen können so Widerstände der Lehramtsanfänger gegen die Person der Seminarleitung aufgebrochen werden, weil die Seminaristen inhaltlichen und methodischen Einfluss nehmen können.
- *Verantwortung (in verantwortbarer Weise) an die LAA abgeben (z. B. bezüglich der Inhalte, Unternehmungen, ...):* Jeder Lehramtsanfänger hat spezielle Vorerfahrungen und Kompetenzen, die die Seminarleitung im Rahmen der Ausbildung nutzen kann. »Einfachere« Formen der Beteiligung können jedem Lehramtsanfänger zugemutet werden wie etwa die Gestaltung des Tagesbeginns oder -abschlusses, die Moderation von Abfragen oder Unterrichtsnachbesprechungen im Seminar. Spezielles Fachwissen durch spezielle Ausbildungen, z. B. Erlebnispädagogik, bereichern das Seminar und das Interesse der Lehramtsanfänger ist meist höher, da jemand aus ihren Reihen referiert.
- *Zuordnen der Ausbildungsinhalte zur Prüfungsordnung:* In einfacher Form geschieht dies durch die Aufnahme und Darstellung der Bezüge der Ausbildungsinhalte zur Prüfungsordnung im Seminarplan. Bewährt hat sich, dies auch explizit im Seminartag zu verbalisieren, da die Lehramtsanfänger Inhalten, die von dem Wort »prüfungsrelevant« begleitet werden, besondere Aufmerksamkeit schenken.
- *Ausbildungsinhalte mit passenden Unterrichtsbeispielen verknüpfen:* Besonders wertvoll wird ein Seminartag, wenn er mit konkreter Unterrichtspraxis verknüpft wird, die in Zusammenhang mit dem Themenschwerpunkt des Tages steht. Falls möglich, sollte jeder Seminartag von einem zum Seminarinhalt passenden Unterrichtsbeispiel begleitet werden.
- *Gemeinsames Nachbesprechen von Unterrichtsbeispielen:* Von hohem Wert ist das gemeinsame Nachbesprechen von gemeinsam betrachtetem Unterricht. Die Moderation kann dabei auch von Lehramtsanfängern übernommen werden, wenn sie dazu Hilfestellung von der Seminarleitung erhalten. *Tipp*: Es empfiehlt sich auf ein zusätzliches Nachbesprechen des Unterrichts im Einzelgespräch mit dem Unterrichtenden zu verzichten, außer es geht in den höchstpersönlichen Bereich.
- *Humor:* Humor lockert viele Situationen auf.
- *Individuelle Begleitung (Portfolio, Unterrichtsnachbesprechung, Zielvereinbarungen, Würdigung der Anstrengung des Lehramtsanfängers, ...):* Die Gruppe der Lehramtsanfänger ist sehr heterogen. Individuelle Begleitung ist im Rahmen der Unterrichtshospitationen möglich, wenn sie wiederholt über einen längeren Zeitraum stattfinden und die Prozessentwicklung des Lehramtsanfänger in den Fokus nimmt. Geeignete Instrumente zur Individualisierung sind das Führen eines Portfolios mit Entwicklungsgesprächen sowie das Vereinbaren, Begleiten und Rückmelden von Zielvereinbarungen. Besonders gut gelingt das individuelle Begleiten, wenn neben der Einordnung in einen sozialen Vergleich von der Seminarleitung die individuellen Leistungen gewürdigt werden.
- *Wahl und Einbezug der Seminarsprecher in die Seminarplanung und -gestaltung:* Die Seminarsprecher sind geeignete Ansprechpartner, um die Seminarplanung und -gestaltung abzusprechen; vor allem wenn die Seminargruppe groß ist, ist ein Besprechen im Plenum nicht sinnvoll. Allerdings ist es vorzuziehen, die Überlegungen zur Seminarplanung im Gesamtplenum zu kommunizieren. *Hinweis*: Zum Teil gibt es rechtliche Vorgaben, innerhalb welcher Fristen ein Seminarsprecher gewählt werden muss, wie er abgewählt werden kann und welche Aufgaben er hat.
- *Dienste:* Um die Lehramtsanfänger zu beteiligen und ihnen Verantwortung zu übertragen, bietet es sich an, verschiedene Dienste zu vergeben. Dienste entlasten die Seminarleitung und bereichern durch die Ideenvielfalt der Lehramtsanfänger – vorausgesetzt der Dienst erlaubt es, sich kreativ einzubringen (KV 4).

- formale Dienste: Fahrtkosten, Geburtstagskalender, Frühstücksliste, Anwesenheitsliste, Protokollliste, Seminarbücherei, Einsammler, Kaffeefee/Teezauberer, Referentendank, …
- kreativere Dienste: Vergnügungswart, »Wieder etwas geschafft!«-Dienst (hier wird darauf geachtet, dass kleine Erfolge beachtet, versprachlicht und gefeiert werden), Ankommensphase, Tagesbeginn/-abschluss gestalten, …

- *Reflexion:* Zum Abschluss eines Seminartags bietet es sich an, Prozesse, Inhalte und Emotionen zu reflektieren und Konsequenzen für die Weiterarbeit zu vereinbaren. Vielfältige Methoden dazu finden sich bei Köhler/Weiß 2017.
- *Frühstück/gemeinsame Pause:* Gemeinsame Pause(n) rhythmisieren, lockern auf und ermöglichen informellen Kontakt.
- *Rituale:* Gemeinsame Rituale geben allen an der Seminarausbildung Beteiligten Sicherheit. Klassische Rituale sind etwa: Vereidigung, Begrüßung der neuen Lehramtsanfänger, Verabschiedung der Absolventen, Wandertag, Weihnachtsfeier, Erfolge feiern, Geburtstage feiern, besondere Gestaltung des letzten Seminartags vor den Ferien, gemeinsame Pausen, Tagesbeginn/-abschluss. Weitere Rituale können vom Studienseminar selbst gefunden, vergeben und gestaltet werden

»Dienste im Seminar« (⇨ S. 136)

Von der Ausbildungsordnung zum Seminartag — 2.2

Erste Schritte – vom Jahres- zum Zweimonats-/Trimesterprogramm — 2.2.1

Im Folgenden stellen wir die ersten Schritte vor, die auf dem Planungsweg zum einzelnen Seminartag gegangen werden sollten. Eine ausführlichere Darstellung einzelner Punkte findet sich im weiteren Verlauf des Kapitels.

1. einen Überblick verschaffen: Ausbildungs- und Prüfungsordnung der Schulart beachten
2. zeitliche Strukturierung: Anzahl der Seminartage feststellen; Einteilung geht vom Zweijahresplan zum Jahresplan zum Trimester-/Zweimonatsplan zur Seminarveranstaltung (s. folgende Abschnitte)
3. Verteilung der Inhalte
   - inhalts- und fachspezifische Schwerpunkte mit Kompetenzbereichen der Lehrerbildung verbinden
   - Anwendungssituationen finden
   - Referenten rechtzeitig anfragen (z. B. Fachberater, Multiplikatoren, Fachdienste, …)
   - »Muss-Seminartage« beachten (Einführungstage, Prüfungsangelegenheiten, …)
   - Beachten bewährter Ausbildungsinhalte zu Dienstbeginn der Lehramtsanfänger
   - geeignete Lehrkräfte für Unterrichtsbeispiele zur Unterrichtsmitschau rechtzeitig anfragen
   - Freiräume nutzen

Tipp: Nutzen Sie die folgende Checkliste

- ☐ Ist die Ausbildungsordnung abgedeckt?
- ☐ Werden die Anforderungen an die Prüfungsordnung erfüllt?
- ☐ Werden zu Dienstbeginn die grundlegenden Standards für die Arbeit im Studienseminar und in der Schule transparent und einsichtig gemacht?
- ☐ Sind die Inhalte sinnvoll vernetzt?
- ☐ Sind gelungene Anwendungssituationen für die Seminartagsgestaltung gefunden?
- ☐ Entspricht die Sequenzierung der Inhalte dem Leistungsvermögen der (heterogenen) Seminargruppe?
- ☐ Werden im heterogenen Studienseminar die besonderen Bedürfnisse von neu hinzugekommenen Lehramtsanfänger und den »alten Hasen« der Lehramtsanfänger im Studienseminar berücksichtigt?
- ☐ Können Fachleute passend zum Seminartagsinhalt eingebunden werden?
- ☐ Ist Kooperation und Austausch mit anderen Studienseminaren zu bestimmten Inhalten sinnvoll?
- ☐ Gibt es für bestimmte Seminartagsinhalte Stichtage, bis zu denen ein Inhalt abgehalten werden muss? (z.B. Vorbereitung auf mdl. Prüfung, schriftliche Hausarbeit, ...)

Beachten festgelegter Ausbildungstage zu Prüfungsangelegenheiten

Je nach Länge des Ausbildungstags können Seminarveranstaltungen zur Information über Prüfungsangelegenheiten (Lehrproben, mündliche Prüfung, Kolloquium, Lernentwicklungsgespräch, schriftliche Hausarbeit, ...) jeweils einzelne Ausbildungstage sein oder auch inhaltlich zusammengefasst werden. Bei der Planung haben sich neben der Berücksichtigung der amtlichen Prüfungsordnung Erfahrungswerte bewährt, die ggf. bei dienstälteren Kollegen erfragt werden können. Es hat sich als hilfreich erwiesen, den Lehramtsanfängern zu Prüfungsangelegenheiten abgewandelte Praxisbeispiele zur Verfügung zu stellen. Auch diese können ggf. von Kolleginnen oder Kollegen zur Verfügung gestellt werden.

Beachten bewährter Ausbildungsinhalte zu Dienstbeginn der Lehramtsanfänger

Zu Beginn der 2. Phase geht es darum, den Lehramtsanfängern Sicherheit zu geben. Dies gelingt am besten durch das Bereitstellen von Informationen: Die Studienseminarleitung kommuniziert klare Vorgaben zur Struktur des Referendariats, zum amtlichen Schriftwesen, zum Lehrplan, zu Sequenz- und Unterrichtsplanungen usw. Dabei ist es die Kunst, die Lehramtsanfänger in der Haltung zu bestärken, dass die Anforderungen in der Regel gut bewältigt werden können, man als Lehramtsanfänger nicht sofort alles können muss und die Herausforderungen Schritt für Schritt bewältigt werden können.

Klassische Inhalte der ersten Ausbildungstage und ersten Monate werden in der folgenden Übersicht vorgestellt (auch als Download, KV 5):

Allgemeine Informationen und Kompetenzen	• Selbstreflexion – Warum will ich Lehrer werden? • Was ist ein Seminar? • Aufgaben des Lehrerberufs • Standards für die Lehrerbildung • Aufgaben und Inhalte des Vorbereitungsdienstes • Welche Aufgaben erwarten Sie in Seminar und Schule? • Grundkurs Schulrecht (Aufsichtspflicht, Verschwiegenheit, Erziehungs- und Ordnungsmaßnahmen,...) • Klarheit im Nummerngewirr für Formulare • Versicherungsfragen • Dienstunfähigkeit • sicheres Auftreten im Beruf • das (erste) Gespräch mit Ihren Vorgesetzten • Besonders Beachtenswertes zu Schuljahresbeginn an einer Schule • aktive Hospitation: Zusammenarbeit von Betreuungslehrkraft/Mentor und Referendar und die ersten Schritte • Beratungsbesuche der Studienseminarleitung • amtliches Schriftwesen: die tägliche Unterrichtsvorbereitung, Wochenplan, Lehrnachweis, Schülerbeobachtungen • die besondere Unterrichtsvorbereitung
Entwicklungslandschaft Unterrichten	• Was ist guter Unterricht? • Unterrichtsplanung: vom amtlichen Lehrplan zur Unterrichtsstunde • Zielsetzung/Schwerpunkt einer Stunde • Von der Lernziel- zur Kompetenzorientierung • »Aus dem Nähkästchen geplaudert!« – Kleintechniken des Unterrichtens kennen und anwenden können • Suchraster für interessante Hausaufgaben • effektive Unterrichtsgespräche führen • das Klassenzimmer als Bühne – Körpersprache im Unterricht bewusst einsetzen • das Tafel- und Bodenbild im Unterricht • Lehrerschrift • Heftführung und Arbeitsblattgestaltung • Handhabung und didaktisch sinnvoller Einsatz von digitalen Medien • Tipps für die allererste(n) Unterrichtsstunde(n) • Unterrichtsanalyse und -nachbesprechung im Seminar • Umgang mit digitalen und weiteren Medien • Unterrichten im digitalen Fern- und Hybridunterricht
Entwicklungslandschaft Erziehen	• Unterrichtsstörungen und Disziplin • Einführung von Regeln im Klassenzimmer • Umgangsmöglichkeiten mit auffälligem Schülerverhalten auf einen Blick • Classroom-Management: So bekommen Sie Ihre Klasse in den Griff!
Entwicklungslandschaft Beobachten, Diagnostizieren und Beraten	• Schülerbeobachtung • Diagnostik • Beratung • Elterngespräche führen
Entwicklungslandschaft Beurteilen	• rechtliche Grundlagen • Leistungserfassung und -beurteilung: Klassenarbeiten/schriftliche, mündliche, praktische oder mehrdimenssionale Leistungsnachweise • alternative Formen der Leistungsfeststellung
Entwicklungslandschaft Innovieren	• kollegiale Hospitation • Portfolioarbeit im Referendariat • Teamteaching • Beiträge zur Lehrergesundheit und -zufriedenheit

Im heterogenen Seminar, z. B. mit Erst- und Zweitjährigen, in Auswahl je nach unterrichtlichem Einsatz

- Aufgaben der Klassenleitung (Belehrungen, Zeugnisse, Elternabend, Organisation, Absprache mit Fachlehrkräften, Führen der Schülerakte/ des Schülerbogens, ...)
- Elternarbeit/Elternabend
- Klassenfahrt
- Schullandheim (keine Fahrten im Prüfungszeitraum, weil sonst Termine, z. B. für schulpraktische Prüfungen leichter errechnet werden können)

Mögliche Änderungen vom ersten zum zweiten Dienstjahr:
- Anforderungen an das Schriftwesen
- Spitzkostenabrechnung (bei Vorliegen eines entsprechenden Unterrichtsauftrages sind gegebenenfalls weitere Unterrichtsstunden der Lehramtsanfänger über die Spitzabrechnung vergütungsfähig)
- Lehrproben/mündliche Prüfung/Kolloquium
- Stundenplan
- Prüfungsanmeldung
- Seminarplan
- Personalbogen
- ...

Abb. 7: Übersicht über klassische Ausbildungsinhalte der ersten Ausbildungstage und -monate

Klassische Inhalte der ersten Ausbildungstage und -monate (⇨ S. 137)

Tipp: Zu Beginn von Seminartagen zu Prüfungsangelegenheiten eignet sich eine Einzelarbeit zu den Impulsen: Deshalb möchte ich Lehrer/in werden ... – Diese Hoffnungen/Erwartungen/ Ziele, verbinde ich mit meinem Beruf ... – Diese Stärken, Erfahrungen, Kompetenzen bringe ich mit ... – Davor habe ich Bedenken ... – (Ein bisschen) Sorge macht mir ... (KV 6)
Die Satzergänzungen werden im Plenum gesammelt und dienen als Impulsspeicher und zur Kommentierung durch die Lehramtsanfängergruppe und die Studienseminarleitung.

Deshalb möchte ich Lehrer(in) werden ... (⇨ S. 138)

Hinweise zur Erstellung des Jahresprogramms

Bei der Erstellung der Jahresplanung sind verschiedene Punkte zu berücksichtigen, eine detaillierte Darstellung findet sich in KV 7 »Seminarplanung in 19 Schritten«: So obliegt der Seminarleitung die sinnvolle Einteilung der Ausbildungsinhalte über das Jahr. Dabei ist darauf zu achten, dass Prüfungszeiträume vorab eingeplant werden. Ist man als Seminarleitung selbst durch Prüfungen verhindert, sollten Referenten angefragt werden, die den Seminartag gestalten. In Bezug auf die Ausbildungsinhalte sollten Anwendungs- und Unterrichtsbeispiele gefunden und Mentoren angefragt werden. Natürlich müssen die Kompetenzorientierung und der Bezug zur Prüfungsordnung gegeben sein (und transparent gemacht werden) und Pädagogik, Psychologie, Fachwissenschaft und Fachdidaktik sollten sinnvoll verknüpft werden. Es sollten auch Wünsche und Expertenwissen der Lehramtsanfänger in der Planung Berücksichtigung finden. Unter Umständen können Zeiten für die Evaluation des Seminars freigehalten werden. Unter den Aspekten der Partizipation und Sicherheit durch Information sollte das Jahresprogramm mit den Seminaristen besprochen und in einen Sinnzusammenhang gestellt werden.

Erstellung des Zweimonats-/Trimesterprogrammes

Das Beachten der folgenden Punkte erleichtert die Planung des Trimesters:

- Seminarplan verfassen, amtliche Vorgaben beachten, Inhalte festlegen
- Termine beachten
- vorab mit Referenten Kontakt aufnehmen
- rechtzeitige Besprechung des Plans mit den Lehramtsanfänger, ggf. noch Wünsche und Bedürfnisse, Expertenwissen der Lehramtsanfänger integrieren
- Unterrichtsbeispiele integrieren, dabei Seminartag nach den Ferien beachten
- Versand nach amtlichen Vorgaben, auch aus versicherungstechnischen Gründen, an relevante Stellen in Auswahl: Regierung, Schulabteilung, Schulamt, Schulleiter, Lehramtsanfänger, Mentoren, Betreuungslehrkräfte, …

Der Seminarplan kann dann wie folgt aussehen:

SEMINARPLAN FÜR DAS 1. und 2. Halbjahr 20__/20__

Tag Datum	Thematik und Inhalt	Anwendungssituationen (berufsspezifische Aufgaben, Fälle, Herausforderungen, Aufmerksamkeitsrichtungen und Probleme)	Ort ggf. Referent(en)	Bemerkung/Hinweise Schwerpunkt(e) lt. Prüfungsordnung	
Chronologische Nummerierung der Ausbildungstage Datum	*Seminartagsthema:* **Fächerverbindendes bzw. -integratives Arbeiten Vom amtlichen Lehrplan zur Jahresplanung 1** Skriptbezeichnung und –nummer G 2 *Inhaltsbeschreibung:* Exemplarisches Arbeiten an Sequenzen Arbeit mit dem Lehrplan -Struktur des Lehrplans, Ziele und Inhalte, Querverbindungen, Klassenlehrplan, Amtliche Voraussetzungen, Arbeitsschritte	Vorstellen der Verteilung der Lehrplaninhalte am ersten Elternabend	Seminarort Raumnummer	Bitte vorhandene Jahresplanungen aus Ihrer Schule mitbringen! Zuordnung zur Prüfungsordnung	1. Kompetenzbereich Erziehen 2. Kompetenzbereich Unterrichten 3. Kompetenzbereich Beraten 4. Kompetenzbereich Beurteilen 5. Kompetenzbereich Innovieren 6. Kompetenzbereich Kooperieren 7. Kompetenzbereich Organisieren 8. Schulrecht und Schulkunde 9. Grundfragender Staatsbürgerlichen Bildung und ihre Bedeutung für die Schule
Chronologische Nummerierung der Ausbildungstage Datum	**Leistungserziehung – Leistungsmessung – Leistungsbeurteilung** Z7 G9 Anforderungsstufen, Pädagogische Grundsätze bei der Leistungsbewertung, alternative Formen der Leistungsbewertung, Auswertung schriftlicher Leistungsnachweise und Förderansätze	Alternative und traditionelle Formen der Leistungsbewertung nach den Kriterien Selbstwirksamkeit, Feedback, Effizienz u.a.m. im Hinblick auf den Lernenden untersuchen	Seminarort Raumnummer		1. Kompetenzbereich Erziehen 2. Kompetenzbereich Unterrichten 3. Kompetenzbereich Beraten 4. Kompetenzbereich Beurteilen 5. Kompetenzbereich Innovieren 6. Kompetenzbereich Kooperieren 7. Kompetenzbereich Organisieren 8. Schulrecht und Schulkunde 9. Grundfragender Staatsbürgerlichen Bildung und ihre Bedeutung für die Schule

Neben den gezeigten Inhalten kann der Seminarplan auch folgende Punkte beinhalten:

- Belege des Inhalts durch die Ausbildungsordnung
- Unterrichtsbeispiele
- weitere Hinweise, Kooperation mit anderen Seminaren

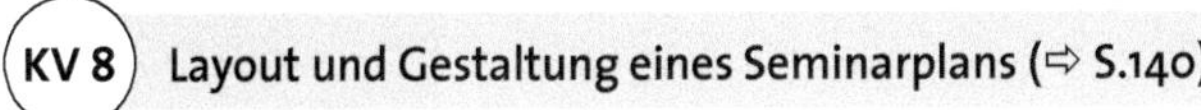

KV 8 Layout und Gestaltung eines Seminarplans (⇨ S.140)

Aufmerksamkeitsrichtungen zur inhaltlich-didaktischen Durchdringung eines Unterrichtsfaches oder Fachbereiches für die Seminarleitung

Um sich als Studienseminarleitung auf einen Seminarinhalt vorzubereiten gibt es verschiedene Möglichkeiten. Handelt es sich um einen fachdidaktischen Inhalt, hat es sich bewährt, die Inhalte nach folgenden Kategorien auf ihre Verwendung und ihre Brauchbarkeit für die Aufbereitung von Seminartagsinhalten zu beachten:

Historische Wurzeln und Konzeptionen	**Anliegen des Faches**	**Lehrplananalyse**	**Kompetenzorientierte Lehr- und Lernplanung**
• Wechsel von Fachbezeichnungen • didaktische Stoßrichtungen im zeitlichen Verlauf • aktuelle Konzeptionen	• Bildungswert • Stellenwert des Faches • Grundanliegen	• fächerübergreifende Erziehungs- und Bildungsaufgaben • Fachprofil • Lehrplaninhalte • Teilbereiche • Integration von Fachbereichen • inhalts- und prozessbezogene Kompetenzen • spiralcurriculäre Ansätze über verschiedene Jahrgangsstufen	• aktuelle didaktische Konzeption(en) • sinnvolle Verteilung der Inhalte über das Schuljahr • Jahresplanung • Sequenzplanung (beispielhaft) • fachspezifische Artikulationsschemata • Sachstruktur und didaktische Reduktion an einem konkreten Beispiel • Methoden des Faches • fachspezifische Arbeitsweisen, Prinzipien und Methoden
Anwendungs-situation(en)	**Problembereiche des Faches**	**Leistungsmessung, -bewertung und -beurteilung**	**Grundlegende Literatur**
• siehe dazu 2.1.1. • Besonders betroffene Kompetenzbereiche der Lehrerbildung bei der Lösung der Anwendungssituation berücksichtigen • (schul-)pädagogisch-psychologisches sowie sachstrukturelles und (fach-)didaktisches Wissen zur Bewältigung der Anwendungssituation integrieren	Beispiele: • Quellenkritik in Geschichte • Außerschulische Lernorte in Biologie • Symbolcharakter in der Chemie • Begriffsbildung in Deutsch • Umgang mit Rechenschwäche in Mathematik • ...	• Anwendungssituationen für die Schüler im Sinne der Kompetenzorientierung • Aufgabenformate • Anforderungsstufen an konkreten Beispielen • Beurteilungsmaßstäbe	• klassische und aktuelle Vertreter des Faches • Institutionen • Praxishilfen • Schulbücher und Lehrerhandbücher • Fachbücher und wissenschaftliche Texte
Fachspezifische, auch digitale und »neue« Medien	**Thematisch passendes Unterrichtsbeispiel**	**»Best practice«-Beispiele**	**Kurze Texte, Sprüche, Bilder**
• Reflexion in Bezug auf den didaktischen Ort und ihren Mehrwert	• Referenten oder Lehramtsanfänger rechtzeitig informieren • evtl. selbst als Seminarleitung ein Unterrichtsbeispiel halten	• unterrichtspraktische Konkretisierungen, medial aufbereitet	• zum Thema passende Veranschaulichungen wählen

Biografisch-reflexive Anknüpfungspunkte			
• Welche bieten sich in Bezug auf die Lehramtsanfänger an?			

Praxisbeispiele: Gestaltung eines schulpädagogischen und eines fachdidaktischen Seminartages 2.2.2

Im Folgenden wird sowohl ein Beispiel zur Planung eines Ausbildungstages mit schulpädagogischem Schwerpunkt (»Sinn und Unsinn von Hausaufgaben«) gegeben als auch zu einem Ausbildungstag mit fachdidaktischem Inhalt (Bereich Deutsch, Fachbereich Lesen – Lesefertigkeit) gezeigt. Die Feingliederung ist lediglich ein Aufmerksamkeitsraster und eine Planungshilfe zur methodischen Gestaltung und kann nach persönlichen Vorlieben und sachlichen Gegebenheiten verändert werden.

Gestaltung eines Seminartags mit schulpädagogischem Schwerpunktinhalt (»Sinn und Unsinn von Hausaufgaben«)

1. Ankommensphase
2. Tagesbeginn (erste Runde: Was liegt an? Gibt es Fragen und Anliegen, die die gesamte Gruppe betreffen? …)
3. Vorstellen des Verlaufs des Seminartags (Wortkarten, roter Faden)
4. Benennen der Anwendungssituation zum Thema (»Hausaufgaben – Hausfriedensbruch oder sinnvolle Ergänzung des Unterrichts?«) und Einordnung des Themas in die Prüfungsordnung
5. Kurzer Input der Seminarleitung zum Thema
6. Biografisches Arbeiten:
   - In meiner Familie waren Hausaufgaben immer dann (k)ein Thema, wenn …
   - Wenn ich heute in meinem Unterricht Hausaufgaben erteile/kontrolliere geht es mir …, weil …
   - Vergleich der Gemeinsamkeiten/Unterschiede
   - Erkennen von Bildungsgewinnern und -verlierern, Bedeutung unterrichtlicher Qualität am Vormittag, elterliche Unterstützung, …
   - Hausaufgabenkontrolle einer an die Lehramtsanfänger gestellten Hausaufgabe zur Vorbereitung auf den Seminartag – Herausarbeiten der Emotionen, wenn die Seminarleitung die Hausaufgabe kontrolliert und dabei »schauspielert«, in dem sie öffentlich Sternchen verteilt, Verbesserungsvorschläge macht, streng blickt …
7. Strukturarbeit 1: Zur Untergliederung der Inhalte werden folgende Bereiche konkretisiert:
   - Lehramtsanfänger Referat 1: rechtliche Grundlagen
   - Lehramtsanfänger Referat 2: Lehrplaneinbindung
8. Stellen der Beobachtungsaufträge zum Unterrichtsbeispiel
9. Unterrichtsbeispiel
10. Pause und gemeinsames Essen
11. Aussprache und Nachbesprechung des Unterrichts
12. Strukturarbeit 2: Zur Untergliederung der Inhalte werden folgende Bereiche konkretisiert:
    - Bausteine für ein handlungssicheres Agieren zum Themenkomplex »Hausaufgaben«
    - Einzelarbeit

   - Expertengruppe
   - Expertenkonferenz
13. Zusammenführung
14. Innovieren: Kooperation im Kollegium

Puffer: Elterngespräch simulieren

15. Abschluss: interessante Hausaufgaben

Gestaltung eines klassischen Seminartags zu einem fachdidaktischem Thema, z.B. »Lesefertigkeit«

1. Ankommensphase
2. Tagesbeginn (Morgenkreis, erste Runde: Was liegt an? Gibt es Fragen und Anliegen, die die gesamte Gruppe betreffen? …)
3. Vorstellen des Verlaufs des Seminartags (Wortkarten, roter Faden)
4. Anwendungssituation: Zum Lesen fertig und bereit? – Warum Lernende erst nach vorherigem Üben vor der Klasse laut lesen sollten. – Stufen eines Lernwegs und gezielte Förderung – Gliederung des Seminartags
5. Kurzer Input der Seminarleitung: Was ist Lesen?
6. Strukturarbeit 1: Zur Untergliederung der Inhalte werden folgende Bereiche konkretisiert:
   - Lehramtsanfänger Referat 1: Lehrplaneinbindung zum Thema Lesefertigkeit/Lesetechnik
   - Zusammenhang der fachwissenschaftlichen Erkenntnisse des Lesens
   - Lehramtsanfänger Referat 2: Begriffsklärung, Bausteine der Lesekompetenz, Lesefertigkeit in Abgrenzung zu Lesefähigkeit mit Flankierung der Lesemotivation
7. Input der Seminarleitung zur gezielten Übung von Lesefertigkeit
   - allgemeine Übungsgrundsätze
   - Übungsbereiche der Lesefertigkeit
8. Stellen der Beobachtungsaufträge
9. Pause
10. Unterrichtsbeispiel
11. Nachbesprechung des Unterrichts
12. Strukturarbeit 2: Zur Untergliederung der Inhalte werden folgende Bereiche konkretisiert: Expertenkonferenz zu den einzelnen Bereichen der Förderung der Lesefertigkeit (Übungen zur visuellen Wahrnehmung, Übungen auf der Buchstaben-, Wort, Satz- und Textebene sowie zum klanggestaltenden Vorlesen)
   - Einzelarbeit
   - Expertengruppe
   - Expertenkonferenz
13. Zusammenführung im Tafel-/Bodenbild
14. Input der Seminarleitung: Artikulationsschema/Sequenzaufbau – Bausteine einer Übungsstunde zur Lesefertigkeit
15. Reflexion
16. Abschluss: »Am Schneesee« von Franz Fühmann als Buchtipp

Tipp: Weitere Hinweise zur Gestaltung eines Seminartags

- Belegen Sie den Raum rechtzeitig, vergessen Sie nicht, die Schulleitung zu informieren und ggf. Referenten mit Wege- und Raumplan zu versorgen.
- Besorgen Sie einen Dank, ggf. eine Bestätigung für den Vortag.

- Ein Punkt, der uns besonders wichtig ist, soll hier noch einmal im Sinne der Herzpfeiler angesprochen werden: Eröffnen Sie den Lehramtsanfängern Gestaltungs- und Handlungsspielräume. Dazu zählt auch vorab ihr Expertenwissen zu evaluieren, damit Sie geeignete Lehramtsanfänger für inhaltlichen Input auswählen können. Vergessen Sie dabei nicht, rechtzeitig Zeiten vorzugeben, innerhalb derer sich die Experten im Seminartag einbringen können. Auch Teile der Seminargestaltung (Ankommensphase etc.) können in die Hände der Lehramtsanfänger gegeben werden.
- Denken Sie daran, das Seminarskript rechtzeitig zu versenden bzw. auszuteilen, sodass den Lehramtsanfängern die vorbereitende Bearbeitung, evtl. sogar von Arbeitsaufträgen, ermöglicht wird.
- Vergessen Sie nicht: Sie arbeiten mit Erwachsenen zusammen, die für ihr Lernen selbst verantwortlich sind.
- Halten Sie Pausenzeit auf jeden Fall ein. Achten Sie auch darauf, pünktlich Schluss zu machen – nichts kann so wichtig sein, dass es nicht schon vorher in der vorherigen Seminarzeit hätte gesagt werden können (und falls doch: überarbeiten Sie Ihre Planung vor dem nächsten Durchgang thematisch).
- Seien Sie flexibel, wenn wichtige Themen der Gruppe besprochen werden müssen. Inhaltliches können Sie dann entweder vertagen oder zur Nacharbeit den Lehramtsanfängern mit nach Hause geben.

KV 9 Beispiel für einen gestalteten Tagesbeginn im Studienseminar (⇨ S. 142)

KV 10 Gesprächsimpulse zur Einführung in ausgewählte Kompetenzbereiche der Lehrerbildung (⇨ S. 143)

KV 11 Download Gesprächsimpulse zur täglichen Unterrichtsvorbereitung (⇨ S. 144)

KV 11a Download Checkliste zu Seminarbeginn und -ende (⇨ S. 145)

Unsere Lieblingsseminarmethoden 2.2.3

Tagesordnung am roten Faden

Zur Visualisierung des Verlaufes und der Programminhalte wird ein roter Faden durch das Zimmer gespannt. Die einzelnen Punkte der Tagesordnung werden auf mittig gefaltete DIN-A4-Blätter geschrieben und dann mit dem Falz nach oben über die Leine gehängt (die Blätter haben dann DIN-A5-Format).

Biografisch-reflexive Ansätze

Das biografische Lernen ist für Lehramtsanfänger bedeutsam, weil sich zuweilen im Unterricht Erfahrungen der Lehramtsanfänger spiegeln können, die sie selbst als Schüler gemacht haben. Dies sollte reflektiert werden, auch um weitere Sichtweisen und Handlungsmöglichkeiten auf die Situationen zu eröffnen. Daher ist es sinnvoll, dass sich jeder Lehramtsanfänger mit seinen eigenen Erfahrungen auseinandersetzt, um sie im nächsten Schritt ggf. zu erweitern. Klassische Ansatzpunkte sind: In Ihrer Kindheit … – Heute als Lehramtsanfänger …; Hausaufgaben, Erziehung, schriftliche Leistungsnachweise, ein guter Lehrer, …

Strukturkarten in der Erarbeitungsphase

Zentrale Begriffe werden auf Karten geschrieben, den Lehramtsanfängern ausgeteilt und entweder auf dem Tisch oder auf dem Boden ausgelegt – je nachdem, ob in Partner-/Gruppenarbeit oder in der Gesamtgruppe gearbeitet werden soll. Die Lehramtsanfänger bringen die Kärtchen in eine für sie sinnvolle Struktur. Dazu können noch weitere Symbolkarten (z. B. Pfeile, Farben, Ausrufezeichen, ...) sowie leere Kärtchen zum Beschriften ausgehändigt werden. Die Methode eignet sich besonders gut zu Beginn eines Themas zur Aktivierung des Vorwissens oder zum Abschluss, um erworbenes Wissen in eigene Strukturen zu bringen.

Expertenkonferenz in der Erarbeitungsphase

Im Rahmen einer arbeitsteiligen Erarbeitung wird ein Thema in z. B. fünf Aspekte untergliedert. *Expertengruppe*: Nach einer fundierenden Einzelarbeit, in der sich jeder Lehramtsanfänger alleine mit dem Thema auseinandergesetzt hat, treffen sich jeweils alle, die den gleichen Themenaspekt bearbeitet haben, und vergleichen und optimieren ihr Ergebnis. *Expertenkonferenz*: Im nächsten Schritt finden sich nun Gruppen zusammen, die aus je einem Experten zu jedem Thema bestehen. Jeder Experte präsentiert nun in dieser Konferenz den anderen das Ergebnis. So erhält jeder zu jedem Aspekt ein Ergebnis. Alternativ dazu können im Rahmen der Expertengruppe Plakate erstellt werden, die in einem Rundgang präsentiert werden. Die Expertenkonferenz entfällt dann.

2.3 Mentoren, Praktikums- und Beratungslehrkräfte – Zusammenarbeit und Unterstützungsmöglichkeiten

Auch die Mentoren, Praktikums- und Betreuungslehrkräfte, welche neben der Seminarleitung die Lehramtsanfänger oft als konkrete Ansprechpartner in der schulischen und unterrichtlichen Praxis begleiten, sind auf die Führung durch die Studienseminarleitung angewiesen und erwarten für ihre Arbeit Hinweise und Leitlinien aus dem Studienseminar.

2.3.1 *Einführungsveranstaltung für Betreuungslehrkräfte – Themen und Gestaltung*

In vielen Fällen findet für die Mentoren, Praktikums- und Betreuungslehrkräfte eine Einführungsveranstaltung statt, in der Fragen beantwortet und grundlegende Aspekte, die der Studienseminarleitung wichtig sind, wie etwa Termine, Schriftwesen, Beziehungsaufbau und -pflege u. a. m. besprochen werden. Im Folgenden wird eine Möglichkeit, wie man eine solche Einführungsveranstaltung gestalten kann, beschrieben. Außerdem werden inhaltliche Themenfelder in Auswahl aufgeführt.

Das Ziel der Dienstbesprechungen ist eine intensive und konstruktive Zusammenarbeit mit den Betreuungslehrkräften in gutem Miteinander, um so die Lehramtsanfänger in ihrem Arbeiten bestmöglich zu unterstützen. Oftmals ist es nämlich die Betreuungslehrkraft, die den häufigeren Kontakt zum Lehramtsanfänger hat, ihn entsprechend gut kennt und damit auch Einfluss auf ihn hat. Zusätzlich können Betreuungslehrkräfte auch für Unterrichtsstundenbeispiele gewonnen werden. Die Bereitschaft der Betreuungslehrkräfte dazu ist deutlich erhöht, wenn sie und die Studienseminarleitung ein gutes Miteinander pflegen. Dazu zählt es selbstverständlich auch, die Mentoren, Praktikums- und Betreuungslehrkräfte zu Unterrichtsversuchen der Lehramtsanfänger und auch zu deren Nachbesprechung einzuladen – vorausgesetzt die dienstlichen Belange erlauben es.

Tipp: Eine Möglichkeit, die Lehramtsanfänger an der ersten Dienstbesprechung teilhaben zu lassen, besteht darin, dass sie eine Woche vor der Veranstaltung auf einem (weißen) DIN-A4-Blatt einen »ganz normalen« Schultag, wie sie ihn aktuell erleben, gestalten. Der dargestellte Zeitraum kann auch länger angesetzt werden, etwa eine Schulwoche. Wichtig dabei ist, dass Sie jeden Lehramtsanfänger für sich selbst arbeiten lassen und ihn nicht auf seine Arbeit ansprechen. Erst die Ergebnisse werden im Seminar vorgestellt und besprochen. Mit dem Einverständnis der Lehramtsanfänger können Sie die Werke der Lehramtsanfänger einsammeln. Machen Sie dabei unbedingt transparent, dass die gestalteten Blätter anonymisiert für die Dienstbesprechungen mit Mentoren, Praktikumslehrkräften und Betreuungslehrkräften verwendet werden.

Möglicher Ablauf der ersten Dienstbesprechung/Einführungsveranstaltung

- Vor Beginn der Veranstaltung (ggf. bereits am Vortag): Vorbereitung eines ansprechenden Rahmens: Kaffee, Gebäck, Geschirr, Sitzordnung
- Begrüßung, Vorstellen der Seminarleitung, Dank an die Mentoren, Praktikums- und Betreuungslehrkräften für ihr Engagement
- Vorstellen der Tagesordnung
- gegenseitige Vorstellung der Mentoren, Praktikums- und Betreuungslehrkräften, ggf. mit einem Impuls: Was alle hier im Raum noch nicht von mir wussten … – Mein Schlüsselbund verrät …
- Sammeln erster Fragen, die unbedingt besprochen werden sollten
- ggf. stummer Galerierundgang mit den ausgelegten Lehramtsanfänger-Werken »Ein ganz normaler Schultag« (s. Tipp oben) etwa mit dem Impuls: Was spricht mich besonders emotional an und warum?
- Reflexion der Werke: Was hat erstaunt, berührt, verwundert? Warum?
- Besprechung der weiteren Tagesordnungspunkte (s. folgender Abschnitt)
- Eingehen auf die gesammelten ersten Fragen vor dem stummen Galerierundgang
- Schaffen der Möglichkeit, Wünsche und Anregungen zu teilen
- Abschluss, Dank

Möglicher Inhalt der ersten Dienstbesprechung

- Einführung in die Aufgabenbereiche: je nach Schulart und Bundesland gibt es dazu unterschiedliche rechtliche Reglungen. Oft gibt es dazu schulspezifische kultusministerielle Veröffentlichungen und Handreichungen dazu. Den rechtlichen Rahmen bilden immer die Lehramtsprüfungsordnung sowie die Zulassungs- und Ausbildungsordnung der jeweiligen Schulart. Ausgewählte Bereiche können z. B. sein:

  Die Betreuungslehrkräfte betreuen Lehramtsanfänger im Praktikum. Sie sind in der Regel Klassenleiter oder Klassenleiterinnen.

  Die Betreuungslehrlehrkräfte führen im Rahmen ihrer Aufgabe insbesondere einen an aktuellen Entwicklungen orientierten didaktisch und methodisch geplanten und gestalteten Unterricht dem Lehramtsanfänger als Diskussionsbeispiel vor, besprechen ihn und geben den Lehramtsanfängern dadurch Einblick in die tägliche Erziehungs- und Unterrichtsarbeit sowie in die weiteren Tätigkeitsfelder einer Lehrkraft. Sie beteiligen die Lehramtsanfänger an allen mit der Klassenleitung verbundenen Arbeiten und unterstützen sie in Abstimmung mit Studienseminarleitung im Rahmen des Praktikums bei der Erreichung der Ausbildungsziele (vgl. ZALGM § 14 Bayern).

  Die Betreuungslehrkraft besucht den Studienreferendar angemeldet und je nach Regelung auch unangemeldet im Fachunterricht, bei Bedarf auch häufiger, und bespricht die besuchten Stunden ausführlich, wobei in der wertschätzenden Rückmeldung sowohl Stärken als auch Optimierungen der Unterrichtsstunde angesprochen werden.

Die Betreuungslehrkraft wirkt auf der Grundlage ihrer Unterrichtsbesuche und verbindlichen Aufzeichnungen an der Erstellung der abschließenden schriftlichen »Beobachtungen der Einsatzschule« mit, die nach Beendigung des Einsatzes des Lehramtsanfängers zur Weiterleitung (i. d. R. mit der Schulleitung abgeglichen) an die Studienseminarleitung verfasst werden.
Betreuung und Beratung der Studienreferendare: Die Betreuungslehrkraft berät den Studienreferendar bei der Verteilung der Lehrplaninhalte für das (Halb-) Jahr, und gibt ggf. Hilfestellung bei Fragen zur Unterrichtsgestaltung einzelner Unterrichtssequenzen, der Kompetenzorientierung.
Die Betreuungslehrkraft macht den Studienreferendar mit den Besonderheiten einzelner Jahrgangsstufen und der verwendeten Lehrwerke vertraut (z. B. Anfangsunterricht, Motivation der Schülerinnen und Schüler in spätbeginnenden Klassen, Besonderheiten des Unterrichts in Übergangsklassen).
Übernimmt ein Studienreferendar eine Klasse zum Halbjahr, überprüft die Betreuungslehrkraft die lückenlose Weitergabe wichtiger Informationen durch die Lehrkraft des ersten Halbjahres.
Die Betreuungslehrkraft weist den Studienreferendar auf wichtige Fachschaftsbeschlüsse und schulinterne Regelungen hin, z. B. bei der Durchführung mündlicher Schulaufgaben, sowie auf wichtige allgemeine Vorschriften und auf von der schulinternen Lehrerkonferenz der Einsatzschule getroffene Festlegungen, die bei der Benotung beachtet werden müssen (z. B. Anzahl und Art der großen Leistungsnachweise)
Die Betreuungslehrkraft berät und unterstützt den Lehramtsanfänger bei der Arbeit in besonders leistungsstarken oder leistungsschwachen Klassen sowie bei besonderen pädagogischen Herausforderungen (z. B. bei Disziplinproblemen oder Inklusionsmaßnahmen bzw. in Hochbegabtenklassen u. ä.)
Die Betreuungslehrkraft beobachtet bei ihren Unterrichtsbesuchen die Bewertung mündlicher Leistungen und berät den Studienreferendar bei der Notenfindung.
Die Betreuungslehrkraft unterstützt und berät den Studienreferendar bei der Erstellung der kleinen und großen schriftlichen Leistungsnachweise sowie der mündlichen Schulaufgaben und überprüft die Aufgabenentwürfe auf fachliche Korrektheit, Schwierigkeitsgrad, Umfang und Kompetenzorientierung der Aufgabenformen vor Durchführung der Schulaufgabe.
Die Betreuungslehrkraft berät den Studienreferendar bei der Korrektur und Bewertung und überprüft drei bis fünf, in Einzelfällen auch mehr, Arbeiten unterschiedlicher Leistungsniveaus vor der Rückgabe gründlich auf die fachliche Korrektheit der Korrekturen und auf die Angemessenheit der Bewertung.
Die Betreuungslehrkraft oder eine andere Fachlehrkraft fungieren als Beisitzer in den mündlichen Schulaufgaben des Studienreferendars.
Die Betreuungslehrkraft bindet den Studienreferendar in die außerunterrichtlichen Aktivitäten der Fachschaft ein (z. B. DELE/CILS, Schüleraustausch, Wettbewerbe etc.).
(vgl. Handreichung für Betreuungslehrer/innen an bayerischen Gymnasien … www.gymnasium2020.bayern.de)

- Über den gesamten Inhalt der Besprechung ist Stillschweigen zu bewahren.
- Kooperation zwischen Betreuungslehrer und Seminar
- Seminarprogramm/Seminarorganisation
- Formen der aktiven Hospitation des Lehramtsanfängers
- Hospitation des Lehramtsanwärters in den unterschiedlichen Jahrgangsstufen
- Planung von Dienstbesprechungen mit den Betreuungslehrkräften
- Sind schriftliche Beobachtungen und Rückmeldungen zum Lehramtsanfänger für die Beurteilungsnote der Seminarleitung notwendig?
- Wünsche/Anregungen

Zum Ende der Betreuung bietet sich eine weitere Abschlussveranstaltung an, in der sich gegenseitig Feedback zum Verlauf gegeben wird. Eine umfassendere Abschlussevaluation ist auch möglich und in der Regel sinnvoll (vor allem, wenn die Zusammenarbeit neu etabliert wurde).

Je nach Bedarf oder fester Regelung können weitere Dienstbesprechungen mit den Mentoren, Praktikumslehrkräften und Betreuungslehrkräften durchgeführt werden.

Flyer Zusammenarbeit mit dem Betreuungslehrer (⇨ S. 133)

KV 3 **Zusammenarbeit mit dem Betreuungslehrer Flyer Zusatzeinlegeblatt** (⇨ S. 135)

Mentoren, Praktikums- und Betreuungslehrkräfte bei typischen Dienstanfängerproblemen von Lehramtsanfängern unterstützen 2.3.2

Mentoren, Praktikumslehrkräfte und Betreuungslehrkräfte sind nicht immer sicher, wie sie mit Schwierigkeiten, die die Lehramtsanfänger im Referendariat haben, umgehen sollen. Ein Benennen der »klassischen Probleme« von Lehramtsanfängern und das Aufzeigen möglicher Handlungsmöglichkeiten, schafft für die Mentoren, Praktikums- und Betreuungslehrkräfte Sicherheit und Rollenklarheit und kommen so auch den Lehramtsanfängern zugute.

Typische Dienstanfängerprobleme

- Schwierigkeiten bei der Rollenfindung vom Studenten zur Lehrkraft im Schuldienst (und somit zur Führungskraft)
- Pünktlichkeit, Erscheinungsbild, klassische Umgangsformen (etwa Grüßen, Entschuldigen, Termine einhalten) werden unterschätzt
- Verfallen der Lehramtsanfänger in eine Schülerrolle durch die »Verschulungsstrukturen« in der Ausbildung
- »Praxisschock«: anderes Verhalten der Klasse als in der heimischen Planung antizipiert oder wie aus Erfahrungen im Praktikum gewohnt
- Emotionsmanagement: Enttäuschung, wenn es nicht genau so läuft, wie gewünscht
- zu viele Aufgaben und Anforderungen, die vermeintlich gleichzeitig erledigt werden müssen
- (zu) hoher Zeitaufwand für das Planen und Vorbereiten des eigenverantwortlichen Unterrichts
- Finden einer ausgeglichenen Work-Life-Balance
- Erwerb der Kleintechniken des Unterrichtens
- fachliche Unsicherheiten – Probleme hinsichtlich der Sachstruktur oder hinsichtlich der didaktischen Reduktion
- Probleme in der Unterrichtsplanung – i. d. R. zu viel Inhalt in einer Unterrichtsstunde
- Planen von Sequenzen fällt noch schwer, stattdessen Vorbereitung von Tag zu Tag
- Erwerb der Kleintechniken des Unterrichtens
- Einschätzen der Bedeutung der Elternarbeit, Chancen in der Elternkommunikation werden nicht genutzt
- Unterschätzen der Aufsichtspflicht
- Klassenführung/Disziplinprobleme

- Anbiedern bei und Verbrüdern mit den Lernenden, Angst vor Zurückweisung durch die Klasse, Nichtwahrnehmen einer klaren Führungsstruktur
- nur passive Nutzung der Hospitationsmöglichkeit im Praktikum
- Belächeln der Hierarchiestrukturen in der Schule
- Einseitiges Betrachten von Unterrichtsqualität: »Unterricht ist dann gut, wenn die Schüler machen, was der Lehrer sagt!«
- »Hochnäsigkeit« – Abwertung der Erfahrung dienstälterer Kollegen als veraltet, nicht auf dem neuesten Stand

Hilfestellung durch die Mentoren, Praktikumslehrkräfte und Betreuungslehrkräfte

- Grundsatz: die Sachen klären – die Menschen stärken (Hentig)
- auf den langfristigen Erwerb der Kompetenzen hinweisen (Sinn der Ausbildung ist es, dass man nicht sofort alles können muss, sonst bräuchte es die Ausbildung nicht)
- Möglichkeiten zur Bewältigung aufzeigen, Hilfe anbieten – leisten muss es der Lehramtsanfänger aber selbst
- Hilfestellung beim ersten Schritt des Bewältigens einer komplexen Handlungssituation geben, damit sich die Lehramtsanfänger verstanden fühlen und als handlungswirksam wahrnehmen
- auf Hilfe im Studienseminar verweisen. Dort werden in der Gruppe der Lehramtsanfänger, die alle mit der gleichen Situation vertrauter sind als Lehrkräfte, die z. T. schon Jahrzehnte im Dienst sind, aufgenommen und reflektiert sowie fachspezifische Hilfestellung angeboten.
- ggf. klare Grenzen setzen – auf Dienstvorschriften hinweisen – Folgen benennen – auf Dauer »unglückliche« Lehramtsanfänger auf geeignete Berufsalternativen und Berufswechsel hinweisen

2.3.3 *Die Zusammenarbeit von Betreuungslehrkraft und Lehramtsanfänger – Grundsätze und Gestaltung der ersten Zeit*

Die folgenden Punkte sind Erfahrungswerte, die sich bewährt haben. Sie werden mit den Betreuungslehrkräften extra verbalisiert und aufgeführt, um diesen Handlungssicherheit in der Zusammenarbeit mit ihrem Lehramtsanfänger zu geben. Bei Betreuungslehrkräften besteht zuweilen die Sorge nach Überforderung oder Unterforderung (auch eigener) mit dem Lehramtsanfänger.

- Der Lehramtsanfänger wird an allen Arbeiten der Klassenführung aktiv beteiligt. Er ist nicht »Zuschauer«, sondern Mitwirkender.
- Der Lehramtsanfänger erhält – wenn möglich – einen angemessenen Arbeitsplatz im Klassenzimmer (Tisch und Stuhlhöhe für Erwachsene geeignet), von dem aus er einen Überblick über die Klasse hat und den Unterricht gut verfolgen kann.
- Der Lehramtsanfänger erhält falls möglich eine Kopie der von der Betreuungslehrkraft bearbeiteten Sequenz und/oder des Jahresplanes, damit er die Zusammenhänge zwischen lang und kurzfristiger Planungsarbeit kennen lernt.
- Der Lehramtsanfänger erstellt zusammen mit der Betreuungslehrkraft den Wochenplan. Dabei werden die von ihm zu haltenden Stunden sowie alle geplanten Teilaktivitäten, auch im organisatorischen Bereich und im Bereich des Schullebens, abgesprochen und festgelegt.
- Der Lehramtsanfänger beobachtet den Unterricht der Betreuungslehrkraft gezielt nach Beobachtungsaspekten, die mit der Betreuungslehrkraft abgesprochen sind.

- Der Lehramtsanfänger erhält nach Lehrversuchen möglichst oft Feedback. Dabei werden stärkenorientiert sowohl positive Ansätze als auch Verbesserungsmöglichkeiten und alternative Gestaltungs- und Handlungsmöglichkeiten konkret angesprochen.
- Der Lehramtsanfänger soll der Betreuungslehrkraft seine Planungsunterlagen für einzelne Stunden (Schwerpunktstunden bzw. unterrichtsnotwendige Skizzen) in Kopie zur Verfügung stellen. Während der Unterrichtsbeobachtung durch den Betreuungslehrer können dort Bemerkungen und Ratschläge eingetragen werden.

Begleitung der ersten Schritte der Lehramtsanfänger durch Betreuungslehrkräfte

Die folgenden Aufzählungen zur Gestaltung der ersten Tage, Wochen, Monaten sind unverbindliche Vorschläge; unserer Erfahrung nach haben sie sich allerdings so sehr bewährt, dass wir sie guten Gewissens auch als Empfehlung aussprechen.

Die folgenden Punkte im Einzelnen betreffen sowohl die Arbeit des Lehramtsanfängers im eigenverantwortlichen Unterricht als auch die Zusammenarbeit des Lehramtsanfänger mit der Betreuungslehrkraft in den entsprechenden Klassenstufen.

Der erste Tag in der Schule (Anfangskonferenz)
- Vorstellung bei der Schulleitung, im Sekretariat und weiteren relevanten Personen im Schulhaus
- Vorstellung im Kollegium, evtl. um Hospitationsmöglichkeiten bitten
- Führung durch das Schulhaus (Lehrerzimmer, Bücherei, Lehr- und Lernmittel, Fachräume, PCs, Kopierer, Pausenhof, Toiletten, …)
- Erläutern von Pausenzeiten, Gewohnheiten, formellen und informellen Regeln im Schulhaus, in der Klasse, …
- Bestimmte Regelungen zur Aufsicht, z. B. in den Pausen oder beim Stundenwechsel besprechen
- Vorbereitung auf den ersten Schultag (Vorbereitung des Klassenzimmers, Gestaltung von Namenskärtchen, …) in der Klasse
- Vorstellung des Lehramtsanfängers und Erklären seiner Anwesenheit in Situationen, in denen es zu ersten Aufeinandertreffen kommt
- Auswahl des Platzes des Lehramtsanfängers im Klassenraum (mit erwachsenengerechter Sitz- und Schreibmöglichkeit)
- Einbindung des Lehramtsanfängers in einfache Aufgaben, z. B. Stellen und Anschreiben der Hausaufgabe, Gestalten des Morgenbeginns, Austeilen von Arbeitshilfen, gezielte Unterstützung einer Kleingruppe, …

Die erste Woche
- Aufsichtspflicht
- Führung der Schülerakten/-listen
- Stundenplan: in welchen Fächern und in welchen Klassen erfolgt eigenverantwortlicher Unterricht, in welchen Stunden und in welchen Klassen kann hospitiert werden? In welchen Fächern muss eigenverantwortlicher Unterricht erteilt werden (z. B. aufgrund der studierten Fächer), in welchen Klassen darf nicht eigenverantwortlich unterrichtet werden (z. B. Oberstufe am Gymnasium je nach Regelung, …)
- Mitarbeit bei der Tages- und Wochenplanung
- erste kleine Arbeitsschwerpunkte geben (Übernahme von Kleinphasen des Unterrichts, z. B. Motivationsphase, Hausaufgabenkontrolle, Hefteintrag, Beobachtungen, Erziehungsmaßnahmen, …)

- Einblick in alltägliche Vorbereitungen, Klassenlehrplan (v.a. in den Fächern des Lehramtsanfängers)

Die ersten beiden Monate
- Mitarbeit bei der Wochenplanung und Vorbereitung
- Sichtung und Beschaffung von Lehr- und Lernmitteln, Medienbeschaffung und -einsatz
- Vorbereitung und Teilnahme am ersten Elternabend (positive Einführung, Herausstellen der Vorteile, dass ein Lehramtsanfänger in der Klasse unterrichtet und aktiv hospitiert wie etwa: eine zweite Fachkraft unterstützt die Kinder beim Lernen, die Ausbildung ist auf dem neuesten Stand durch die Nähe des Abschlusses an der Universität und die Begleitung im Studienseminar usw., ...)
- Vorbereitung und Teilnahme am Wandertag, Unterrichtsgang, Schullandheimaufenthalt, ...
- gemeinsames Gespräch mit der Studienseminarleitung
- Mitarbeit an der Verteilung der fachlichen Inhalte über das Schuljahr/ Jahresplan
- Kennenlernen des amtlichen Schriftwesens: Klassentagebuch, Lehrnachweis, Notenlisten, ...
- vermehrte Übernahme einzelner Unterrichtsphasen
- gezielte Lehrer- und Schülerbeobachtung

Die weiteren Monate
- Mitgestaltung des Schullebens (Klassenzimmer-/Schulhausgestaltung, Feiern, Geburtstage, ...)
- Erstellen von Arbeitsblättern, Tafelanschriften, Lernzielkontrollen, Einladungsschreiben, ...
- Mitarbeit an Korrekturen/ Bewertungen
- zunehmende Unterrichtserteilung des Lehramtsanfängers mit Vor- und Nachbesprechung mit der Betreuungslehrkraft
- Belehrungskalender

Das erste Halbjahr
- Einblick in Gutachten
- Elterngespräche
- Zeugniserstellung
- Ordnungsmaßnahmen, Unfallmeldungen, ...
- ...

Zusammenarbeit mit dem Betreuungslehrer Flyer Zusatzeinlegeblatt (⇨ S. 135)

2.4 Besondere Unterrichtsvorbereitungen – Anforderungen an einen Stundenentwurf im Studienseminar

2.4.1 *Der schriftliche Unterrichtsentwurf*

Die (schriftliche) Vorbereitung von Unterricht mit angekündigter Hospitation der Seminarleitung und Nachbesprechung ist oft emotional besetzt. Deshalb ist es besonders wichtig, dass die Seminarleitung die Intention erläutert, die hinter dem Verschriftlichen eines Unterrichtsentwurfs steht:

- Jeder Lehramtsanfänger hat während der Ausbildungszeit eine bestimmte Anzahl von schriftlichen Unterrichtsvorbereitungen zu erstellen. Diese werden unterrichtspraktisch erprobt und mit der Seminarleitung nachbesprochen.
- Durch die Verschriftlichung wird eine Verlangsamung der Denkprozesse erreicht, was eine genauere sachliche Auseinandersetzung mit den verschiedenen Aspekten von Unterricht ermöglicht.
- Die Unterrichtsbesuche mit Nachbesprechung haben Ausbildungscharakter und sind auch für die Beurteilungsnote relevant. Sie werden durch den Eintrag im Seminarbogen (Beiblatt/Abdruck für Lehramtsanfänger) verbal gewürdigt, jedoch meist, je nach offizieller Regelung, nicht einzeln mit Ziffernnoten bewertet.
- Das Ausformulieren wird vom Lehramtsanfänger oft als zusätzliche Belastung empfunden. Für die Studienseminarleitung ist es wichtig, den Sinn des Ausformulierens herauszustellen. Zum einen geht es darum, dass durch die Verlangsamung des Denkprozesses durch die Verschriftlichung ein intensiveres Durchdringen und Reflektieren des individuellen Lehrerhandelns entsteht. Diese Vertiefung hat wiederum Auswirkungen auf die Vorbereitung des täglichen Unterrichts, auf die sich die im Rahmen der Besonderen Unterrichtsvorbereitung erworbenen Denkmuster und Handlungsschleifen beschleunigend auswirken. Das häusliche intensive Vorbereiten gibt Handlungssicherheit und -freiheit in der unterrichtlichen Situation und es kann so leichter während des Unterrichts vom Lehramtsanfänger entschieden werden, ob auch vom Plan der Durchführung abgewichen werden soll. Das intensive Planen von Unterrichtsstunden, exemplarisch aufgezeigt an den Besonderen Unterrichtsvorbereitungen, schult das pädagogische Bewusstsein und professionelles Lehrerhandeln.
- …

Die folgende Gliederung für die schriftliche Ausarbeitung angekündigter Unterrichtsbesuche hat sich bewährt. Je nach fachlicher Ausrichtung und/ oder Vorlieben der Studienseminarleitung kann sie ergänzt oder gekürzt werden. Der Abgabetermin der schriftlichen Ausarbeitung richtet sich nach den seminarspezifischen Vorgaben.

0. Deckblatt
1. Struktur des Unterrichtsgegenstandes, dargestellt als Mindmap
2. Sachstrukturelle Auseinandersetzung mit didaktischer Reduktion in Spaltenform
3. Lehr-/ Lernvoraussetzungen
4. Lehrplanbezug
5. Sequenz
6. Kompetenzerwartungen
7. Plan der Durchführung
8. Begründung der Unterrichtskonzeption und der wesentlichen did.-methodischen Entscheidungen
9. Anhang
10. Literaturverzeichnis

Zu 0. Deckblatt

Das Deckblatt enthält u. a. Angaben zu Fach/Thema sowie Name des Lehramtsanfängers, Schule, Klasse, Datum, Uhrzeit, Raumnummer, evtl. Hinweis auf besondere räumliche Gegebenheiten

Zu 1. Struktur des Unterrichtsgegenstandes als Mindmap

Vorbemerkung: Welche Lernchancen bietet sich dem Lernenden in der Auseinandersetzung mit dem Unterrichtsgegenstand? Welche Rahmenbedingungen müssen gewährleistet sein, dass der Lernende es »korrekt« erfassen kann? Für die Unterrichtsplanung ist es dafür unabdingbar, dass die Lehrkraft Fachkraft für die zu unterrichtende »Sache«, den Inhalt wird. Der Lehramtsanfänger muss dabei Folgendes leisten: Er muss sich vollumfänglich über die »Sache« informieren und diesen Inhalt dann im Hinblick auf die Kinder strukturieren. Diese Strukturierung des Unterrichtsgegenstandes erfolgt im Rahmen didaktischer Reduktion, die immer eine fachdidaktische Reflexion miteinschließt.

Bei der Struktur des Unterrichtsgegenstandes geht es darum, den Unterrichtsgegenstand, wie ihn der Lehramtsanfänger in seiner Rolle im Hinblick auf die Schüler sieht, in übersichtlicher Form darzustellen, ohne dass es zu Verfälschungen kommt. Durch die Darstellung in der Mindmap wird der Lehramtsanfänger dazu aufgefordert, das für ihn Wesentliche des Unterrichtsinhalts für die Lernenden und sich grafisch aufzubereiten. Dadurch erlangt der Lehramtsanfänger eine handhabbare Übersicht, die ihm hilft, den Überblick über die Sache im Hinblick auf seine Lernenden im Unterricht zu bewahren und unterrichtlich wie sequenziell sicher handeln und ggf. dann auch flexibel sein zu können.

Der Vorteil dieser Art der Aufbereitung des Lehramtsanfängers als Mindmap für die Studienseminarleitung liegt darin, dass auch sie sehr schnell beim Lesen erfassen kann, ob es dem Lehramtsanfänger tatsächlich gelungen ist, das Grundlegende des Unterrichtsgegenstandes heraus zu arbeiten.

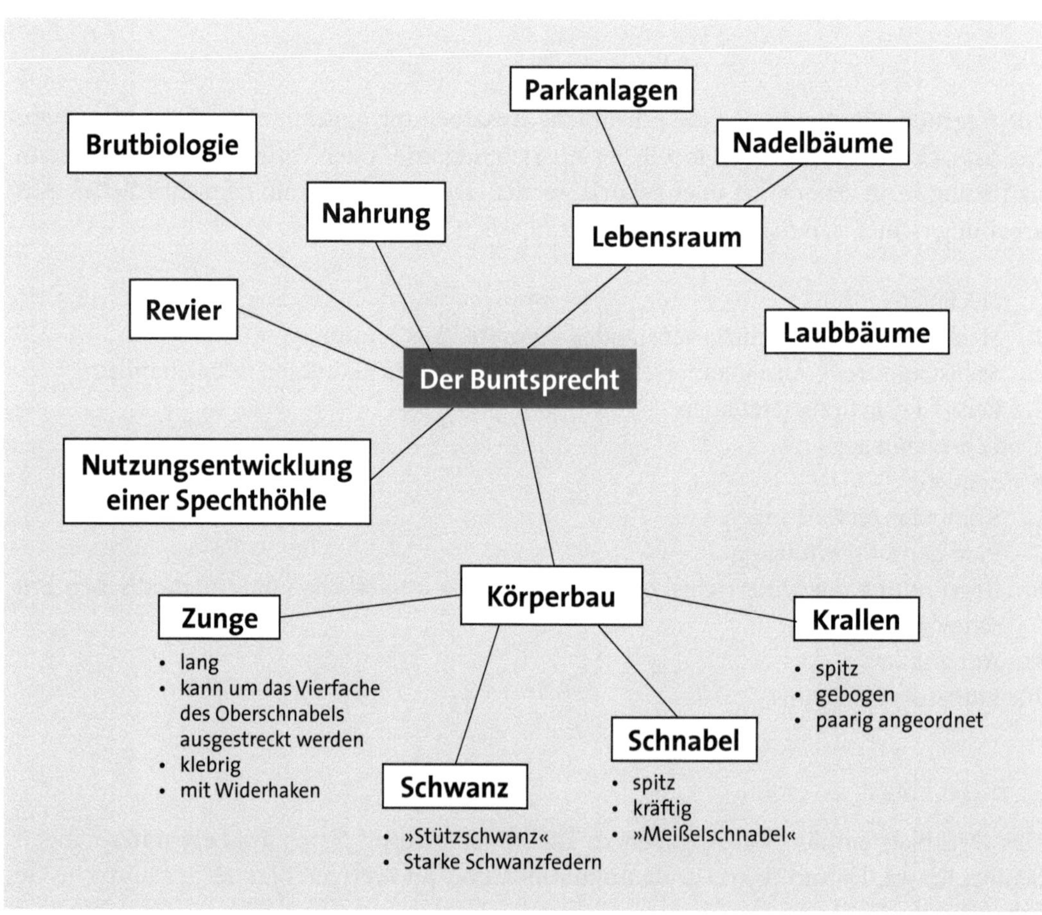

Abb. 7: Beispiel einer Mindmap zur Struktur des Unterrichtsgegenstands – Anpassung des Spechts an seinen Lebensraum

Zu 2. Sachanalyse und didaktische Reduktion (in Tabellenform)

In diesem Punkt legt der Lehramtsanfänger fest, welcher Sachverhalt in der Unterrichtsstunde behandelt wird. Dabei kann man unterscheiden zwischen der inhaltlichen Ebene (»Sache«) und der Sachstruktur als notwendige Elementarisierung der Inhalte in Bezug auf die Lernenden (didaktische Reduktion).

Tipp: Lassen Sie die Lehramtsanfänger die sachstrukturelle Auseinandersetzung in Tabellenform neben die didaktische Reduktion schreiben. Dadurch sind sie gezwungen, die fachliche Auseinandersetzung mit der didaktischen Reduktion direkt in Verbindung zu setzen. Immer wenn ein neuer Aspekt der sachstrukturellen Auseinandersetzung benannt wird, wird ein neues Kästchen begonnen. So wird deutlich, dass sich der daneben stehende Begründungsrahmen und die didaktische Reduktion auf diesen Aspekt bezieht.

Sachanalyse	Begründungsrahmen und didaktische Reduktion
Aspekt 1	Didaktische Reduktion bezogen auf den Aspekt 1
Aspekt 2	Didaktische Reduktion bezogen auf den Aspekt 2

In der Sachanalyse geht es darum, den Unterrichtsgegenstand qualitativ und quantitativ zu erfassen und sich als Lehramtsanfänger durch eigene Recherchen zum inhaltlichen Experten zu machen. Es ist nicht ausreichend, wenn der Lehramtsanfänger inhaltlich auf der Ebene der Lernenden stehenbleibt. Dieser Arbeitsschritt ermöglicht es dem Lehramtsanfänger, dass er das Wesentliche für »seine« Lernenden im Unterricht von dem für »seine Lernenden« Unwesentliche unterscheiden kann, weil sein inhaltliches Wissen über das der Lernenden im Unterricht Gelernte hinausgeht. Die Grundlage bildet die fachliche Auseinandersetzung mit den sachlichen Gegebenheiten aufgrund geeigneter Informationsquellen, die im Literatur- und Quellenverzeichnis angegeben werden.

In der didaktischen Reduktion nimmt der Lehramtsanfänger nun gegenüber dem Unterrichtsgegenstand die Perspektive als Lehrkraft ein. Dabei geht es für den Lehramtsanfänger das für die Lernenden Wesentliche und Mögliche herauszuschälen, indem er gezielte Auswahlentscheidungen trifft, was für das Lernen der Lernenden unbedingt notwendig ist und was man weglassen oder vereinfachen kann/ muss, ohne die Grundsätzlichkeit des Inhalts zu verfälschen. Im Weiteren geht es in der didaktischen Reduktion darum, ob die dann didaktisch reduzierten und ausgewählten Inhalte eine bestimmte Abfolge bedingen, z. B. das naturwissenschaftliche Vorgehen: Frage –Vermutungen – Versuch – Beobachtung – Erklärung/ Antwort – Verifizierung/Falsifizierung der Vermutungen – Modellbildung – Versprachlichung – Transfer als Artikulationsstufen im Unterricht als Abbild eines ähnlichen Vorgehens in den Naturwissenschaften, und ob diese Unterrichtsschritte im passenden Verhältnis zueinander stehen, z. B. wird die Vermutungsphase wesentlich kürzer sein als die Versuchsdurchführung mit der Beobachtung und Erklärung.

Beispielhafte Fragen für die didaktische Reduktion lauten für die Lehramtsanfänger:

- Was kann an einem komplexen Unterrichtsinhalt weggelassen oder muss vereinfacht werden, ohne ihn zu verfälschen?
- Was ist das Wesentliche, dass die Lernenden am fachlichen Inhalt lernen?
- Welche Fähigkeiten und Fertigkeiten benötigen die Lernenden, um den Unterrichtsinhalt bewältigen zu können?

- Unter welchen Perspektiven kann der Unterrichtsinhalt betrachtet werden – welche Perspektive(n) wird/ werden in der Unterrichtsstunde eingenommen?
- Ist eine zwingende Abfolge von Teilinhalten oder Tätigkeiten notwendig?
- Gibt es klare Zusammenhänge (zeitlich, räumlich, logisch, ästhetisch, ...), Ableitungen oder Vernetzungen und welche Rolle sollen diese in der Unterrichtsstunde (nicht) spielen?
- Welches Vorwissen ist notwendig? Wie wird es grundgelegt oder erhoben?
- Welche Möglichkeiten gibt es, den Unterrichtsinhalt zu veranschaulichen, zu gliedern, darzustellen, ...?
- Wie kann der Unterrichtsinhalt die Lebenswirklichkeit der Lernenden berühren?
- Welcher (Fach-) Wortschatz und welche tragenden Begriffe sind für diesen Unterrichtsinhalt besonders relevant?
- ...

Ziel der didaktischen Reduktion ist es, den fachlichen Lerninhalt so zu vereinfachen, dass er zum einen wissenschaftlich valide bleibt, zum anderen für die Lernenden verständlich ist.

Zu 3. Lehr-/Lernvoraussetzungen

Hier ist es wichtig, neben den Informationen über die allgemeine Klassensituation konkrete Lehr-/Lernvoraussetzungen für die jeweilige Unterrichtsstunde anzugeben und zwar sowohl in Bezug auf den Unterrichtsinhalt als auch in Bezug auf die Unterrichtsmethoden.

1. Allgemeine Anmerkungen zur Klasse
   - Klassenzusammensetzung und Sozialverhalten der Schüler
   - Lern- und Arbeitsverhalten der Schüler in Fach X
   - Fähigkeiten und Fertigkeiten der Schüler in Fach X
2. Lehrvoraussetzungen
   - Aussagen des Lehramtsanfängers zu seinem Unterricht
   - Erfahrungen des Lehramtsanfängers mit der Klasse
3. Besondere Schülerinnen und Schüler
   - unterrichtsbezogene Beschreibung der Lernvoraussetzungen und Ableitung der Konsequenzen (Die Aussagen zu den Voraussetzungen bei Schülern gründen i. d. R. auf Schülerbeobachtungen, persönlichen Kontakten und informellen Gesprächen, mündlichen und schriftlichen Leistungsfeststellungen, Befragungen der in der Klasse Unterrichtenden, usw. Anspruchsvoller ist es, nicht nur zu bemerkenswerten Lernenden im Hinblick auf Defizite Angaben zu machen, sondern auch fachliche Aussagen zu sonstigen bemerkenswerten Lernenden zu treffen und Maßnahmen im Hinblick auf diese zu nennen. Diese Fähigkeit sollten die Lehramtsanwärter nach und nach auf- und ausbauen.)
   - tabellarische Auflistung: Name – Charakteristik – pädagogische Maßnahmen
4. Kommentierter Sitzplan
   - Anfertigung des Sitzplans aus der Sicht von hinten (da die Seminarleitung i. d. R. hinten im Klassenzimmer sitzt)
   - Kennzeichnung erzieherisch und bezüglich der Schulleistung oder sonstiger Besonderheiten bemerkenswerter Schüler

Zu 4. Lehrplanbezug

Als ein Beleg für die Legitimität der Behandlung des Unterrichtsinhalts ist die Einordnung in den jeweiligen Lehrplan der Schulform und Klassenstufe als amtliche Vorgebe.

Der Lehramtsanfänger beantwortet die Frage: Wie lauten die der Stunde zugrunde liegenden Kompetenzerwartungen bzw. Zielsetzungen des Lehrplans?

Im Folgenden ist ein Lehrplanbezug dargestellt. Dabei geht es um eine Unterrichtssequenz im Fach Sport zum Erlernen der Hockwende. Die im Lehrplan allgemein formulierten prozessbezogenen Kompetenzen wurden dabei passend zum Sequenzthema konkretisiert.

Lernbereiche → Lehrplanzitate
1. Gesundheit und Fitness 2. Fairness/Kooperation und Fitness 4.1 Laufen, Springen, Werfen 4.4 Sich an und mit Geräten bewegen/Turnen und Bewegungskünste
Erwartete Kompetenzen in den Lernbereichen → Lehrplanzitate
Die Schülerinnen und Schüler • erfüllen vielseitige gebundene und offene turnerische Bewegungsaufgaben an Geräten und Gerätelandschaften und wenden einfache Helfergriffe und Formen der Sicherung an. (4.4) • erweitern spielerisch und systematisch ihre Sprungerfahrungen. (4.1) • nehmen Körperreaktionen in Be- und Entlastungssituationen bewusst wahr und diskutieren deren gesundheitliche Bedeutung. (1) • achten auf eine zweckmäßige und gesunde Körperhaltung und beugen durch altersgemäße individuelle Übungen Haltungsschwächen vor bzw. gleichen diese aus. (1) • verhalten sich vertrauenswürdig und unterstützen ihre Mitschülerinnen und Mitschüler. (2)
Prozessbezogene Kompetenzen, konkretisiert für die Unterrichtssequenz
• Leisten: Die Schülerinnen und Schüler – turnen die Hockwende über die Zauberschnur. – turnen die Hockwende über den Querkasten. – erkennen den Fortschritt ihrer Leistung über die Sequenz hinweg. • Gestalten: Die Schülerinnen und Schüler – variieren die Bewegungsanforderungen an Stationen (Stützen, Beinkraft).. – führen das Aufwärmen mit Hilfe des Lauf-ABC selbstständig durch. – leiten das allgemeine Aufwärmen in der Gruppe an. • Spielen: Die Schülerinnen und Schüler – wärmen sich mittels eines Aufwärmspiels auf, um den Körper auf die Belastung vorzubereiten. – überlegen sich in der Gruppe geeignete Aufwärmspiele. • Wahrnehmen, analysieren und bewerten: Die Schülerinnen und Schüler – erfassen den Bewegungsablauf der Hockwende durch die Analyse eines Videos in Zeitlupe. – nehmen die Veränderung beanspruchter Muskelpartien nach Belastung wahr. – nehmen veränderte Körperreaktionen nach einer Belastung wahr. – erkennen den Zusammenhang zwischen Anstrengung und Puls. • Entscheiden, handeln und verantworten: Die Schülerinnen und Schüler – entscheiden selbständig, wann sie eine Pause benötigen. – übernehmen Verantwortung für ihren Körper, indem sie auf Signale ihres Körpers bei zu großer Belastung reagieren. – übernehmen Verantwortung für ihre Klassenkameraden durch das gegenseitige Sichern. • Kooperieren, kommunizieren, präsentieren: Die Schülerinnen und Schüler – verbalisieren veränderte Körperreaktionen nach einer Belastung. – unterstützen sich durch gegenseitige Hilfestellung. – präsentieren die Hockwende über eine selbst gewählte Kastenhöhe. – analysieren die Bewegungsausführung in der Gruppe und geben sich Verbesserungstipps.

Zu 5. Einbettung in die Unterrichtssequenz

In einer tabellarischen Übersicht gibt der Lehramtsanfänger eine Übersicht über die Aufgliederung des Sequenzthemas in einzelne Unterrichtsstunden am Beispiel der Sportstunde zum Erlernen der Hockwende (vgl. Punkt 4. **Lehrplanbezug**). Damit die lesende Studienseminarleitung einen Einblick in die fachlichen Schwerpunkte der vorangegangenen und nachfolgenden Unterrichtsstunden erhält wird auch der fachliche Schwerpunkt der von der Studienseminarleitung nicht gesehenen Unterrichtsstunden angegeben.

Der Lehramtsanfänger beantwortet folgende Fragen:
Wo ist die gezeigte Unterrichtsstunde innerhalb der geplanten Sequenz zu verorten, evtl. auch im Jahreslauf?
Welche für das Stundenthema relevanten Themenschwerpunkte wurden zuvor unter welcher Perspektive behandelt?
Welche sequenziellen Schwerpunkte werden folgen?

Das folgende Beispiel verdeutlicht die Fragen.

Einbettung der Unterrichtsstunde in die Sequenz:

Sequenzthema: Je nach individuellem Leistungsvermögen der Schülerinnen und Schüler erlernen diese mit Hilfe differenzierter Bewegungsaufgaben die Hockwende in der Grobform über den Querkasten.

Die einzelnen Phasen der Sequenz sind nicht isoliert zu betrachten. Vielmehr findet jeweils eine Verknüpfung mehrerer Aspekte statt. Der Schwerpunkt in jeder UE wird dennoch auf ein Element gerichtet, um ein fokussiertes Trainieren zu ermöglichen. So werden sequenzbegleitend, ohne dass es im Weiteren explizit aufgeführt wird, stets weitere Aspekte angesprochen:

- Körperspannungs- und Ganzkörperkräftigungsübungen
- erweitern spielerisch und systematisch ihre Sprungerfahrungen und sammeln damit abgespeicherte Bewegungsengramme
- zielgerichtete Sprungkombinationen und -variationen erproben
- Dehnungs-, Mobilisierungs- und Kräftigungsübungen
- Pulsmessungen (z. B. vor und nach Belastung/Pause)
- Auf- und Abbau von Geräten
- Anbahnung einer Bereitschaft und Durchführung von Sicherungs-/ Helfergriffen
- über das individuelle Körpergefühl sprechen.
- Zielgerichtetes Reflektieren, welche Körperteile besonders trainiert wurden
- selbstständig Pausen setzen
- veränderte Körperreaktionen des Körpers nach Belastung wahrnehmen und beschreiben

Thema und Inhalt der Stunde	Fachlicher Schwerpunkt
1. UE Auf dem Weg zur Hockwende – Theoretische Einführung mit Hilfe einer Lehrerdemonstration sowie einer Videoanalyse	• Vorstellen der Zielübung • Bewusstwerden der einzelnen Komponenten zur individuellen Realisierung der Hockwende (in der Grobform)
2. UE Wir trainieren unsere Körperspannung an Stationen	• spielerische und systematische Erweiterung der Sprungerfahrungen • Setzen von Bewegungsengrammen • Bewusstwerden der Körperspannung • Körperkontakt und Vertrauen aufbauen
2. UE Wir machen unsere Arme fit – Trainieren der Stützkraft an Stationen	• Stützkraft • Klammergriff

4. UE **Wir trainieren unsere Sprungkraft an Stationen (beidbeiniges Springen) zur Vorbereitung auf den beidbeinigen Absprung vom Sprungbrett**	• beidbeiniges Springen • Sprungkraft • Bewegungsablauf für den beidbeinigen Absprung vom Sprungbrett verinnerlichen
5. UE Aufhocken auf den Kasten – Verbindung von Anlauf, einbeinigem Absprung und beidbeinigem Absprung	• Hinführung zur Zielübung der Hockwende in der Grobform mit Schwerpunkt Anlauf und Absprung
6. UE Aufhocken auf den Kasten – Verbindung von Anlauf, einbeinigem Absprung, beidbeinigem Absprung und Stützphase	• Hinführung zur Zielübung der Hockwende in der Grobform mit Schwerpunkt Anlauf, Absprung und Aufhocken
...	• ...

FETT = besonders vorbereitete Stunde zur Unterrichtsmitschau mit der Studienseminarleitung

Zu 6. Kompetenzerwartungen – Ziel der Stunde

Für diesen Punkt sind die folgenden Fragen für den Lehramtsanfänger leitend:
Welchen Beitrag leistet die Stunde heute zum Erwerb von Kompetenzen, was ist der Stundenschwerpunkt?

Unter dieser Perspektive werden inhalts- und prozessbezogene Kompetenzen auf den Stundeninhalt sowie die Unterrichtssequenz hin konkretisiert und mit einem Ziel der Stunde versehen.

Hinweis: Auch im Rahmen des der Diskussion um die Kompetenzorientierung und den Kompetenzerwerbs bei Lernenden, bleibt es weiterhin wichtig, dass die Unterrichtsstunden intentional auf einen bestimmten Schwerpunkt/ein bestimmtes Ziel hin gestaltet werden. Zielorientierung ist ein Merkmal guten Unterrichts (vgl. Helmke (Qualitätsmerkmale »guten Unterrichts«. in Handbuch der Erziehungswissenschaft AutorInnen: Andreas Helmke und Friedrich-Wilhelm Schrader) und Meyer (H. Meyer, Was ist guter Unterricht? Cornelsen Scriptor Berlin (2004). Das Beispiel aus dem Sportunterricht wird auch für diesen Punkt weitergeführt.
Für den Lehramtsanfänger ist es dabei relevant, dass er in der Zielsetzung der Stunde die Fragen

- Was?
- Wie/Womit?
- Wozu?

beantwortet.

Der Einleitungsbeginn »Je nach individuellem Leistungsvermögen der Schülerinnen und Schüler…« nimmt die Heterogenität einer Klasse ernst, da man als Lehrkraft nicht annehmen kann, dass alle Lernenden in der gleichen Weise auf gleichem Niveau am Unterrichtsinhalt lernen werden.

Thema der Stunde: Wir erproben unsere Sprungkraft an Stationen (beidbeiniges Springen) als Trainingsimpuls zur Vorbereitung auf den beidbeinigen Absprung vom Sprungbrett.

Zielsetzung der Stunde: Je nach individuellem Leistungsvermögen der Schülerinnen und Schüler erproben diese ihre Sprungkraft (beidbeiniges Springen) an Stationen, um im Rahmen zielgerichteter Trainingsimpulse die notwendigen Voraussetzungen für den beidbeinigen Absprung vom Sprungbrett zu schaffen und Verletzungen vorzubeugen.

Zu 7. Tabellarischer Ablauf der Unterrichtsstunde (Unterrichtsskizze)

Die tabellarische Darstellung des Unterrichtsverlaufs stellt eine Visualisierung der Zusammenhänge der einzelnen Planungsbausteine dar. Diese Form ermöglicht es dem Lehramtsanfänger etwa, einen Gesamtüberblick über das Unterrichtsgeschehen zu bekommen und schließlich auch während der Unterrichtssituation zu behalten. So kann er auf Abweichungen von der eigentlichen Planung z. B. durch Schülerfragen o. Ä. reagieren. Die Tabelle sollte folgende Punkte enthalten, wobei die Formulierungen angepasst werden können: Zeit – Phasen/Artikulationsstufen des Unterrichts – Lehr-/Lernaktivitäten der Lehrkraft und der Schüler – Sozialform – Medien/Material.

Zu 8. Begründung der Unterrichtskonzeption und der wesentlichen didaktisch-methodischen Entscheidungen

In diesem Abschnitt sollten folgende Punkte begründet werden:

- *Artikulationsstufen/Unterrichtsaufbau:* Begründung der methodischen Strukturierung und Gestaltung, der Gliederung in Stufen und Schritten, Erörterung von Alternativen
- *Unterrichts- und Sozialformen:* Eignung bzw. Funktion der Sozial- und Arbeitsformen bei den einzelnen Unterrichtsstufen bzw. schritten
- *Unterrichtsmittel:* didaktische Funktionen der Medien und Hilfsmittel, Art und Ort ihres Einsatzes
- *ggf. Unterrichtstechniken der Lehrkraft*
- *Unterrichtsorganisation:* Vorkehrungen zur Sicherung der äußeren Bedingungen für den Unterrichtsverlauf

Von besonderer Bedeutung ist dabei die lernpsychologische Begründung in der rechten Spalte. Sie zeigt, ob der Lehramtsanfänger die Anordnung der didaktisch-methodischen Entscheidungen lernpsychologisch für die Lernenden durchdrungen hat.

Hinweis: Die Darstellung der Begründung ist auch in tabellarischer Form möglich.

Artikulationsstufe/Unterrichtsaufbau	Unterrichts- und Sozialform	Unterrichtsmittel	ggf. Unterrichtstechniken der Lehrkraft	Unterrichtsorganisation	Lernpsychologische Bedeutung

Zu 9. Anhang und 10. Literatur-, Quellen- und Medienverzeichnis

Hier werden Materialien und Darstellungsformen zur Verfügung gestellt, etwa der Hallenplan, die geplante Tafelanschrift, das Bodenbild oder alternative digitale Formen. Auch sämtliche Arbeitsblätter, die zum Einsatz kommen sollen, auch im Hinblick auf die Differenzierung, sollten hier aufgeführt werden. Auf den angehängten Arbeitsblättern, sollten auch beabsichtigte oder zu erwartende Schülereinträge vermerkt werden.

Ergänzt werden des Weiteren Literatur-, Quellen und Medienverzeichnisse.

Eine Selbstständigkeitserklärung sowie eine Versicherung, dass der Unterrichtsinhalt in der Klasse vorher noch nicht behandelt wurde, bilden die letzte Seite.

Erklärung
Ich erkläre, dass ich die Ausarbeitung selbstständig verfasst habe und zur Erstellung dieser Unterrichtsvorbereitung keine anderen als die angegebenen Hilfsmittel benutzt habe.
Ich versichere auf Dienstpflicht, dass das der Unterrichtsinhalt in dieser Klasse vorher nicht behandelt wurde.

Ort, Datum Unterschrift des Lehramtsanfängers

Tipp: Ergänzung des Unterrichtsentwurfes um den Punkt »Stolpersteine«
Die Idee hinter dem Punkt »Stolpersteine« ist es, dass Sie den Lehramtsanfänger im Vorfeld der Unterrichtsstunde dazu anleiten, Knackpunkte der Stunde zu antizipieren und einen »Plan B« zu entwerfen. Die Erfahrung zeigt, dass Lehramtsanfänger zu Dienstbeginn die Stolpersteine eher im disziplinarischen Bereich finden. Mit zunehmender Diensterfahrung werden die Aussagen und Maßnahmen bei den Stolpersteinen zunehmend um fachliche Aspekte ergänzt.

Stolpersteine *zur Unterrichtsstunde: Anpassung des Spechts an seinen Lebensraum*	**»Plan B«**
Die Lernenden können von der Tonaufnahme nicht auf den Specht schließen.	Durch das Tierpräparat kann die Hinführung zum Thema auch erfolgen. Es wird danach noch einmal Bezug zur Tonaufnahme genommen.
Die Schüler können den Ablauf von Versuchen nicht wiedergeben.	Bildkarten mit den Symbolen erleichtern den Lernenden die Verbalisierung der Abläufe.
Die Lernenden beschäftigen sich nicht angemessen mit dem Versuchspräparat.	Es wird eine Zwischenreflexion eingeschoben, um die richtige Handhabung zu thematisieren.

Hinweise für die Lehramtsanfänger zur Organisation des Unterrichtsbesuchs der Studienseminarleitung beim Lehramtsanfänger mit anschließender Nachbesprechung an der Schule 2.4.2

Neben dem Transparentmachen der Anforderungen an die schriftliche Ausarbeitung sollten die Lehramtsanfänger die folgenden den Unterrichtsbesuch begleitende Informationen erhalten:

- Benachrichtigen Sie bitte Ihren Schulleiter und Ihren Betreuungslehrer rechtzeitig über die Termine.
- Bitten Sie ggf. auch um Verständnis für gelegentlich nötige Verschiebungen im Stundenplan.

- Im Anschluss an die Beratungsbesuche ist eine Besprechungszeit von 45 Minuten bei einstündigen, von 90 Minuten bei zweistündigen und von 135 Minuten bei dreistündigen Unterrichtsbesuchen nötig.
- Der Betreuungslehrer/Mentor ist herzlich dazu eingeladen, sowohl bei der Unterrichtsdurchführung als auch bei der Nachbesprechung anwesend zu sein. Bitten Sie deshalb rechtzeitig die Schulleitung um Bereitstellung einer Vertretung für die an der Nachbesprechung Beteiligten.
- Organisieren Sie einen (beheizten) Raum mit passendem Erwachsenenmobiliar für eine möglichst ungestörte Nachbesprechung.
- Für die angekündigten Unterrichtsbesuche wird das geforderte, wie im Studienseminar besprochene, (amtliche) Schriftwesen sowie die schriftliche Ausarbeitung des Unterrichtsentwurfs bereitgelegt.

Bei den Unterrichtsbesuchen können je nach Vorgabe der Studienseminarleitung seminarrelevante Unterlagen und amtliches Schriftwesen vorgelegt werden, etwa:
- Lehrplan/Wochenplan/Lehrnachweis
  - übersichtlich und vollständig führen
- tägliche Vorbereitungen
  - saubere, geordnete Darstellung, Kompetenzerwartungen, Tafelbild
  - Folien, Arbeitsblätter (mit Lösung) anheften
  - auf inhaltliche Qualität und klare methodische Strukturierung achten
  - Tipp: nach Fächern und Fachbereichen geordnet ablegen lassen
- Schülerhefte/Schülermappen
  - alle Hefte bzw. Mappen der Lernenden aus dem eigenen Unterricht sowie selbst erstellte Einträge
  - alle Einträge gewissenhaft und fortlaufend korrigieren, individuell sowie zielgerichtet kommentieren; unbedingt auf Fehlerlosigkeit achten
- Schülerbeobachtung
  - Einträge mit Datum versehen
  - Beobachtung, Beurteilung, Maßnahmen voneinander trennen
  - Kontaktaufnahme mit Eltern notieren
- Aufzeichnungen über Schülerleistungen
  - gewissenhaft korrigieren und aufbewahren
  - Notenspiegel/Punkteverteilung erstellen und abheften
  - mündliche Noten mit Datum versehen
- Portfolio
  - auf dem aktuellen Stand halten
  - Unterlagen zu Entwicklungsgesprächen einlegen
- Praktikumsunterlagen
  - z. B. nach Beobachtungsschwerpunkten ordnen
  - Beobachtungsbögen grundsätzlich mit Datum und Thema versehen
- Praktikumsnachweis
  - übersichtlich und vollständig führen
  - inhaltlich aussagestark anlegen
  - unterschreiben lassen
  - selbst gehaltene Stunden hervorheben

Anforderungen an das amtliche Schriftwesen 2.5

Von jeder Lehrkraft und damit auch von den Lehramtsanfänger sind zu führen:

- Schülerakten/Schülerbogen
- Schülerliste
- Notenaufzeichnungen
- Schülerbeobachtungen/Gutachten
- Belehrungen
- Trimester-/Halbjahres-, (Zwei-)Jahrespläne der fachlichen Inhalte über das Schuljahr/die Schuljahre verteilt
- Wochenpläne
- Lehrnachweis

Die Studienseminarleitung muss die qualitativ angemessene und kontinuierliche Führung des amtlichen Schriftwesens immer wieder kontrollieren. Hierbei hilft das Raster, das in Kopiervorlage 12 dargestellt ist.

KV 12 **Einsichtnahme ins Schriftwesen** (⇨ S. 146)

Schulrechtliche Hinweise und Belehrungen zu Dienstbeginn 2.6

Um schulrechtliche Handlungssicherheit der Lehramtsanfänger zu gewährleisten hat es sich bewährt, zusätzlich zu den Ausbildungstagen im Bereich Schulrecht und Schulkunde während der Ausbildung, zu Dienstbeginn die wichtigsten schulrechtlichen Grundlagen mit den Lehramtsanfänger gegen Unterschrift, dass diese Informationsweitergabe und Belehrung stattgefunden hat, zu thematisieren.

Aufsichtspflicht, Erziehungs- und Ordnungsmaßnahmen 2.6.1

Aufsichtspflicht

Die Aufsichtsführung ist Teil des Bildungs- und Erziehungsauftrages der Schule. Sie trägt dazu bei, die Lernenden altersangemessen zu Selbstständigkeit und Verantwortung zu erziehen.

Die Aufsichtsführung umfasst vorausschauende Handlungen, Anordnungen und andere Maßnahmen, die dazu geeignet sind, die Lernenden vor Schäden zu bewahren und zu verhindern, dass andere Personen durch sie Schäden erleiden. Es gelten drei Grundsätze: präventiv – aktiv – kontinuierlich.

Erziehungsmaßnahmen

Erziehungsmaßnahmen sind einfache pädagogische Maßnahmen, die dazu beitragen, dass sowohl der einzelne Lernende individuell gefördert werden als auch das Gesamtgeschehen »Schule« in seiner Komplexität reibungslos(er) verlaufen kann. Grundsätzlich gilt dabei: Erziehungsmaßnahmen müssen in einem angemessenen Verhältnis zum vorangegangenen Ereignis stehen! Man unterscheidet zwischen positiven Erziehungsmaßnahmen (Loben, Anreize schaffen …) und negativen (Tadel, Strafe, Ermahnung …).

Nicht zulässig sind »Erziehungsmaßnahmen«

- als vorbeugende Maßnahme im Hinblick auf eine mutmaßlich noch folgende Handlung.
- um ein abschreckendes Beispiel zu schaffen oder als Kollektivstrafe für eine ganze Klasse oder Gruppe.
- aus dem Affekt der Lehrkraft heraus (z. B. Wut oder Rache).
- die diskriminierend oder herabsetzend sind (In-die-Ecke-Stellen, ...).

Nacharbeit z. B. nicht erledigter Hausaufgaben darf nur unter Aufsicht einer Lehrkraft und bei rechtzeitiger (am besten schriftlicher) Mitteilung an die Erziehungsberechtigten angeordnet werden.

Ordnungsmaßnahmen als Erziehungsmaßnahmen

Wenn andere Erziehungsmaßnahmen nicht ausreichen, können zum Schutz des Bildungs- und Erziehungsauftrags oder zum Schutz von Personen und Sachen nach dem Grundsatz der Verhältnismäßigkeit Ordnungsmaßnahmen gegenüber Lernenden getroffen werden. Ordnungsmaßnahmen sind:

- der schriftliche Verweis,
- der verschärfte Verweis durch die Schulleitung,
- die Versetzung in eine Parallelklasse der gleichen Schule,
- der Ausschluss in einem Fach,
- der Ausschluss von einer sonstigen Schulveranstaltung für die Dauer von bis zu vier Wochen,
- der Ausschluss vom Unterricht für drei bis sechs oder mehr Unterrichtstagen,
- die Zuweisung an eine andere Schule der gleichen Schulart,
- die Androhung der Entlassung von der Schule,
- die Entlassung von der Schule,
- sowie der Ausschluss von allen Schulen einer oder mehrerer Schularten durch das zuständige Staatsministerium.

Eine Bindung an die Reihenfolge der Maßnahmen besteht in der Regel nicht.

Nicht zulässig sind körperliche Züchtigung, Demütigungen oder Erniedrigungen eines Lernenden durch eine Lehrkraft!

Ordnungsmaßnahmen sind, vom einfachen Verweis abgesehen, in der Regel Verwaltungsakte, d. h. gegen diese schulischen Entscheidungen kann neben oder anstelle der Dienstaufsichtsbeschwerde beim zuständigen Verwaltungsgericht Klage erhoben werden.

2.6.2 | *Allgemeine Dienstpflichten einer Lehrkraft*

»Die Lehrkraft ist verpflichtet, ihre Arbeitskraft dem Dienst als Lehrkraft zu widmen.« So fordert es die Dienstordnung für Lehrkräfte an staatlichen Schulen in Bayern in § 9a (Bekanntmachung des Bayerischen Staatsministeriums für Bildung und Kultus, Wissenschaft und Kunst über die Dienstordnung für Lehrkräfte an staatlichen Schulen in Bayern (Lehrerdienstordnung – LDO) vom 5. Juli 2014 (KWMBl. S. 112), die zuletzt durch Bekanntmachung vom 12. November 2019 (BayMBl. Nr. 517) geändert worden ist). Dies verlangt auch:

- erzieherischen Einsatz außerhalb des Unterrichts,
- sich selbst fortzubilden,
- Teilnahme an dienstlichen Fortbildungsveranstaltungen,
- Einhalten der Unterrichtszeiten,
- Übernahme von Vertretungen auch außerhalb des planmäßigen Unterrichts.

Die Lehrkraft hat die Verantwortung für:
- die pädagogische Verantwortung der Erziehung und den Unterricht ihrer Schüler.
- die Vermittlung verfassungsrechtlicher Grundwerte, dazu gehört auch ggf. der Verzicht auf das Tragen von Symbolen oder Kleidungsstücken und parteipolitischer Abzeichen, sofern diese inkongruent sind mit verfassungsrechtlichen Grundwerten.

Auskunft an Dritte
- Auskunftsberechtigt gegenüber Presse und Rundfunk sowie das Fernsehen ist nur der Schulleiter.
- Anderen als den Erziehungsberechtigten dürfen keine Auskünfte gegeben werden, auch nicht z. B. an die Großeltern o. Ä., wenn sie nicht das Sorgerecht für den Schüler innehaben.

Geschenke
- Lehramtsanfängern ist es nicht gestattet, Geschenke von Eltern oder Schülern anzunehmen, die einen Minimalstbetrag übersteigen.

Nebentätigkeit
- Sollte der Lehramtsanfänger neben dem Referendariat einer Zusatzbeschäftigung nachgehen, muss er einen Antrag auf Nebenerwerbstätigkeit i. d. R. bei den Dienstvorgesetzten stellen, der genehmigt werden muss.

Privatunterricht und Nachhilfe
- Den anvertrauten Schülern darf keine Nachhilfe und auch kein Privatunterricht erteilt werden.

Zusammenarbeit mit der Schule und Erziehungsberechtigten
- Lehrkräfte sind dazu verpflichtet, mit der Schulleitung, den Schülern und Erziehungsberechtigten im Sinne einer Schulgemeinschaft sowie zur Erfüllung der gemeinsamen Erziehungsaufgabe vertrauensvoll zusammenzuarbeiten.

Unterrichtsfremde und störende Gegenstände
- Solche Gegenstände dürfen sichergestellt werden
- Die Rückgabe erfolgt i. d. R. durch den Schulleiter, je nach Gefährlichkeit auch nur an die Erziehungsberechtigten direkt.

Verabreichung von Medikamenten
- Lehrkräfte sind zur Hilfeleistung *bei einem Notfall* verpflichtet.
- Eine Grauzone stellt die medizinische Versorgung eines Schülers, z. B. eines Diabetikers, dar, die nicht im Rahmen eines Notfalls stattfindet. Hier ist es notwendig, die Bestimmungen des eigenen Bundeslandes zu kennen und sich vor Ort über entsprechende Vereinbarungen zu informieren. Eine Unterweisung durch einen Arzt ist ggf. angezeigt.

Weitere rechtliche Hinweise
- Die Lehramtsanwärter sind für den eigenverantwortlichen Unterricht und die Benotung der Schüler in den entsprechenden Fächern voll verantwortlich. Noten für das Zeugnis bedürfen einer ausreichenden Datengrundlage.
- Lehrkräfte im Vorbereitungsdienst sind Mitglieder der Lehrerkonferenz. Sie sind deshalb an Beschlüsse der Lehrerkonferenz gebunden und zur Teilnahme an Sitzungen und Besprechungen sowie zur Verschwiegenheit nach außen verpflichtet.
- Elternsprechstunden müssen einmal wöchentlich zu festgelegten Zeiten angeboten werden.

- Jede Lehrkraft ist verpflichtet, die amtlichen Verlautbarungen (Schulanzeiger, Amtsblatt, ...) regelmäßig zu lesen und sich über alle einschlägigen Bestimmungen zu informieren.
- Keine Lehrkraft darf dem Dienst ohne Genehmigung des Dienstvorgesetzten fernbleiben. Anträge auf Dienstbefreiungen in besonderen Situationen (Heirat, Todesfall in der Familie ...) sind an die Vorgesetzten zu richten.
- Das amtliche Schriftwesen ist stets aus dem Laufenden und während der Dienstzeit zugänglich zu halten.

Je nach Bundesland gelten auch die Grundsätze des Berufsbeamtentums. Demnach gilt für Beamte:

- Gesetzes- und Verfassungstreue
- Unparteilichkeit
- Unbestechlichkeit
- Streikverbot
- Amtsverschwiegenheit
- grundsätzliche Anstellung auf Lebenszeit (Unkündbarkeit)
- Treuepflicht gegenüber dem Dienstherrn

2.6.3 *Seminarinterne Belehrungen zum Dienstantritt in Auswahl*

Die folgenden Belehrungen resultieren aus unserem Erfahrungsbereich. Sie können je nach Bedarf ergänzt oder reduziert werden. Belehrt werden die Lehramtsanfänger zu Beginn ihrer Studienseminarzeit gegen Unterschrift.

- *Fehlen am Seminartag und in der Schule:* Sollte der Lehramtsanfänger an einem Seminartag und/oder Schultag fehlen, so hat er eine E-Mail an die Seminarleitung und, je nach den weiteren Vorgaben, an die Schulleitung zu schreiben. Die Schulen führen i.d.R. die Aufstellung der Fehltage.
- *Arbeiten rund ums Seminar:* Die Lehramtsanfänger haben aktiv an den Seminarveranstaltungen mitzuwirken, insbesondere haben sie nach Weisung der Studienseminarleitung Arbeiten zu fertigen, die der Vor- und Nachbereitung sowie der Gestaltung von Ausbildungstagen dienen.
- *Vorbereitung des Unterrichts – Führen des amtlichen Schriftwesens – Praktikum:* Die Lehramtsanfänger sind verpflichtet, den von ihnen erteilten Unterricht nachweislich vorzubereiten, das amtliche Schriftwesen zu führen und im Praktikum die erforderlichen Aufzeichnungen zu fertigen.
- *Dienstweg:* Der Lehramtsanfänger hat in dienstlichen Angelegenheiten den Dienstweg einzuhalten. (z.B. Lehrkraft – Schulleiter – Staatliches Schulamt – Regierung – Staatsministerium).
- *Grüßen:* Auch Lehramtsanwärter sollten die auf die Außenwirkung als Seminar bedacht sein und selbstständig als Erstes die Personen grüßen, die ihnen im Schulhaus begegnen.
- *Seminarbücherei:* Die Medien aus der Seminarbücherei können ausgeliehen werden. Am Ende jeden Schuljahres wird die Vollständigkeit überprüft. Fehlende Medien werden kostenpflichtig ersetzt.

KV 13 **Belehrungen** **(⇨ S. 147)**

Die Seminarleitung als Berater | 3

Zielsetzung aus unserer Sicht ist, dass die Studienseminarleitung als Berater von Lehramtsanfängern in schulischen und konkret unterrichtlichen Situationen über ein konstruktives Konzept der Unterrichtsbeobachtung und der stärkenorientierten Nachbesprechung verfügt, stärkenorientierte Beratungsprotokolle verfassen kann und gemeinsam mit den Lehramtsanfängern Entwicklungsperspektiven eröffnet, begleitet und evaluiert. Diese Tätigkeiten gehören zum bedeutendsten Pfeiler der Arbeit der Studienseminarleitung sich ergebend aus dem Dreischritt Unterricht beobachten – Unterricht nachbesprechen – Unterricht (zusätzlich schriftlich) würdigen und berühren den höchstpersönlichen Bereich jedes Lehramtsanfängers. Deshalb ist es wichtig als Studienseminarleitung eine klare Haltung und ein klares gedankliches Konstrukt entworfen zu haben, um die eigenen Handlungsschritte im Umgang mit dem Lehramtsanfänger verorten zu können und eigene Sicherheit im Handeln zu verspüren und auch weitergeben zu können.

Unterricht beobachten | 3.1

Um Unterricht gezielt beobachten zu können, gibt es eine Vielzahl von z. T. sogar standardisierten kriterialen Beobachtungsbögen in Bezug auf Unterrichtsqualität, z. B. Helmke, Andreas: Unterrichtsqualität erfassen, bewerten, verbessern u. a. Die von uns konzipierten Beobachtungsbogen (Download 14 und 15) beinhalten alternativ neben einzelnen Beobachtungsmöglichkeiten noch die Aufnahme der Einschätzung von Sicht- und Tiefenstrukturen des Unterrichts nach Kunter, M. & Trautwein, U. (2013). Psychologie des Unterrichts. Reihe: StandardWissen Lehramt. Stuttgart: UTB. Die Beobachtungsbögen haben sich für einfache Unterrichtsbeobachtungen bewährt und sind für alle Schularten einsetzbar.

Beobachtungsbogen Unterricht (⇨ S. 148)

Beobachtungsbogen Unterrichtsmitschau (⇨ S. 149)

Unterricht stärkenorientiert nachbesprechen | 3.2

Unterricht stärkenorientiert nachzubesprechen bedeutet, dass der Unterrichtende zusammen mit der Gesprächsleitung Erfolgsfaktoren v. a. für das Gelingende in Unterricht und Erziehung sucht, diese benennt und deren Wirkweise im konkreten Unterrichtsprozess erläutert.

Im Gespräch über den beobachteten Unterricht stehen vor allem Erfolge, besondere Fähigkeiten, Ressourcen, Ausnahmen, Gedankenblitze, »Nicht-Problemzeiten« im Vordergrund. Ziel ist es, die Lehrkraft emotional stabil, mit dem Gefühl des Wertgeschätztseins und mit Impulsen zur Weiterarbeit aus dem Gespräch zu entlassen.

Bei der stärkenorientierten Unterrichtsnachbesprechung

- geht es aus konstruktivistischer Sicht nicht darum, wer Recht hat.
- wird verstärkt an Lösungen für die unterrichtende Lehrkraft gearbeitet.
- erhält man dank einer strukturierten Gesprächsführung Einblick in Erfolgsfaktoren im positiven Wirkbereich der Lehrkraft.

Stärkenorientierte Unterrichtsnachbesprechung

- bedeutet nicht das Verschweigen von Verbesserungsmöglichkeiten.
- bedeutet nicht Lob um jeden Preis.

Bei der stärkenorientierten Unterrichtsnachbesprechung geht es darum, den »natürlichen Lernmotor« optimal am Laufen zu halten – durch die Art und Weise, mit der man ins Gespräch kommt, und durch das Geben und Stellen »geschickter« Impulse und Fragen.

Literaturtipp: Köhler/Weiß (2015): Unterricht kompetenzorientiert nachbesprechen. Lehrproben – Unterrichtsbesuche – Kollegiale Hospitationen. gibt einen vertieften Einblick darin, Unterricht strukturiert mit Impulskarten, Moderationskarten und Besprechungslandschaften nachzubesprechen.

Im Folgenden findet sich der Verlauf eines Gesprächs – einmal mit dem Fokus auf den Problemen und einmal im Sinne einer kompetenzorientieren Nachbesprechung.

Lehrkraft (L): Meine Schüler schaffen es einfach nicht, selbstständig zu arbeiten!

Problemorientierter Verlauf einer Unterrichtsnachbesprechung	Kompetenzorientierter Verlauf einer Unterrichtsnachbesprechung
Gesprächsleitung (G): Es beschäftigt Sie, dass Ihre Schüler wenig allein arbeiten können.	**(G):** Sie wünschen sich, dass Ihre Schüler noch eigenständiger und konzentrierter an einer Sache, die zu tun ist, arbeiten.
(L): Genau. Schüler in diesem Alter sollten sich über einen bestimmten Zeitraum schon mit Lerninhalten auseinandersetzen können.	**(L):** Genau. Ich möchte, dass die Schüler erkennen, dass sie Aufgaben selbst erledigen können müssen. In einem Test oder bei Vergleichsarbeiten kann ihnen auch niemand helfen.
(G): Woran machen Sie die Unselbstständigkeit genau fest?	**(G):** Nur mal vorgestellt, Ihre Kinder arbeiten über einen längeren Zeitraum eigenständig an einem Unterrichtsinhalt, wie erkennen Sie das?
(L): An der ganzen Arbeitshaltung, und mit welchen Lauten sie überhaupt ihre Arbeitsmaterialien herholen. Da ist die Klasse wie ein Zoo mit unterschiedlichen Tieren und passenden meckernden Tierlauten.	**(L):** Sie gehen mit Freude an die Sache. Schon wenn ich beginne, die Thematik anzusagen, leuchten die Gesichter.
(G): An welchen Stellen machen Sie diesen Vergleich mit dem Zoo in ihrer Klasse fest?	**(G):** Schauen wir mal zurück in das laufende Schuljahr, wann war der Stand zum gelungenen selbstständigen Arbeiten, vielleicht auch nur kurz andauernd, am höchsten?
(L): Schon bevor der Arbeitsauftrag überhaupt zu Ende gegeben wurde. Eigentlich geht es mir schon so, wenn ich zur Türe reinkomme. Null Bock! Früher war das alles anders!	**(L):** Das war einmal der Fall, als wir das Schreibprojekt »Ritter und Burgen« hatten. Da haben die Kinder mit Feuereifer gearbeitet.

(G): Sie haben das Gefühl, die Kinder sind nicht motiviert, überhaupt zu arbeiten. Woran machen Sie das fest?	**(G):** Erzählen Sie mir das genauer. Das interessiert mich. Was genau haben Sie da gemacht? Was genau hat den Schülern und Ihnen besonders gefallen?
Beurteilung des Gesprächsverlauf und dessen Folgen	
Die Lehrkraft wurde aufgefordert, das »Problem« zu fokussieren, sie sollte erörtern, auf welchen Fundamenten die »mangelnde Arbeitshaltung« der Schüler ruht.	Die »Klage« der Lehrkraft wurde positiv zur Zielkompetenz hin umformuliert. Im Weiteren wurde versucht, Situationen zu finden, wo diese angestrebte Kompetenz zumindest zum Teil bereits gelungen war, und die Lupe der Aufmerksamkeit daraufgehalten. Gleichzeitig wird unterstellt, dass es der Lehrkraft in der Vergangenheit bereits gelungen ist, die genannte Kompetenz zu erreichen.
Folge	
Die Lehrkraft »kotzt« sich nur aus. Die negative emotionale Haltung wird bestärkt. Das Problemsegment wirkt wie ein Filter und reduziert die Fokusmöglichkeit einer kreativen Veränderung. Gesprächsleitung und Lehrkraft schwimmen weiter im Tiegel der Problemhaftigkeit und Ausweglosigkeit.	Die Aussagen der Lehrkraft sind emotional positiver besetzt. »Verschüttete«, bereits erfolgreich durchgeführte Kompetenzansätze werden betrachtet. Dies ist zugleich eine gute Voraussetzung, um weitere kreative Veränderungsmöglichkeiten zu eröffnen.

Die Haltung der Gesprächsleitung 3.2.1

Stärkenorientierte Unterrichtsnachbesprechung unterscheidet sich von beiläufigen Unterhaltungen über Unterricht etwa im Lehrerzimmer dadurch, dass mit ihr das konkrete Ziel verfolgt wird, Wahrnehmungen zu einer speziellen, gemeinsam erlebten Unterrichtsstunde abzugleichen. Die Haltung der Gesprächsleitung ist dabei u. a. von vier Aspekten geprägt:

- *Respekt:* Respekt vor der Person der unterrichtenden Lehrkraft, ihrer professionellen Meinung, Unterrichtsentscheidungen und ihren Leistungen mit der Klasse ist die Grundlage der zwischenmenschlichen Kommunikation.
- *Offenheit:* Auch Gesprächsleitungen haben Gefühle, die sie im kompetenzorientierten Unterrichtsnachgespräch spontan ausdrücken können. Wichtig ist allerdings dabei, diese Gefühle und Bedürfnisse als *eigene* Einstellungen und Emotionen wahrzunehmen und nicht die unterrichtende Lehrkraft dafür verantwortlich zu machen.
- *Aktives Zuhören:* Aktives Zuhören setzt voraus, den anderen ausreden zu lassen, ohne sofort zu bewerten.
- *Empathie:* Die Gesprächsleitung achtet die Gedanken und Gefühle der Lehrkraft. Sie stellt ihre eigenen Meinungen, Wertungen und Emotionen zurück und klärt, ob sie die Ausführungen der Lehrkraft richtig verstanden hat.

Ablaufmodell einer Nachbesprechung von Unterricht 3.2.2

Wir haben ein Ablaufmodell für die kompetenzorientierte Nachbesprechung von Unterricht entwickelt, das der Phasenabfolge »Auftragsklärung – Wirklichkeitskonstruktion – Möglichkeitskonstruktion« folgt.

Phase 1: Auftragsklärung (1. Gesprächseinstieg – Rahmen schaffen – Smalltalk)

In dieser Phase geht es um ein Ankommen in der Gesprächssituation, um achtsamen Beziehungsaufbau der Gesprächspartner sowie um die Entwicklung einer gemeinsamen Erwartungshaltung im Hinblick auf das Gespräch. Die Gesprächspartner erhalten die Möglichkeit, sich wertschätzend wahrzunehmen im aktuellen gegenseitigen Erleben.

- Wie muss die Nachbesprechung verlaufen, dass Sie im Nachhinein sagen, es hat sich gelohnt?
- Wie geht es Ihnen jetzt? War es eine eher schwer oder eher leicht zu haltende Stunde? Warum?

Die Auftragsklärung endet mit dem Schließen eines Kontrakts. Seminarleitung: »Ich fasse zusammen, was ich im Hinblick auf Ihre Erwartungen verstanden habe … Bitte prüfen Sie, ob ich Ihre Erwartungen richtig verstanden und schriftlich (in Stichworten) fixiert habe …«

Phase 2: Wirklichkeitskonstruktion (2. Freie Stärkenrunde – Gelungenes und Bemerkenswertes & 3. Ins Gespräch kommen)

Der Unterrichtende und die Gesprächsleitung gleichen ihre individuelle Wahrnehmung des Unterrichts, z. B. in Bezug auf die Effektivität und Gestaltung einzelner Unterrichtsphasen, Umgang mit Heterogenität und/oder auf vom Lehramtsanfänger und/oder der Studienseminarleitung gewählten Kriterien, ab. Besonders gut dazu geeignet sind Symbole, etwa auf Karten, und Besprechungslandschaften (s. u.: ausführlich in Köhler/Weiß 2015, 2016).
Als für die Lehramtsanfänger am einfachsten hat sich erwiesen, die einzelnen Artikulationsstufen des Unterrichts als Wortkarten abzulegen und chronologisch aufgrund des Unterrichtsverlaufes nachzubesprechen.

Besonders interessant ist dabei der Vergleich der Wirklichkeitskonstruktionen jeder Partei.

Die einzelnen Symbole können dann z. B. rechts für den Lehramtsanfänger und links für die Studienseminarleitung abgelegt werden.

Über die Symbole kommt man besonders gut und strukturiert ins Gespräch. Es geht darum, als Gesprächsleitung den Lehramtsanfänger wahrzunehmen. Ein Einlassen auf die Wirklichkeit des Lehramtsanfängers verstärkt die Kooperationsbereitschaft des Lehramtsanfängers.

Es können zum Beispiel folgende Einschätzungsmöglichkeiten des Lehramtsanfängers zu Beginn der Wirklichkeitskonstruktion vorgegeben werden, die entweder verbindlich vorgegeben werden oder aus denen der Lehramtsanfänger auswählt, z. B. eine aus drei Einschätzungsangebote wählen.

- »So geht es mir jetzt …, weil …«
- »So schwer war die Stunde für mich …, wie …«
- »So sehr habe ich mich angestrengt …, weil …«

Interessant kann noch die Frage sein: »Liegt Ihnen noch etwas besonders am Herzen…?« Diese Frage sollte zu Beginn gestellt werden, am Ende einer Nachbesprechung von Unterricht sind diese Anliegen i. d. R. von der Intensität und der Vielzahl der Eindrücke überschattet. Besprochen werden können diese Anliegen entweder gleich oder im Anschluss an die Unterrichtsnachbesprechung.

Am Ende der Nachbesprechung schätzen die Lehramtsanfänger den gehaltenen Unterricht (oder eine bestimmte Phase des Unterrichts) mittels einer Skala von eins bis zehn ein. Hierzu noch ein Hinweis: Eine Skala, die bei eins beginnt, impliziert bereits ein Können der Lehrkraft.

Es ist weniger entscheidend ist, anhand welcher Skalierung die Einordnung erfolgt, entscheidender ist die Frage: Was muss sich verändern, damit die Qualität um eine Stufe/eine halbe Stufe steigt?

Tipp: Es ist nicht die Aufgabe der Seminarleitung, sich ebenfalls zur Einschätzung der Stunde auf der Skala zu äußern. Es geht hier um die Einschätzung der Lehrkraft.

Diese Einschätzung und Antizipation zur Steigerung leitet über zur Möglichkeitskonstruktion.

Phase 3: Möglichkeitskonstruktion (4. Handlungsfelder finden & 5. Zielvereinbarungen treffen)

Nachdem in Phase 2 das aktuelle Können der Lehrkraft im Fokus stand, wird nun der Fokus auf die Entwicklungsmöglichkeiten gelegt. Es werden die nächsten Handlungsschritte eruiert und Zielvereinbarungen geschlossen: »Welche drei Punkte nehmen Sie als besonders gewinnbringend für Ihre Weiterarbeit mit?«

Phase 4: Abschluss – Rückbezug zu den Erwartungen des Lehramtsanfängers (6. Abschluss)

Zu Beginn des Gesprächs wurde in Stichworten notiert, welche Erwartungen der Lehramtsanfänger an den Verlauf der Nachbesprechung hat, damit sie für ihn gewinnbringend ist. Hierauf wird nun erneut Bezug genommen und ggf. noch Offenes besprochen: »Sie haben zu Beginn Erwartungen für eine für Sie lohnende Nachbesprechung formuliert. Haben sich diese Erwartungen erfüllt? Was wünschen Sie sich noch?

Schritt	Charakteristika
1. Gesprächseinstieg – Rahmen schaffen – Smalltalk	• einleitende Worte, Dank für die Hospitation aussprechen, zeitlichen Umfang der Besprechung nennen • Überleitung zur eigentlichen Nachbesprechung: »Wie muss die Nachbesprechung heute verlaufen, dass die Nachbesprechung für Sie gewinnbringend ist?«

2. Freie Stärkenrunde – Gelungenes und Bemerkenswertes	• stichwortartiges Mitnotieren der von der Lehrkraft genannten Aspekte durch die Gesprächsleitung auf weißen Blankokarten • Das erste Wort hat die unterrichtende Lehrkraft, ihre Sammlung von Eindrücken bleibt zunächst unkommentiert. Dann kann sich die Gesprächsleitung an das Sammeln anschließen. • Aufgabe der Gesprächsleitung: Verständnisfragen stellen, Reflektieren, Paraphrasieren ...
3. Ins Gespräch kommen (s. 3.3)	• Ansichten zum jeweiligen Besprechungskriterium beschreiben, deuten und ggf. strukturieren und hierarchisieren • ggf. Alternativen bei notwendigen Optimierungen für den Unterricht entwickeln • Aufgabe der Gesprächsleitung: Ergänzung weiterer Aspekte, Querverbindungen aufzeigen
4. Handlungsfelder finden	• Entwicklung von kompetenz- und stärkenorientierten Schwerpunkten als zukünftige Handlungsfelder durch die Lehrkraft (ggf. mit Unterstützung der Gesprächsleitung) • (ggf. Fragenspeicher nutzen, s. 3.3)
5. Zielvereinbarungen treffen	• Formulierung von Zielen, idealerweise durch die Lehrkraft selbst • Aufgabe der Gesprächsleitung: Vergewissern, dass das zuvor Besprochene verstanden worden ist • (ggf. Fragenspeicher nutzen, s. 3.3)
6. Abschluss	• Rückgriff auf den zu Beginn geäußerten Wunsch (s. 1. Gesprächseinstieg) • Aufgabe der Gesprächsleitung: Paraphrasieren des Verlaufs der Nachbesprechung

Tab. 11: Übersicht zum Ablauf einer kompetenzorientierten Nachbesprechung (nach Köhler/Weiß 2015)

3.3 Fragespeicher und Türöffner für eine stärkenorientierte Nachbesprechung

Die folgenden Fragen sind geordnet nach möglichen Aufmerksamkeitsrichtungen einer stärkenorientierten Nachbesprechung von Unterricht (ausführlich in: Köhler/Weiß 2015 u. 2016). Die einzelnen Fragen lassen sich dem Ablaufmodell einer Nachbesprechung von Unterricht (3.2.2) zuordnen.

Aus Fortbildungen für Studienseminarleitungen haben wir die Rückmeldung erhalten, dass die Zusammenstellung den Eindruck erwecken kann, es würde nur über Gelungenes gesprochen. Daher möchten wir an dieser Stelle darauf hinweisen: Es liegt in der Verantwortung der Gesprächsleitung, Stärken hervorzuheben und gleichzeitig Anregungen zu konstruktiver Weiterarbeit zu benennen bzw. aufzuzeigen (s. hierzu den Vergleich der Gesprächstypen in 3.2).

Gesprächseröffnung nach Smalltalk (Phase 1 (3.2.2.))

- »Wie muss das Gespräch verlaufen, dass Sie im Nachhinein sagen, es hat sich gelohnt?« Dies ist die wichtigste Frage zu Beginn des Gesprächs und dient der Klärung, welchen Auftrag der Lehramtsanfängers an die Seminarleitung stellt. Diese Frage bringt ihn in die aktive Rolle, Verantwortung für den Gesprächsverlauf und dessen Inhalte zu übernehmen. Dazu können in Ergänzung kommen:
  - »Sie haben das erste Wort, um Ihre Wahrnehmungen zu Ihrer Stunde darzustellen. Beziehen Sie Ihre Einfälle auf Ihren Stundenschwerpunkt.«

- »Welche Lernprozesse haben Sie in Ihrer Stunde bei den Schülern angestoßen?«
- »Wo hatten die Schüler eine Gelegenheit, sich ihren Lernzuwachs bewusst zu machen? Wie machen Sie dies als Lehrkraft?«

Analyse der Entwicklungshistorie von Stärken (Phase 2 und 3 (3.2.2.))

- »Wie sind Sie in ______________ so gut geworden?«
- »Wie haben Sie das genau gemacht, dass Sie das jetzt so gut können und dass Ihnen das jetzt so gut gelingt?«
- »Gibt es ein besonderes Erlebnis/eine besondere Erfahrung, das/die Sie hatten und Sie bestärkt hat?«
- »Wer bestärkt Sie in Ihrem Handeln?«

Faktoren des Gelingens (Phase 2 und 3 (3.2.2.))

- »Wenn Sie an Ihren Unterricht denken:
  - Was ist Ihnen in der Stunde gut und sehr gut gelungen? (Was noch? Was noch? Was noch?)«
  - Woran können Sie erkennen, dass das vorher Genannte eine Stärke von Ihnen ist? (Woran noch? Woran noch? Woran noch?)«
  - Woran können andere erkennen, dass das vorher Genannte eine Stärke von Ihnen ist? Woran noch? Woran noch? Woran noch?«

Zirkuläre Fragen (Phase 2 und 3 (3.2.2.))

- »Wenn Sie Ihre Schüler/Ihre Kollegen/Ihre Freunde/Ihr Lebenspartner/Ihre Eltern fragen würden, woran können die erkennen, dass Sie das gut machen?«

Suche nach aktuellen Momenten künftiger Stärken (Phase 2,3 und 4 (3.2.2.))

- »Worin möchten Sie noch besser werden?«
- »Stellen Sie sich bitte eine Skala von 1 bis 10 vor. 1 bedeutet ›Ich habe gar kein Handlungswissen über die Möglichkeit eine Situation, die ich mir ausgewählt habe zu ändern‹ und 10 bedeutet ›Ich habe sehr hohes Handlungswissen darüber, die von mir gewählte Situation zu ändern‹. Wo ordnen Sie sich momentan auf dieser Skala ein?«
- »Woran können Sie erkennen, dass Sie in Bezug auf das, was Sie sich vorgenommen haben, einen Schritt weitergekommen sind?«

Abschluss – Perspektiven der Weiterarbeit (Phase 4 und 5 (3.2.2.))

- »Welches Thema war für Sie im Rückblick auf das Gespräch am wichtigsten?«
- »Welche drei Dinge wollen Sie sich für die Weiterarbeit vornehmen?«

Zielvereinbarungen treffen – entwicklungsorientiert fragen (Phase 4 und 5 (3.2.2.))

- »Wenn Sie Ihre Unterrichtsstunde in Bezug auf das Gelingen auf einer Skala von 1 bis 10 einordnen müssten, wo würden Sie diese ansiedeln und warum? Welche Stärken haben zum Erreichen dieser Stufe auf der Skala geführt?«
- »Was könnten Sie verändern, damit Sie Ihre Stunde eine Stufe auf der Skala höher ansiedeln könnten?«

- »Welche Schritte nehmen Sie sich als nächstes vor? Wann wollen Sie diese Schritte ausprobieren?«

Evaluation der Nachbesprechung aus Sicht des Lehramtsanfängers (Phase 6 (3.2.2.))

- »Zu Beginn haben Sie benannt, wie das Gespräch verlaufen muss, damit Sie im Nachhinein sagen, es hat sich gelohnt. Wenn Sie die Nachbesprechung Ihre Unterrichtsstunde in Bezug auf das Erfüllen der Wunschvorstellung auf einer Skala von 1 bis 10 einordnen müssten, wo würden Sie diese ansiedeln und warum? Was wünschen Sie sich für die nächste Nachbesprechung?

3.4 Würdigungen der Unterrichtshospitationen (mit Nachbesprechung) verfassen

3.4.1 *Chronologische Würdigung in Stichpunktform*

Für die Weiterarbeit des Lehramtsanfängers und für die Dokumentation des Entwicklungsverlaufs des Lehramtsanfängers verfasst die Studienseminarleitung ein Protokoll, das im Seminarbogen abgeheftet wird. Sinnvoll ist es, mit dem Ziel die konkrete Weiterarbeit dem Lehramtsanfänger zu erleichtern, dass Lehramtsanfänger einen Abdruck des Protokolls erhalten. Aus juristischer Sicht spricht ebenfalls nichts dagegen. Sollten Lehramtsanfänger klagen, erhalten sie sowieso Einblick in diese Seminarunterlagen. Die vorliegende Form hat sich bewährt und ist nach ökonomischen Gesichtspunkten erstellt mit dem Anspruch, dass der Gehalt im Vergleich zu schriftlich ausführlich formulierten Prosatexten nicht abfällt, wenn das Protokoll gemeinsam mit dem Lehramtsanfänger besprochen wird.

Der Kopf des Würdigungsprotokolls

Auf der Würdigung muss ersichtlich sein, wer, wann, wen wie lange in welcher/welchen Jahrgangsstufen mit dem spezifischen Unterrichtsinhalt in welcher Funktion besucht hat.

Name der Seminarleitung **Seminarzuordnung** **Schulart**	**Ausbildungsabschnitt/** **Schuljahr**	**Seminarlogo**
Unterrichtshospitation mit anschließender Nachbesprechung bei Frau/Herrn ___________________________		
in:	von ______ Uhr bis _______ Uhr	in einer _______ Klasse

Aussagen über die Qualität der schriftlichen Ausarbeitung und Fach/Fachbereich: Stundenthema

- In diesem Raster kann zum einen die Studienseminarleitung ökonomisch in kurzen Stichpunkten und/oder treffenden Adjektiven aussagekräftig Aussagen über die Qualität der schriftlichen Ausarbeitung und informativ für den Lehramtsanfänger eingetragen werden. Eine Übersicht über passende Schlüsselwörter ist in Download 21 zusammengefasst

- Zum anderen werden die drei besten Aspekte der Stunde explizit hervorgehoben – einmal aus Sicht der Studienseminarleitung und einmal aus Sicht des Lehramtsanfängers. Das erste Wort zu den drei besten Aspekten der Unterrichtsstunde hat dabei der Lehramtsanfänger.

Zur Qualität der schriftlichen Ausarbeitung		
Der Abgabetermin in kompletter und ausgedruckter Form ☐ wurde eingehalten. ☐ wurde nicht eingehalten.	• • • •	• • • •
Fach/Fachbereich: Stundenthema		
Die drei besten Aspekte der Stunde	**Aus Sicht des/der Lehramtsanwärter/in**	**Aus Sicht der Seminarleitung**
	1.	1.
	2.	2.
	3.	3.

Feststellungen zum beobachteten Unterricht

Hinter dem Haken werden alle positiv hervorzuhebenden Aspekte der Stunde hervorgehoben. Hinter dem Pfeil notiert die Studienseminarleitung die Aspekte des Unterrichtshandelns, über die man noch einmal nachdenken muss, Alternativen möglich wären, Optimierungen anzustreben sind. Das Notieren ist auch in Stichpunkten, ggf. mit wertenden Adjektiven möglich.

Feststellungen		
	Positiv Hervorzuhebendes	Nachdenkenswert/Optimierungen
Besprechungspunkte	✓ ✓ ✓ ✓	⇨ ⇨ ⇨ ⇨
Zielvereinbarungen		

Zusammenfassung

Am Ende der Würdigung kann eine kurze Zusammenfassung nach den Kriterien Unterrichtskompetenz, Erziehungskompetenz und Handlungs- und Sachkompetenz stehen. Diese muss juristisch haltbar sein, d. h. die beschreibenden Adjektive werden passend zur Leistung des Lehramtsanfängers von der Studienseminarleitung gewählt.

Würdigung nach Unterrichtsschritten und ausgewählten Kriterien 3.4.2

Dieses Formular ermöglicht eine kriteriale Übersicht ausgewählter Qualitätskriterien von Unterricht, die zum einen eine Beurteilung »zum Ankreuzen« erlaubt sowie zum anderen zusätzliche Bemerkungen zu einzelnen Artikulationsstufen im Unterrichtsverlauf ermöglicht.

Beispiel für die Würdigung einer Artikulationsstufe des Unterricht:

Einstiegsphase				
☐ Die Anforderungen übertreffend.	☐ Den Anforderungen entsprechend.	☐ Beratungsbedarf	☐ Hoher Entwicklungsbedarf	☐ Sehr hoher Entwicklungsbedarf

Motivation/ Problem Emotionale Beteiligung	Logik der Lernschritte Transparenz	Schülerinteresse Relevanz Sinnhaftigkeit
Klarheit/ Struktur Arbeitsauftrag Prägnanz/ Visualisierung	Reaktivierung Vorwissen Anknüpfung	Herausfordernde Aufgabe Lernniveau/ Heterogenität

3.4.3 | *Stärkenorientierte Ergänzung der Würdigung der Unterrichtsstunde*

Besondere Stärken der Lehrkraft ________________ in ihrem am _________ gezeigten Unterricht		
	Maßnahmen der Differenzierung und Individualisierung	Klare Strukturierung
Lerngegenstand – sachliche Richtigkeit	Veranschaulichung	**Qualität der Rückmeldungen**
Unterrichtsmanagement	Zielorientierung	Unterrichtserfolg
Sicherung der Unterrichtsergebnisse in Fachsprache	Lehrerpersönlichkeit	**Klassenführung**
Schüleraktivierung	Medieneinsatz	**Kognitive Aktivierung**
effektive Lernzeit	Strategieorientierung	Reflexionskultur
Kompetenzorientierung	Methodische Entscheidungen	Weiteres: ____________________ ____________________
Konstruktive Unterstützung	**Intensität und Qualität der inhaltlichen Auseinandersetzung**	
Besonders positive Fachspezifika:		
Besondere individuelle Stärken:		

Abb. 8: Stärkenübersicht für die Nachbesprechung

Diese Übersicht ist eine Möglichkeit, besondere Stärken der Lehrkraft an diesem Tag als Synopse hervorzuheben. In der Formulierung »an diesem Tag« steckt der Gedanke, dass die Lehrkraft evtl. diese Stärke hat, heute aber nicht gezeigt hat. Das bedeutet im Umkehrschluss auch nicht, dass z. B. der Unterricht nicht zielorientiert oder kein Unterrichtserfolg erkennbar gewesen sei. Diese Merkmale sind eben nicht als besonders herausragend zum Tragen gekommen. Am Ende des Formulars können noch weitere Stärken des Lehramtsanfängers in fachspezifischer Hinsicht (z. B. Gesangsvorbild im Musikunterricht, Beachten naturwissenschaftlichen Vorgehens in MINT-Fächern, …) und weitere besondere Stärken (z. B. Lehrerstimme, Körpersprache, Organisation, …) ergänzt werden. Die **fett** gedruckten Merkmale betonen die Bedeutung der Tiefenstrukturen im Unterricht.

Schlüsselwörter als Hilfe zur Leistungsbeschreibung 3.4.4

Unterrichtsbesuche mit anschließender Nachbesprechung sind ein wesentlicher Baustein der qualifizierten Ausbildung, die mit fundierter und qualifizierter Rückmeldung flankiert, relevante Entwicklungsmöglichkeiten des Lehramtsanfängers hervorhebt. Wesentlich für die Beurteilung sind dabei die zusammenfassenden »Nachbesprechungsaspekte«, in denen ausgewählte Aspekte, i. d. R. Unterrichtskompetenz, Erziehungskompetenz und Handlungs- und Sachkompetenz zusammenfassend beurteilt werden.

Tipp: Sollte es zu juristischen Anfechtungen kommen, werden von den Gerichten v. a. die wertenden Adjektive betrachtet. Informell ist es deswegen in einigen Studienseminaren usus, dass die Beschreibungen eher zurückhaltend verfasst werden.

Die Übersicht aus dem Download 16 Schlüsselwörter als Hilfe zur Leistungsbeschreibung bietet eine Zusammenstellung ausgewählter Adjektive, die einen Anhaltspunkt geben kann, wie Beurteilungen treffsicherer formuliert und juristisch haltbarer werden können.

Schlüsselwörter als Hilfe zur Leistungsbeschreibung **(⇨ S. 150)**

Entwicklungsgespräche führen 3.5

Das Entwicklungsgespräch ist eine Schnittstelle zwischen Selbsteinschätzung und Fremdeinschätzung sowie das Bindeglied zwischen der Lehr- und Beratungstätigkeit der Seminarleitung und der Konstruktionsarbeit des Lehramtsanfängers.

Im Entwicklungsgespräch wird

- sichtbar, was Lehramtsanfänger aktuell können (Fähigkeit, Wissen, Können, Verstehen, Handeln, Erfahrung, Motivation): Zone der aktuellen Kompetenz
- eine Vorstellung visualisiert und benannt, welche Ziele Lehramtsanfänger als Nächstes anvisieren: Zone der nächsten Kompetenz
- rückblickend die bisherige Kompetenzentwicklung dargestellt, indem Lehramtsanfänger darstellen, wie sie die aktuellen Kompetenzen erreichen konnten: Zone der ehemaligen Kompetenz

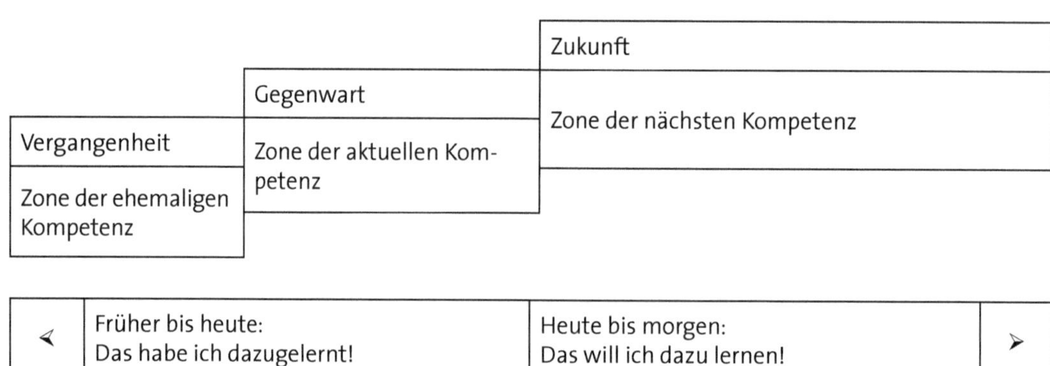

Abb. 9: Entwicklungsgespräch

3.5.1 *Vorbereitungsfünferschritt eines Lernentwicklungsgespräches durch den Lehramtsanfänger*

Um in einen konstruktiven Austausch im Rahmen eines Lernentwicklungsgesprächs treten zu können, bereiten sich Lehramtsanfänger auf ihr Lernentwicklungsgespräch vor. Der Vorbereitungsfünferschritt ist dazu eine bewährte Hilfe an Aufmerksamkeitsrichtungen.

Vorbereitungsfünferschritt eines Lernentwicklungsgespräches durch den Lehramtsanfänger

Schritt 1: Einen oder mehrere Kompetenzbereich(e) aus den Kompetenzen für Lehrerbildung KMK 2004 auswählen, über den der Lehramtsanfänger sprechen möchte.

Schritt 2: Ziel: Welche(s) Ziel(e) daraus genau?

Schritt 3: Maßnahmen: So habe ich als Lehramtsanfänger versucht das Ziel/ diese Ziele zu erreichen!/ So ist es mir gelungen dieses Ziel/ diese Ziele zu verfolgen!

Was sagen diese Ziele über meine Arbeit(en) aus?	Welche Schritte waren besonders erfolgreich zur Zielerreichung?
Was hat mir besonders geholfen?	Welche Grundlagen waren und sind nötig?
Wie schätze ich den Wirkungsgrad meiner Maßnahmen ein?	Was werde/würde ich beim nächsten Mal anders machen?

Schritt 4: Evaluation: Daran kann ich erkennen, dass ich das Ziel erreicht habe/mich dem Ziel angenähert habe!

Schritt 5: Aus den Erkenntnissen eine Präsentation vorbereiten und visualisieren.

Parallel dazu bereitet sich auch die Studienseminarleitung auf das Gespräch vor. Dabei kann sie ihre Beobachtungen und Einschätzungen zur Unterrichts-, Erziehungs- und Handlungs- und Sachkompetenz des Lehramtsanfängers nutzen.

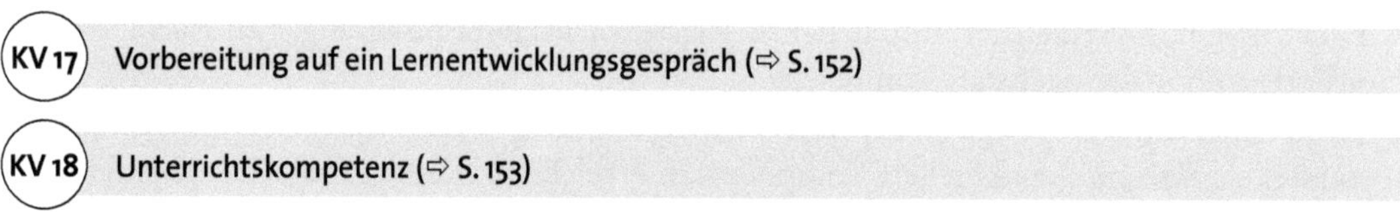

KV 19 Erziehungskompetenz (⇨ S. 154)

KV 20 Handlungs- und Sachkompetenz (⇨ S. 155)

Ablauf eines Lernentwicklungsgespräches, im Schwerpunkt vorbereitet durch den Lehramtsanfänger 3.5.2

Grundsätzlich stellt sich die Frage: »Wenn es um die Lernentwicklung des Lehramtsanfängers geht, wie kann man die Eigenaktivität und Verantwortlichkeit für den Inhalt des Lernentwicklungsgesprächs stärken?« Eine mögliche Antwort ist: »Es ist die Lernentwicklung des Lehramtsanfängers, deshalb kann er die für ihn wichtigen Themen selbst mit einbringen!« Die Vorgabe einer Visualisierung und einer Kurzpräsentation von fünf bis 10 Minuten im Studienseminar erhöht die Verbindlichkeit und die Variabilität. Gleichzeitig erfordert diese Form des gestalteten Lernentwicklungsgesprächs eine erhöhte Flexibilität der Studienseminarleitung, da man erst zum Zeitpunkt der Präsentation des Lernentwicklungsgesprächs durch den Lehramtsanfänger mit den Gedankengängen des Lehramtsanfängers konfrontiert wird.

Abfolge xyxy Schritt 1	Schritt 2	Schritt 3	Schritt 4	Schritt 5
vorlaufend	Auftragsklärung	Durchführung Präsentation Wirklichkeitskonstruktion und -verzahnung des Lehramtsanfängers und der Studienseminarleitung	Möglichkeitskonstruktion Zielvereinbarungen	Evaluation
Vorbereitung des Lehramtsanfängers auf das Lernentwicklungsgespräch parallel dazu Vorbereitung der Studienseminarleitung	Studienseminarleitung: Wie muss das Lernentwicklungsgespräch verlaufen, dass Sie sagen, es hat sich gelohnt? ≈ Notation auf Wortkarten durch die Studienseminarleitung	Der Lehramtsanfänger visualisiert die wesentlichen Themen seines Lernentwicklungsgesprächs. Die Studienseminarleitung nimmt auf die Ausführungen des Lehramtsanfängers Bezug und ergänzt seine Wahrnehmungen.	Im nächsten Schritt des Lernentwicklungsgesprächs werden Möglichkeiten der Weiterarbeit angedacht und ggf. bereits zu diesem Zeitpunkt oder zeitversetzt vereinbart.	Zum Abschluss des Lernentwicklungsgesprächs wird auf die Auftragsklärung Bezug genommen »Ist das Lernentwicklungsgespräch so verlaufen, dass Sie sagen können, es hat sich für Sie gelohnt?« Warum? Was fehlt Ihnen noch?

KV 21 Protokollbogen für ein Lernentwicklungsgespräch und mündliche Prüfungen (⇨ S. 156)

3.5.3 *Ablauf eines Lernentwicklungsgespräches, im Schwerpunkt geleitet durch die Studienseminarleitung*

Die Durchführung eines Lernentwicklungsgesprächs kann im Verlauf auch stärker durch die Studienseminarleitung gesteuert werden. Dabei wird z. B. die Metapher des Weges gewählt.

Abb. 10: Wegmetapher (Gestaltung: Jonas Göb). Nach: Jonas Göb/Katja Köhler/Lorenz Weiß: Die Lernentwicklungslandschaft in der Grundschule. Die kindgerechte Methode für das erfolgreiche Lernentwicklungsgespräch. Hamburg 2020

Vorbereitung des Lehramtsanfängers auf das Lernentwicklungsgespräch parallel dazu Vorbereitung der Studienseminarleitung	Studienseminarleitung: Wie muss das Lernentwicklungsgespräch verlaufen, dass Sie sagen, es hat sich gelohnt? ≈ Notation auf Wortkarten	Der Lehramtsanfänger wählt eine Figur und stellt sie auf die Mitte des Weges und dreht sie so, dass der Blick auf den Weg zurückweist. Impulsfragen der Studienseminarleitung: »Wenn Sie auf den Zeitraum _______ zurückblicken, was waren Edelsteine, was waren für Sie Stolpersteine? Die Antworten des Lehramtsanfängers notiert die Studienseminarleitung auf Wortkarten mit. Parallel dazu werden Edelsteine und Stolpersteine gelegt.	Im nächsten Schritt des Lernentwicklungsgesprächs werden Möglichkeiten der Weiterarbeit angedacht und ggf. bereits zu diesem Zeitpunkt oder zeitversetzt vereinbart. Die Figur des Lehramtsanfängers auf dem Bild wird so gedreht, dass der Blick der Figur nach vorne weist. Impulsfragen der Studienseminarleitung: »Wenn sie den Blick in die Zukunft richten, wie können Sie die Edelsteine Ihres Wirkens, die Sie benannt haben beibehalten oder noch stärken? Wie können Sie die Stolpersteine kleiner machen?« Die Antworten des Lehramtsanfängers notiert die Studienseminarleitung auf Wortkarten mit.	Zum Abschluss des Lernentwicklungsgesprächs wird auf die Auftragsklärung Bezug genommen »Ist das Lernentwicklungsgespräch so verlaufen, dass Sie sagen können, es hat sich für Sie gelohnt?« Warum? Was fehlt Ihnen noch?
vorlaufend	Auftragsklärung	Durchführung Präsentation Wirklichkeitskonstruktion und -verzahnung des Lehramtsanfängers und der Studienseminarleitung	Möglichkeitskonstruktion Zielvereinbarungen	Evaluation

Die hier vorgegebene Struktur erhöht die Verantwortlichkeit der Studienseminarleitung für den Gesprächsverlauf. Die Struktur gibt der Studienseminarleitung Sicherheit und, wenn sie transparent vorher im Studienseminar vorgestellt wurde, auch den Lehramtsanfängern. Die Gesprächsqualität wird durch, in unserem Beispiel allgemeine, kriteriale Bezugspunkt erhöht.

Protokollbogen für ein Lernentwicklungsgespräch und mündliche Prüfungen (⇨ S. 156)

4 Seminarleiter als Prüfer und Beurteiler

Die Tätigkeit als Prüfer in der Studienseminarleitung muss sach- und fachgerecht sowie professionell wahrgenommen werden. Professionelle Studienseminarleitungen zeichnen sich aus als sachkundige Fachleute in den Fachdidaktiken und den korrespondierenden Bezugswissenschaften aus, verfügen über großes Verantwortungsbewusstsein, ein gerechtes Urteilsvermögen und über pädagogisches und kommunikatives Geschick in der Gesprächsführung mit den Prüflingen und den Prüfungskommissionen. Sie sind mit den einschlägigen Rechtsgrundlagen der Lehramtsprüfungsordnung und deren Ausführungsbestimmungen vertraut und handeln in Prüfungssituationen nach dem Grundsatz der Gleichbehandlung. Zudem sind sie an das Gebot der Amtsverschwiegenheit bezüglich der Prüfungsvorgänge und den erteilten Noten gegenüber Dritten gebunden. Im Folgenden wird auf die wesentlichen Prüfungsvorgänge als Studienseminarleitung eingegangen, die sich unterteilen in das Beurteilen schriftlicher Ausführungen (z. B. schriftliche Hausarbeiten), mündliche Prüfungen (z. B. Kolloquien, Fachdidaktik, Schulrecht/Schulkunde, staatsbürgerliche Bildung, Fallanalysen), schulpraktische Prüfungen (z. B. Einzel- und Doppellehrproben) und das Vergeben von Seminarnoten (z. B. in Unterrichts-, Erziehungs- und Handlungs- und Sachkompetenz). Die Gewichtungen der Noten für das Zustandekommen der Endnote variiert je nach Schulart und Bundesland ebenso wie die Gutachtenerstellungen und die Zusammensetzungen von Prüfungskommissionen.

4.1 Schriftliche Hausarbeit

In manchen Bundesländern verfassen die Lehramtsanfänger eine schriftliche Hausarbeit aus dem Gebiet der Pädagogik oder der Psychologie oder – je nach Lehramt – der Didaktik eines der studierten Fächer oder der Didaktik der jeweiligen Schulart oder der Didaktiken einer Fächergruppe, im Fach Psychologie mit schulpsychologischem Schwerpunkt auch über die Aufgaben und die Praxis der schulpsychologischen Beratung. Die Lehramtsanfänger haben das Thema ihrer Arbeit bei der zuständigen Studienseminarleitung vorzustellen, bzw. einzuholen. Dabei muss das Thema innerhalb des Wissens- und Erfahrungsbereichs des Lehramtsanfängers liegen. Es werden Fragen des Unterrichts und der Erziehung behandelt, wobei die Lehramtsanfänger ihre eigenen, aus praktischer Tätigkeit gewonnenen Einsichten klar darlegen und begründen. In diesem Prüfungsteil zeigt der Lehramtsanfänger, dass er eigenständig Komponenten aktueller theoretischer Inhalte, Konzepte und Modelle unterrichtspraktisch erfolgreich für alle Beteiligten am Lerngeschehen inhaltlich dokumentieren, hinsichtlich ihrer Wirkungen nachvollziehbar reflektieren und Schlussfolgerungen für künftige Arbeit zu ziehen kann.

4.1.1 *Wichtiges für die Studienseminarleitung zur schriftlichen Hausarbeit:*

- Themenfindung: die Themenfindung und genau Formulierung erstreckt sich oft über einen längeren Zeitraum, sodass ein rechtzeitiges Ankündigen, dass zunächst ein bestimmtes Fach und Fachgebiet gefunden wird, das im Weiteren durch eine genauere Zielstellung so eingegrenzt wird, dass eine Bearbeitung auf eine i. d. R. festgelegte Seitenzahl dem Lehramtsanfänger ermöglicht wird. Klassischer Weise erfolgt die Themenfindung trichterartig von Fach zu Fachbereich zur Jahrgangsstufe zur pädagogisch, didaktischen, methodischen Problem-/Zielstellung unter Beachtung des Lehrplanbezugs.

- Themenformulierung: Die Themenformulierung sollte möglichst konkret sowie sach- und fachgemäß eingegrenzt sein, sodass sie innerhalb der vorgegebenen Seitenzahl in der zur Verfügung stehenden Zeit erschöpfend und detailliert bearbeitet werden kann. Sie muss möglichst eindeutig formuliert sein und einen Zielaspekt beinhalten, unter dem z. B. ein fachliches Thema behandelt wird. Klassische Zielperspektivenformulierungen sind dabei »... als ein Beitrag zu ...« oder »... eine Möglichkeit, um ...«.

Die genaue Formulierung wirkt sich auf die zu gestaltenden Schwerpunkte in der schriftlichen Hausarbeit aus. Ein Vergleich der Formulierungen, in denen es in allen um eine Pausengestaltung bei schlechtem Wetter geht, zeigt dies deutlich.

Bewegte Regenpause – Planung, Gestaltung und Durchführung eines Bewegungsparcours für Regenpausen im Sportunterricht als ein Beitrag zur Schulentwicklung	Schulentwicklung mitgestalten – dargestellt an der Planung, Gestaltung und Durchführung eines Bewegungsparcours für Regenpausen	Pädagogische Bedeutung eines gemeinsam entwickelten Bewegungsparcours für Regenpausen im Rahmen der Schulentwicklung

- Ein Thema, das der Prüfungsteilnehmer bereits als Doktor-, Magister- oder Diplomarbeit bei einer Hochschule oder als schriftliche Hausarbeit bei einer anderen Staatsprüfung für ein Lehramt behandelt oder behandelt hat, scheidet aus.
- Am Schluss der schriftlichen Hausarbeit hat der Verfasser zu versichern, dass er sie in allen Teilen selbstständig gefertigt und keine anderen als in der schriftlichen Hausarbeit angegebenen Hilfsmittel benutzt hat.
- Die Stellen der schriftlichen Hausarbeit, die wörtlich oder dem Sinn nach der Literatur oder anderen Quellen entnommen sind, müssen in jedem einzelnen Fall in der für wissenschaftliche Arbeiten üblichen Form als Entlehnung kenntlich gemacht sein.
- Beide Korrektoren sind gleichranging und gleichberechtigt. Beide einigen sich auf eine gemeinsame Note, wenn dies nicht gelingt, kann ein Notenabgleich zwischen beiden durchgeführt werden oder je nach Prüfungsordnung ein beauftragter Drittkorrektor hinzugezogen werden.
- Guideline für die Lehramtsanfänger: Schritt 1: Festlegen auf ein Fach/einen Fachbereich – Schritt 2: Spezifizierung auf ein Unterrichtsvorhaben, ggf. schon mit einer speziellen Zielstellung – Schritt 3: Austausch im Studienseminar als Ideenbasar – Schritt 4: konkrete Zielstellung formulieren: Thema xy als eine Möglichkeit (...) zu fördern – Schritt 5: ggf. weitere Einschränkung der Zielstellung (z. B. statt: Der Einsatz der Slackline im Sportunterricht zur Förderung koordinativer Fähigkeiten, besser eingrenzend formuliert: Der Einsatz der Slackline im Sportunterricht als eine Möglichkeit der Förderung der Gleichgewichts- und Koppelungsfähigkeit) – Schritt 6: Endgültige Festlegung der Themenformulierung – Schritt 7: Genehmigung des Antrags – Schritt 8: Bearbeitung des Themas – Schritt 9: 3 Wochen vor Abgabe: Ziel des Abschließens des Verfassens der schriftlichen Hausarbeit – Schritt 10: Korrekturen, Layout, Anhang – Schritt 11: feierliche Abgabe

Klassische Fehlformen schriftlicher Hausarbeiten — 4.1.2

- Die Arbeit erschöpft sich in einer reinen Praxiserzählung
- Übungsformen werden ohne Reflexion im Sinne der Themenstellung aufgelistet
- Beispiele werden nicht prägnant genug zum Themenschwerpunkt hin ausgerichtet
- Der theoretische Teil wird zu stark übergewichtet

- Theorie und Praxis sind voneinander getrennt (kann nur in wenigen Fällen anzuraten sein. In den allermeisten Beispielen erlaubt eine Verknüpfung vertieftes Auseinandersetzen und erleichtert auch die wiederholungsfreie Darstellung)
- Die Aufgabe hat keine Zielstellung und somit auch kein klares Ergebnis
- Empirie ist vom Typ her nicht Gegenstand der Hausarbeit
- Die Aussagen werden nicht genügend erfahrungsbezogen dokumentiert
- Die persönliche Stellungnahme sieht die eigene Arbeit zu euphorisch
- Die persönliche Stellungnahme wird ungegliedert, ohne Bezug zu theoretischer Fundierung laienhaft dargestellt (»Im Übrigen kann ich feststellen, dass die Spiele den Lernenden viel Spaß gemacht haben und alles im Wesentlichen wie geplant verlief …«)
- Begriffe werden nicht präzise geklärt und mehrdeutig verwendet
- Rechtschreib- und Grammatikfehler beeinträchtigen das äußere Bild der Arbeit
- Fehler in beigehefteten Arbeitsblättern lassen Schlüsse auf die Arbeitsweise des Verfassers zu
- Die verwendete Sprache ist nicht fachlich …

4.1.3 *Aufmerksamkeitsrichtungen zur Beurteilung einer schriftlichen Hausarbeit:*

Grundstruktur Sachlogische Gliederung und Strukturierung Nachvollziehbare und begründete Themenauswahl klare Problem- bzw. Aufgabenstellung	**Theoretische Fundierung** fachlich und fachwissenschaftliche Klärung von Schlüsselbegriffen aus der Themenstellung mit aktueller Literatur grundlegende Auseinandersetzung mit theoretischen Grundlagen Fachsprache klare Lehrplanzuordnung Anbindung an den Lehrplan Kompetenzerwartungen Erfassung des Wesentlichen und in einzelnen Schwerpunkten	**Unterrichtspraktische Implementierung** Didaktische Planungskonzeption Kreativität und Innovation Kriterientransparenz guter Unterrichtsqualität Diagnostik, Differenzierung (ggf. und Individualisierung) Darstellung der unterrichtspraktischen Umsetzung – pädagogische Wirksamkeit und Effizienz Nachvollziehbare Dokumentation
Formale Aspekte Äußere Form Korrektheit im sprachlichen Ausdruck, Orthographie, Grammatik Fachsprache Zitation und Angabe aller Quellen Einhaltung der rechtlichen Vorgaben wie etwa Seitenanzahl, Formatierung	**Theorie- Praxis- Verzahnung** Verschränkter Zusammenhang zwischen theoretischer Grundlegung und schulpraktischer Realisierung mit erkennbaren ableitbaren Konsequenzen für den Unterricht, Urteilsfähigkeit und Reflexion (eigene Versuche und Beobachtungen, Begründungen und Wertungen, Konsequenzen)	

4.2 Kolloquium

Das Kolloquium ist eine mündliche Einzelprüfung und erstreckt sich auf Gebiete der Pädagogik und der Psychologie. Es geht von einer konkreten Situation in einer Klasse, in einer Jahrgangsstufe oder in einer Schule aus. Dabei geht es um eine problem- und theoriegeleitete, begründete und durchdrungene Fallanalyse schulischer Praxis sowie um die nach Handlungsschritten vertiefte Reflexion von Handlungsmöglichkeiten, Einschätzungen und

Beurteilungen. Der Lehramtsanfänger zeigt, inwieweit er Selbst-, Sach- und Handlungskompetenz im Umgang mit Herausforderungen der schulischen Praxis erworben hat, indem er durch die integrative Betrachtung von adäquaten pädagogischen, psychologischen und unterrichtlichen Ansätzen differenziert beurteilt und überzeugende theoriegeleitete Maßnahmen für die pädagogische Arbeit darlegt. Im Gespräch mit der Prüfungskommission zeigt der Lehramtsanfänger seine Flexibilität und Reflexionsfähigkeit im Umgang mit komplexen schulischen Praxissituationen und stellt diese fachsprachlich fundiert dar. Die Prüfungszeit ist festgelegt. Die Prüflinge erhalten eine schriftliche Darstellung des Fallbeispiels und können sich unter Aufsicht auf das Kolloquium vorbereiten. Insgesamt ist das Kolloquium eine Prüfung, in der die Prüflinge ihr psychologisches, (schul-) pädagogisches und z. T. auch fachliches Grundwissen für andere nachvollziehbar und gegliedert handlungsrelevant sowie zielbezogen darstellen und im anschließenden Fachgespräch noch genauer erläutern.

Gliederung der Prüfung 4.2.1

Das Kolloquium gliedert sich i. d. R. in zwei Teile. Auf Grund einer pädagogisch-psychologischen Analyse der Fallsituation entwerfen und reflektieren die Prüflinge im ersten Teil (Dauer z. B. etwa 10 Minuten) bedeutsame Handlungsmöglichkeiten der Lehrkraft. Im Anschluss stellen die Prüfer in einem vertiefenden Gespräch Fragen zur Pädagogik und Psychologie, die der Lehramtsanfänger beantwortet. Diese können fallbezogen und/ oder erweitert sein und über den beschriebenen Fall hinausgehen. Nach Beratung innerhalb der Kommission wird die erzielte Note bekannt gegeben.

Exemplarische Fallbeispiele 4.2.2

Um einen ersten Eindruck zu bekommen, wie solche Fallsituationen formuliert sein könnten, wurden aus den vier Bereichen Erziehen und Bilden, Lehren und Lernen, Fördern und Beraten sowie Schule entwickeln und gestalten Beispiele formuliert. Je nach internem Prüfungskatalog kann eine andere Kategorisierung vorgenommen werden. Die Prüflinge erhalten die Fallsituation ohne die Zuordnung.

Erziehen und Bilden	**Lehren und Lernen**
Sie übernehmen eine Klasse und stellen fest, dass diese sich kaum an die von Ihnen festgelegten Regeln halt. Auch in der Pause und auf dem Gang zum Musiksaal beobachten Sie, wie sich Kinder schubsen und beleidigen. Auf feste Rituale und geregelte Abläufe wurde von der vorhergehenden Lehrkraft wenig Wert gelegt. Der Fokus bei ihr läge vor allem auf dem selbst bestimmten Lernen.	In der Klasse, in der Sie drei Stunden pro Woche unterrichten, möchten Sie offene Unterrichtsformen einführen, um der Heterogenität der Klasse besser gerecht zu werden. Sie stoßen auf einige Schwierigkeiten, mit denen Sie nicht gerechnet haben.
Fördern und Beraten	**Schule entwickeln und gestalten**
Leon ist ein Schüler Ihrer Klasse, der Ihnen schon seit Schuljahresbeginn auffällt. Er wirkt unkonzentriert, ist leicht ablenkbar, rutscht auf dem Stuhl hin- und her und wippt mit den Füßen. Hausaufgaben werden kaum gemacht. In den Pausen ist Leon häufig in Streitereien verwickelt und lässt sich sehr schnell von den anderen Kindern reizen. Als Freund hat er nur einen Kameraden aus der Basketballmannschaft, der fest zu ihm hält.	Sie kommen neu an eine Schule und werden von der Schulleitung gebeten, an der Steuergruppe »Schulentwicklung« teilzunehmen. Im Vertrauen wird Ihnen mitgeteilt, dass die anderen Teilnehmer der Steuergruppe den Bau einer Mensa für unverzichtbar halten, die Eltern der Schülerschaft jedoch dagegen ist, da sie einen verpflichtenden Ganztagesbetrieb an der Schule befürchten.

4.2.3 *Fallbearbeitungsschema für Kolloquiumsfälle*

Als Darstellungshilfe für die Lehramtsanfänger zur Bearbeitung des Falles empfiehlt sich ein strukturiertes Vorgehen, das nicht schematisch abgespult wird, sondern immer in Bezug zur Fallsituation gebracht wird.

Fallbearbeitungsschema	
0. Paraphrasierung des Vorgehens	Einen Überblick darüber geben, in welchen Schritten man seine Ausführungen darlegt (Benennen der Schritte 1 bis 7)
1. Beschreibung der personalen und sozialen Situation im Fall	Beschreibung/Veranschaulichung mit Textbeleg(en)
2. Einordnung des Falls in die Kompetenzen der Lehrerbildung	Textbelege! Hauptschwerpunkt(e) festlegen – z. B. Erziehen und Bilden – Fördern und beraten – Lehren und Lernen – Schule entwickeln und gestalten Querverbindungen zu den Kompetenzen der Lehrerbildung aufzeigen: Kompetenzbereiche: Erziehen Unterrichten Beraten Beurteilen Innovieren Kooperieren Organisieren Inklusive Pädagogik (Schulrecht und Schulkunde)
3. Formulierung von Hypothesen: Erklärungsansätze, Zusammenhänge des Falls Theoretische Grundlagen	• Herauskristallisieren des »Kernproblems« • Ursachenforschung • Welche psychologischen und pädagogischen Theorien liegen dem Fall zugrunde? • Aufzeigen von Zusammenhängen
4. Zielklärung	Aus dem Kernproblem kristallisiert sich das Ziel heraus (Ist- Sollvergleich).
5. Interventionsmaßnahmen *bei allen Beteiligten Schüler, Lehrkraft, Eltern, Schulleitung, weitere Kollegen aus der Klasse, Schulsozialarbeit, Förderlehrkraft, ...*	Zum Beispiel: • Lehrer: Erstverhalten, kurzfristig, mittelfristig, langfristig; unterrichtlich / erzieherisch / beratend • Elternarbeit • Interventionsmöglichkeiten seitens der Schule (Rektor, Kollegen, Beratungslehrkraft, Schulpsychologen, Sonderpädagogische Dienste, ...) • Präventionsmaßnahmen
6. Grenzen	Realisierbarkeit, pädagogische Wirksamkeit der getroffenen Maßnahmen
7. Rückschau auf das methodische Vorgehen und Transfer/ Resümee	Zusammenfassung, Wertung, Ausblick Selbstständiges Urteil, eigener Standpunkt Evaluation

4.2.4 *Qualitätskriterien zur Abnahme des Prüfungskolloquiums – Darauf kommt es an!*

Inhaltliche Ebene:

- Wurde der Fall vom Lehramtsanfänger erfasst?
- Wurden die passenden Schwerpunkte zur Einordnung des Falles in die Kompetenzbereiche der Lehrerbildung getroffen?
- Wurden Leerstellen im Fall erkannt und selbstständig geschlossen (z. B. Lehramtsanfänger: »Im Fall steht nicht, in welcher Jahrgangsstufe der Klassenlehrer agiert. Ich nehme an, es ist eine 6. Klasse ...« oder »Bei den beschriebenen Lernschwierigkeiten kann man dem Fall nicht entnehmen, ob bereits die Beratungslehrkraft hinzugezogen wurde. Ich würde deswegen ...«)

- Werden aufgrund eigener Erklärungsansätze Zusammenhänge des Falls deutlich und mit theoretischen Grundlagen aus Pädagogik, Psychologie und ggf. Fachdidaktik untermauert? Werden z. B. Verbindungen zu aktuellen Modellen, Konzepten und hergestellt sowie sachgerecht und nachvollziehbar eingesetzt?
- Werden aus den Erklärungsansätzen klare Zielvorstellungen als Erstverhalten, kurz-, mittel- und langfristige Maßnahmen realistisch, sinnvoll reflektiert benannt und ausgeführt sowie ggf. mit theoretischen Anmerkungen fundiert?
- Wird im weiteren Gespräch mit der Prüfungskommission weiteres vertieftes Fachwissen deutlich?

Präsentations- und Reflexionsebene
- Wurde der Fall nachvollziehbar, praxisgerecht, klar strukturiert dargeboten?
- Verwendet der Lehramtsanfänger Fachsprache sowie Fachbegriffe und spricht in Bildungssprache?
- Reagiert der Lehramtsanfänger flexibel und fachlich überzeugend auf Fragen und Impulse der Prüfungskommission?
- Vertritt der Lehramtsanfänger eine klare pädagogische Haltung und Rolle?

Gliederung der Prüfungssituation – Handlungsmöglichkeiten für die Studienseminarleitung 4.2.5

Die Lehramtsanfänger erhalten den schriftlich fixierten Fall zur Bearbeitung in Einzelarbeit z. B. 30 Minuten vor der dem Kolloquium, um sich mit dem Fall vertraut zu machen. Dabei ist es dem Lehramtsanfänger erlaubt, Notizen zu den eigenen Gedanken zu machen und um seinen Vortrag zu gliedern. Bearbeitungspapier wird von der Prüfungsleitung gestellt, um Unterschleif zu vermeiden. Alle Unterlagen der Vorbereitung sowie das Protokoll kommen am Ende zum Prüfungsakt.

1. Teil: Warmup

Der Prüfling kommt aus dem Vorbereitungsraum in den Prüfungsraum, in dem das Kolloquium stattfindet. Die Studienseminarleitung sorgt für eine gesprächsbereite Atmosphäre
- Begrüßung – zum Platz führen
- Bitte nehmen Sie Platz! Bitte stellen Sie Taschen an die Seite! Bitte Handys ausschalten und in die Tasche stecken!
- Damit wir wissen, wie Sie schulisch beheimatet sind – an welcher Schule und in welcher Klasse unterrichten Sie?
- Sie kennen den Ablauf, wir hören Ihre Ausführungen und kommen dann ins Gespräch.

2. Teil: Referat und Ausführungen des Prüflings

Dem Sprecher zugewandt zuhören, ggf. Notizen für das Protokoll machen, die Ausführungen des Prüflings für sich selbst strukturieren.

3. Teil: Fachgespräch – allgemeine Fragemöglichkeiten

- Bitte gehen Sie noch einmal genauer auf … ein!
- Welche Hinweise aus der Fallbeschreibung waren für Sie in Ihren Überlegungen besonders handlungsweisend?

- Was verstehen Sie unter …? Bitte klären Sie die Begriffe …
- Begründen Sie bitte die Notwendigkeit und Bedeutung von …
- Welche psychologischen/pädagogischen Aspekte sind Ihrer Meinung nach besonders wichtig?
- Gliedern Sie Ihre Maßnahmen in Erstverhalten, kurz-, mittel- und langfristiges Vorgehen und dahinterliegende Ziele!
- Können Sie die von Ihnen dargestellten Handlungsmöglichkeiten an einem Beispiel näher ausführen?
- Können Sie die von Ihnen dargestellten Handlungsmöglichkeiten gewichten?
- Wie beurteilen Sie folgende Handlungsmöglichkeiten: …?
- Welche weiteren Teilbereiche tangieren den Fall Ihrer Meinung nach noch? ⇨ Erziehen, Unterrichten, Beraten, Beurteilen, Innovieren, Kooperieren, Organisieren, Inklusive Pädagogik, …
- Welche Grenzen sehen Sie?
- …

4. Teil: Beenden des Gesprächs

Herzlichen Dank für das Gespräch. Bitte warten Sie kurz draußen, wir bitten Sie nach dem Notenbeschluss wieder herein.

Tipp: Taschen und Jacken des Prüflings mit hinausnehmen lassen, um Tonmitschnitte über die Notenfindung, z. B. über das Handy auszuschließen.

5. Teil: Notenbekanntgabe und Verabschiedung

Wir bedanken uns für Ihre Ausführungen. Wir haben gemeinsam beraten und sind zu dem Entschluss gekommen Ihre Leistung mit der Note ______ zu bewerten.

Tipp: Eine Prüfung ist keine Beratung! Es muss keine Begründung gegeben werden! Ein paar gute Worte und je nach Prüfungsreihenfolge gute Wünsche für den weiteren Prüfungsverlauf, werden vom Prüfling als wertschätzend wahrgenommen.

6. Teil: Protokoll

Zum Abschluss wird das Protokoll ausgefüllt, die Teilnehmer, Uhrzeit, Ort usw. eingetragen, alle schriftlichen Unterlagen (auch die der Vorbereitung des Lehramtsanfängers) zusammengeheftet, die Note mit Unterschrift bestätigt und ggf. weitere Anmerkungen zur Leistung und Einschätzung der Prüfungsleistung festgehalten, eine Notenliste angelegt usw. Je nach Protokollvorlage werden auch die Hauptaussagen des Prüflings und die gestellten Hauptfragen der Prüfungskommission in Stichworten festgehalten. Letzteres empfiehlt sich bereits während der Prüfung parallel festzuhalten.

Die folgenden Stichworte erheben keinen Anspruch auf Vollständigkeit, noch sind sie ein Stichwortkatalog, der vom Prüfling abzuarbeiten wäre. Die Stichworte können der Prüfungskommission allerdings ein Anhaltspunkt sein, Bereiche zu finden, innerhalb derer weiter gefragt werden könnte soweit es die jeweilige Prüfungsordnung hergibt.

Kompetenzbereich Erziehen
Werteerziehung, Unterstützung der Persönlichkeitsentwicklung, Förderung des selbstbestimmten Lernens, Geschlechtergerechte Erziehung, Interkulturelle Erziehung, Anbahnung einer gesundheits- und umweltbewussten Lebensführung, Aufbau von Medienkompetenz, Führung der Schüler und Schülerinnen, Lehrerpersönlichkeit, Soziales Handeln, Gruppenprozesse, Selbstverantwortetes Handeln, Gesprächsstrategien, Regeln und Rituale, Präventives Handeln, Risiken des Kindes- und Jugendalters, Sucht- und Gewaltprävention, Erziehungsmaßnahmen, Interventionen, Reagieren in Konfliktsituationen, Ursachen von Konflikten und Unterrichtsstörungen, Strategien zur Konfliktprävention und -lösung,...

Kompetenzbereich Unterrichten
Planung von Unterricht, Kompetenzen, Ziele und Inhalte, Aufgabenstellungen, Unterrichts- und Sozialformen, Methoden und Medien, Gestaltung von Lernumgebungen, Lernausgangslage, individuelle Förderung, Förderung, Reflexion und Analyse von Lernprozessen, Lern- und Leistungsbereitschaft, Entwicklung von Methodenkompetenz, Lern- und Arbeitsstrategien, Selbststeuerung, Kooperation und Selbstreflexion, konstruktives Rückmelden, Beurteilung von Unterricht und Lernprozessen,...

Kompetenzbereich Beraten
Diagnose individueller Lernvoraussetzungen, Lernvoraussetzungen und Lernprozesse, Lernstandsdiagnosen, Schülerbeobachtungen, Begleitung und Förderung individueller Leistungsentwicklungen, Schüler und Schülerinnen mit Lern-, Leistungsschwierigkeiten und -störungen, Schüler und Schülerinnen mit besonderen Begabungen, Förderpläne, Beratungsfunktion und Beurteilungsfunktion, Beratung von Schülern und Schülerinnen sowie Erziehungsberechtigten, Beratungsformen und Beratungsgespräche, Schullaufbahnberatung und Berufswahlberatung,...

Kompetenzbereich Beurteilen
Erhebung, Bewertung und Beurteilung fachlicher und überfachlicher Leistungen von Schülern und Schülerinnen, Methoden der Leistungsbeobachtung, Formen der Leistungserhebung, -bewertung und -beurteilung, Transparenz von Leistungserhebungen, -bewertungen und -beurteilungen, Reflexion und Analyse der eigenen Bewertungs- und Beurteilungspraxis, Interpretation der Leistungsergebnisse und Aufzeigen individueller Lernwege, Leistungsergebnisse als Lernerfolgskontrolle und Grundlage für die Weiterarbeit im Unterricht,...

Kompetenzbereich Innovieren
Reflexion eigener Kompetenzen und beruflicher Erfahrungen, Fort- und Weiterbildung als ständige Lernaufgabe, Mitwirkung an der Entwicklung und Evaluation schulischer Arbeit, Einbringen von Ergebnissen und Erfahrungen aus der eigenen Arbeit, Mitgestaltung der Schulkultur, Selbst- und Fremdevaluation der Erziehungs- und Unterrichtsarbeit, Beteiligung am Schulentwicklungsprozess, ...

Kompetenzbereich Kooperieren
Kooperation mit schulischen und außerschulischen Partnern, Vereinbarung von Zielen und Maßnahmen zur Sicherung grundlegender Bildung, Sicherung schul- und berufsbezogener Kompetenzen, gemeinsames Erziehungs- und Unterrichtskonzept, Gestaltung von Übergängen, Berufsorientierung, …

Kompetenzbereich Organisieren
Optimierung des Selbstmanagements, Qualität und Effizienz, Bewältigung von Belastungssituationen, Organisation, Gestaltung und Verwaltung des Arbeitsfeldes, Lehrergesundheit, …

Inklusive Pädagogik
Inklusion als Aufgabe aller Schulen, Organisation inklusiver Schulen, Erziehung und Unterricht in kooperativen Lernformen und in der inklusiven Schule, Interdisziplinäre Teamkooperation, externe Unterstützungssysteme, Förderplanarbeit, Zusammenarbeit mit spezifischen schulischen Diensten, …

Tipp: zum Themenbereich Schulrecht und Schulkunde als möglicher Aspekt im Kolloquium: Es handelt sich um eine pädagogisch-psychologische Prüfung und keine Schulrechtsprüfung! Trotzdem können zentrale Inhalte des Schulrechts für die einzelne Fallbearbeitung relevant sein. Mögliche Inhalte sind ggf.: rechtliche Grundsätze für Bildung und Erziehung, Gliederung des Bildungssystems, Bildungswege, rechtliche Ordnung des Schulbetriebs, rechtliche Ordnung von Unterricht und Erziehung, Rechte und Pflichten der Schüler, Rechte und Pflichten der Lehrkräfte, Kooperation von Schule und Erziehungsberechtigten, Kooperation mit schulischen und außerschulischen Bildungs- und Betreuungseinrichtungen

4.3 Mündliche Prüfung

Die mündliche Prüfung erstreckt sich i. d. R. auf die studierten Fächer des Prüflings. Dabei geht es um fachliche und fachdidaktische Grundfragen und deren unterrichtliche Umsetzung. Der Lehramtsanfänger zeigt, inwieweit er Selbst-, Sach- und Handlungskompetenz im Umgang mit Herausforderungen der Fachdidaktik erworben hat, indem er durch die integrative Betrachtung von adäquaten pädagogischen, psychologischen und unterrichtlichen Ansätzen differenziert unterrichtlich überzeugende theoriegeleitete Maßnahmen für die seine pädagogische Arbeit darlegt. Im Gespräch mit der Prüfungskommission zeigt der Lehramtsanfänger seine Flexibilität und Reflexionsfähigkeit im Umgang mit komplexen fachdidaktischen Praxissituationen und stellt diese fachsprachlich fundiert dar. Die mündliche Prüfung wird oft ergänzt mit zusätzlichen Fragestellungen aus Schulrecht/Schulkunde und Staatsbürgerlicher Bildung in einem eigenständigen Prüfungsteil. Die Prüfer der jeweiligen Kommissionen sprechen sich zeitgerecht vorher miteinander ab und wählen aus oft zur Verfügung gestellten Fragenkatalogen die entsprechenden Prüfungsfragen aus. Die Prüfungsfragen werden so vorbereitet, dass sie dem Prüfling schriftlich vorgelegt werden können.

4.3.1 *Gliederung der Prüfung*

Der Prüfling erhält zu Beginn der mündlichen Prüfung im Beisein der Prüfungskommission schriftlich die Fragen vorgelegt. Bei mehr als einer schriftlichen Frage wird die Reihenfolge der Beantwortung dem Prüfling überlassen. Handelt es sich um mehr als eine Frage wird die zur Verfügung stehende Zeit in gleichen Teilen auf die Beantwortung der Fragen verteilt. Nach Beratung innerhalb der Kommission wird die erzielte Note bekannt gegeben und ein Prüfungsprotokoll mit Note und ggf. Begründung erstellt. Die Mitglieder der Kommission sind zur Notenfindung gleichberechtigt.

Bearbeitungsschemata für mündliche Prüfungen 4.3.2

Im Studienseminar lohnt es sich, den Lehramtsanfänger verschiedene Wege, wie man sich gegliedert an die Beantwortung einer Prüfungsfrage in der mündlichen Prüfung annähern kann, zu besprechen.

In der deduktiven Herangehensweise sind die Hauptanliegen des jeweiligen Schulfaches bzw. des Fachbereichs sowie des Lehrplans (Aufgaben, Ziele, Fachdidaktische Tendenzen, Einordnung in die Jahrgangsstufe, Bedeutung, Notwendigkeit, Stellung des Problems im Fachbereich, pädagogische, didaktische, psychologische Begründung) Ausgangspunkt der ersten Äußerungen. Von hier aus wird eingeengt auf die konkrete Fragestellung, praktische Beispiele aus eigener und beobachteter Praxis benannt und mit dem theoretischen fachdidaktischen und fachlichen Hintergrund vorgetragen. In einer abschließenden Wertung werden Schwierigkeiten, Einschränkungen, positive Erfahrungen reflektiert. Dies ist der klassische Weg, der den Lehramtsanfänger i. d. R. am leichtesten fällt.
Gefahr: die Beantwortung bleibt auf eher theoretischer Ebene und die bloße Benennung unterrichtlicher Ansätze bleibt oft wenig ergiebig und beliebig.

Eine Visualisierung in abstrakter Form im Studienseminar erlaubt in abstrakter Form dann die jeweilige konkrete Beantwortung von »Übungsfragen« in Abhängigkeit vom Seminartagsinhalt.

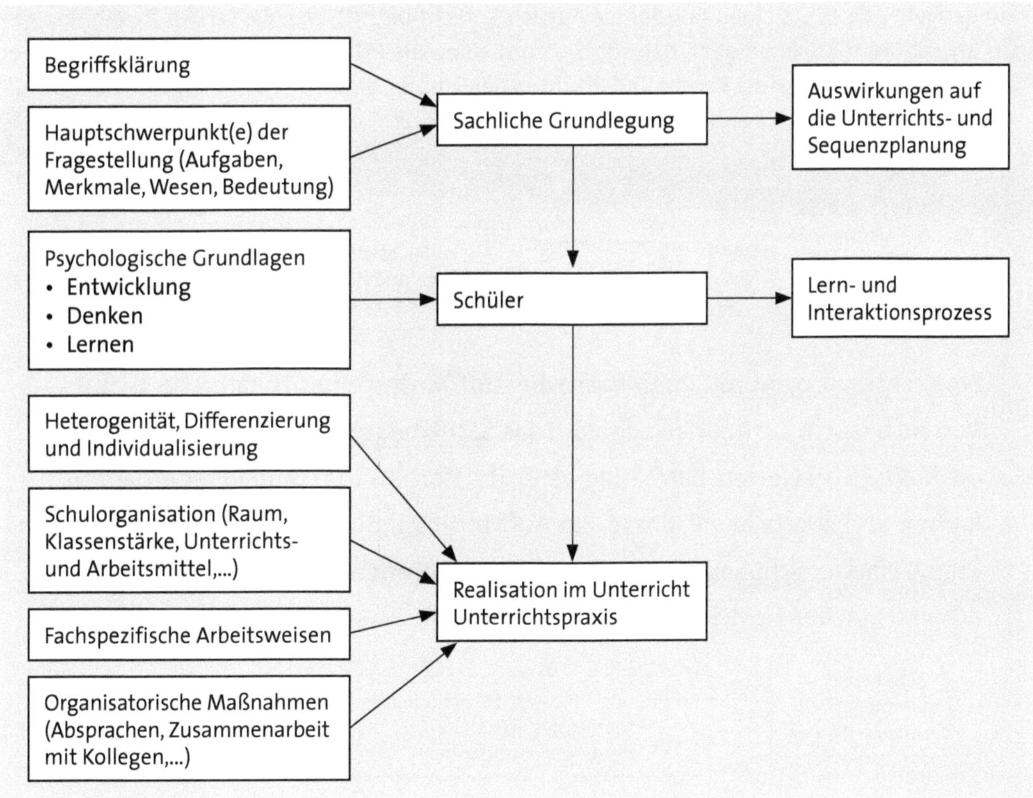

Abb. 11: Visualisierung

In der induktiven Herangehensweise kann die Darstellung und vertiefte Beschreibung einer Unterrichtseinheit, unterrichtspraktischer Beispiele oder einer Lernsequenz Ausgangspunkt sein. An diesen wird beispielhaft aufgezeigt, wie fachliche Ziele und fachdidaktische Herausforderungen realisiert werden können und im Folgenden abstrahiert in allgemeinen fachdidaktischen und fachlichen Begründungssträngen dargestellt. In einer abschließenden Wertung werden auch in dieser Beantwortungsfolge Schwierigkeiten, Einschränkungen, positive Erfahrungen reflektiert.

Gefahr: die Beantwortung bleibt eher ein reiner Erfahrungsbericht, der zu wenig auf die didaktischen Anliegen des Faches hinweist.

Beide Strategien ermöglichen eine äußere Ordnung bei der Bewältigung einer umfangreichen Themenstellung. Sie müssen jedoch entsprechend der konkreten Prüfungsaufgabe flexibel gehandhabt werden. Oft steckt bereits in der Darstellung der Aufgabe ein Hinweis für die Gliederung.

Struktur zur Bearbeitung von Fragedarstellungen im Bereich Schulrecht

1. Stilles Lesen der Fragedarstellung
2. Analysieren der Schlüsselwörter, die in der Fragedarstellung stecken. Geht es um Verletzung von Vorschriften, Forderungen, Anfechtungen, Handlungskonflikte, ...
3. Lautes Vorlesen der Fragedarstellung
4. Benennen der Schlüsselwörter, die in der Fragedarstellung stecken.
5. Benennen der rechtlichen Grundlagen, die für die Fragedarstellung bedeutsam sind.
6. Vorstellen der Handlungsmöglichkeiten, die sich aus der jeweiligen Rechtslage ergeben.
7. Bedenken pädagogischer Lösungsansätze.

- Ausweitung der Fragedarstellung mit weiteren Schlüsselbegriffen des Schulrechts und der Schulkunde. Geht es z.B. um einen Fall, der die Aufsichtspflicht betrifft, weil die Lehrkraft während des Unterrichts zum Kopieren geht, begrifft das zum einen die Pflichten der Lehrkraft, ausgeweitet aber auch zum anderen die Rechte und Pflichten der Schüler, die Rechten und Pflichten der Schulleitung, die Rechte der Eltern, ...

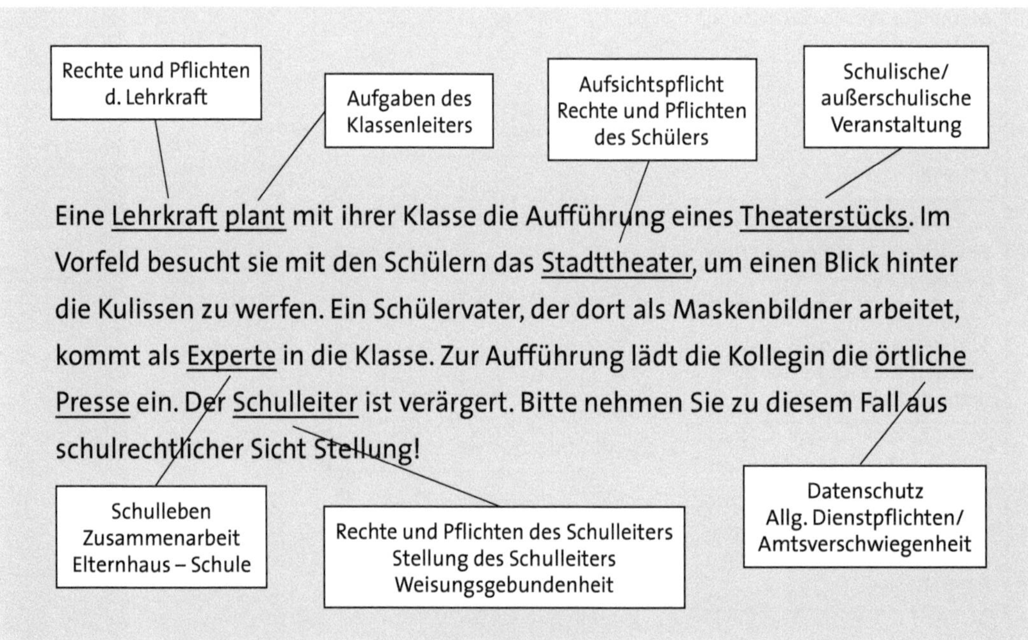

Abb. 12: Lösungshilfe zur Beantwortung von Schulrechtsfragen – Analyse nach Schlüsselbegriffen

Qualitätskriterien zur Beurteilung von mündlichen Prüfungen und Prüfungskolloquien – Darauf kommt es an! 4.3.3

Mögliche Beantwortungskriterien didaktischer Prüfungsfragen:

- Klärung der Grundbegriffe
- Einordnung des Themas
- Standort im Lehrplan
- Querverbindungen
- Fachwissenschaftliche Fundierung
- Fachdidaktischer Hintergrund
- Unterrichtssequenz
- Wertung
- Selbstständige Gedankenführung
- Fachsprache
- Begriffsdefinitionen
- Ausrichtung an der Fragestellung
- Kritische Stellungnahme
- Aufzeigen von Zusammenhängen
- Päd./psych. Begründungszusammenhänge
- theoretische Fundierung
- Diagnosemittel
- Fachliteratur
- Strukturierte Vorgehensweise
- Flexibilität im Gespräch
- Urteilsfindung
- Problembewusstsein
- …

Gliederung der Prüfungssituation – Handlungsmöglichkeiten für die Studienseminarleitung 4.3.4

Der Prüfling kommt herein, geht an seinen Platz und setzt sich hin.

1. Teil: Warmup

Die Studienseminarleitung sorgt für eine gesprächsbereite Atmosphäre

- Begrüßung – zum Platz führen
- Bitte nehmen Sie Platz! Bitte stellen Sie Taschen an die Seite! Bitte Handys ausschalten und in die Tasche stecken!
- Damit wir wissen, wie Sie schulisch beheimatet sind – an welcher Schule und in welcher Klasse unterrichten Sie?
- Sie kennen den Ablauf, wir hören Ihre Ausführungen und kommen dann miteinander ins Gespräch.

2. Teil: Ausführungen des Prüflings

Dem Sprecher zugewandt zuhören, ggf. Notizen für das Protokoll machen, die Ausführungen des Prüflings für sich selbst strukturieren.

3. Teil: Fachgespräch – allgemeine Fragemöglichkeiten

- Bitte gehen Sie noch einmal genauer auf … ein!
- Was verstehen Sie unter …? Bitte klären Sie die Begriffe …
- Begründen Sie bitte die Notwendigkeit und Bedeutung von …
- Welche psychologischen/pädagogischen Aspekte sind Ihrer Meinung nach besonders wichtig?
- Welche didaktischen Grundlagen sehen Sie für Ihr Handeln …
- Zeigen Sie an einem/an mehreren unterrichtspraktischen Beispielen …
- Gliedern Sie Ihre Maßnahmen in Erstverhalten, kurz-, mittel- und langfristige Ziele!
- Können Sie die von Ihnen dargestellten Handlungsmöglichkeiten gewichten?
- Welche Grenzen sehen Sie?
- Bringen Sie Ihre Aussagen zum Lehrplan in einen übergeordneten Zusammenhang …
- Wie gehen Sie mit der Heterogenität in der Klasse bezogen auf die Fragestellung um?
- Können Sie in Bezug auf die Fragestellung Vertreter aus der Fachliteratur (und ihre Aussagen) benennen?

4. Teil: Beenden des Gesprächs

Herzlichen Dank für Ihre Ausführungen. Bitte warten Sie kurz draußen, wir bitten Sie nach dem Notenbeschluss wieder herein.

Tipp: Taschen und Jacken des Prüflings mit hinausnehmen lassen, um Tonmitschnitte über die Notenfindung, z. B. über das Handy auszuschließen.

5. Teil: Notenbekanntgabe und Verabschiedung

Wir bedanken uns für Ihre Ausführungen. Wir haben gemeinsam beraten und sind zu dem Entschluss gekommen Ihre Leistung mit der Note ___ zu bewerten.

Tipp: Eine Prüfung ist keine Beratung! Es muss keine Begründung gegeben werden! Ein paar gute Worte und je nach Prüfungsfolge gute Wünsche für den weiteren Prüfungsverlauf werden vom Prüfling als wertschätzend wahrgenommen.

6. Teil: Protokoll

Zum Abschluss wird das Protokoll ausgefüllt, die Teilnehmer, Uhrzeit, Ort usw. eingetragen, alle schriftlichen Unterlagen zusammengeheftet, die Note mit Unterschrift bestätigt und ggf. weitere Anmerkungen zur Leistung und Einschätzung der Prüfungsleistung festgehalten, eine Notenliste angelegt usw. Je nach Protokollvorlage werden auch die Hauptaussagen des Prüflings und die gestellten Hauptfragen der Prüfungskommission in Stichworten festgehalten. Letzteres empfiehlt sich bereits während der Prüfung parallel festzuhalten. Die Bewertung der gesamten Leistung des Prüflings in jeder mündlichen Prüfung erfolgt durch beide Prüfer. Die Mitglieder der Kommission sind zur Notenfindung gleichberechtigt. Über jede mündliche Prüfung wird eine Niederschrift erstellt.

Tipp: Die schriftlichen Prüfungsfragen kann man an die Niederschrift im Anschluss an die Prüfung anhängen. So ist kein Abschreiben der Frage für das Protokoll notwendig.

Note sehr gut – 1 (Eine besonders hervorragende Leistung):
- Hervorragende Klärung der Sachstruktur mit didaktisch erkennbarer Reduktion, aus der sehr fundierte Detailkenntnisse sichtbar werden
- sehr präzise Ausrichtung an der Fragestellung
- sehr ansprechender Vortrag, sehr überzeugende sprachliche Orientierung an der Fachwissenschaft und Fachdidaktik
- Sehr überzeugende Belege aus der Fachliteratur
- Sehr großes, verfügbares Definitionsrepertoire
- Sehr überzeugende Theorie-Praxis-Verknüpfung

Note gut – 2 (Eine Leistung, die die durchschnittlichen Anforderungen übertrifft):
- Sachlich richtig und klar gegliederte Beantwortung
- Überzeugend fundierte und tiefgehende Sachkenntnisse werden sichtbar
- Klare, von fachlich genauen Definitionen getragene Fachsprache
- Die Zusammenhänge der Aufgabenstellung werden gut erkannt
- Gute Verbindung theoretischer Erkenntnisse und praktischer Erfahrung

Note befriedigend – 3 (Eine Leistung, die in jeder Hinsicht durchschnittlichen Anforderungen entspricht):
- Durchschaut den Sachverhalt klar
- Im Allgemeinen überlegte Sachklärung und didaktische Reduktion
- In einem ziemlich ausgewogenen Verhältnis von Theorie und Praxis überzeugend
- Zeigt kritische Urteilsfähigkeit

Note ausreichend – 4 (Eine Leistung, die trotz ihrer Mängel durchschnittlichen Anforderungen noch entspricht):
- Die Darstellung ist nicht immer in Konsequenz zur gestellten Fragestellung
- bedingt gegliederte, vordergründige und eher allgemeine Aussagen
- Abweichungen von der Fragestellung sind kombiniert mit zum Teil lückenhafter Darstellung
- Stockender Vortrag, benötigt immer wieder neue Impulse und Hilfestellungen zur Beantwortung
- Praxisabläufe werden aufgezählt, Verbindung zum Sachverhalt nur teilweise gegeben
- Verflechtung von Theorie und Praxis gelingt nur in ausreichendem Maße

Note mangelhaft – 5 (Eine an erheblichen Mängeln leidende, im Ganzen nicht mehr brauchbare Leistung):
- Sehr geringe Fach- und Sachkenntnisse
- Kaum theoretische Kenntnisse
- Die Problematik der Fragestellung wird bedingt erfasst
- Widersprüchliche Darlegung der Gedanken
- Oberflächliche, laienhafte Darstellung der Beantwortungsgrundlagen
- Geringe fachsprachliche Kenntnisse
- Sachlich ungenau
- Unter Auslassung wesentlicher Faktoren und Bedingungen

Note ungenügend – 6 (Eine völlig unbrauchbare Leistung):
- Beantwortung verfehlt die Fragestellung
- Falsche Beantwortung der Fragestellung

- Extrem lückenhafte Darstellung
- Ungegliederte, falsche Darstellung
- Kein Gliederungskonzept
- Zusammenhänge sind nicht erkennbar und falsch
- Grundkenntnisse sind nicht vorhanden
- In Unkenntnis der einschlägigen Fachaspekte
- Kein Praxisbezug
- Mit falschen Praxisbeispielen
- Äußert sich nicht zur Frage

4.3.6 *Vorbereitungsschema zur Vorbereitung auf mündliche Prüfungsfragen für die Lehramtsanfänger*

Für die Hand der Lehramtsanfänger hat es sich bewährt, dass diese zur elaborierten Zusammenfassung, bzw. Vorbereitung auf fachdidaktische Ausbildungsinhalte, nach ausgewählten Aufmerksamkeitsrichtungen vorgehen. Dazu gehören:

- Einordnung des Themas
- Klärung der Grundbegriffe
- Fachdidaktischer Hintergrund
- Standort im Lehrplan
- Unterrichtssequenz
- Querverbindungen
- Wertung/Kritische Stellungnahme

Zusätzlich können folgende Impulse weitergegeben werden:

- Clustern Sie inhaltlich zusammenhängende Begriffe und stellen so thematische oder didaktische Netze her! Dadurch verringert sich die Zahl der Inhaltspunkte und Sie können auf über- oder untergeordnete Aspekte bei der Strukturierung einer Frage zurückgreifen.
- Belegen Sie jedes Schlagwort mit unterrichtspraktischen Möglichkeiten in Form einer Sequenz oder Beispielen aus der eigenen Praxis!
- Stellen Sie die Ergebnisse auf einem kreativen, anschaulichen Lernplakat zusammen, indem Sie die Schlagwörter als Überschriften verwenden!

4.4 Schulpraktische Prüfungen – Lehrproben

In den unterrichtspraktischen Prüfungen demonstrieren die Lehramtsanfänger ihre didaktische und methodische Planung, Durchführung und Reflexion des eigenen Unterrichts unter Beachtung der örtlichen schulischen Klassen- und Lernsituation. Dazu zeigt der Lehramtsanfänger eine Unterrichtsstunde, in der Lehrerhandeln klar erkennbar ist. Dabei wird auch Ihre Fähigkeit deutlich, komplexere unterrichtliche Situationen eigenständig und sachangemessen auf dem Stand der jeweiligen Fachdiskussion zu gestalten. Besondere Formen der unterrichtspraktischen Prüfung (z. B. Unterrichtsgänge, Projekte mit außerschulischen Partnern) sind i. d. R. nicht ausgeschlossen, wenn es den Prüfungsregularien nicht widerspricht.

Bitte beachten Sie Ihre spezifischen Vorgaben in Ihrem Bundesland! Juristische Angaben sind in den jeweiligen Prüfungsordnungen zu finden! Hierzu gibt es meist zusätzliche informelle Regelungen, die zu beachten und in Erfahrung zu bringen sind. Die örtliche Prüfungsleitung und/oder dienstältere KollegInnen sind dazu kompetente Ansprechpartner!

Vor Beginn der Lehrprobe hat der Prüfungsteilnehmer oder die Prüfungsteilnehmerin der Person, die den Vorsitz in der Prüfungskommission führt, i. d. R. einen kurz gefassten schriftlichen Entwurf auszuhändigen, aus dem Ziele und Aufbau der als Lehrprobe durchzuführenden Unterrichtsstunde ersichtlich sind (Original).

Tipp: Weiterhin empfiehlt es sich, jeweils eine passende Zusatzkopie dieses schriftlichen Entwurfs für die (möglichen) weiteren Kommissionsmitglieder als Informations- und Reflexionsgrundlage bereitzuhalten, auch wenn es oft juristisch keinen Anspruch von seiten der Prüfungskommission gibt. Bezüglich des Umfangs und Inhalts des schriftlichen Entwurfs gibt es ggf. bundesland- und regierungsbezirkspezifische Vereinbarungen, die zu beachten sind. Exemplarisch sei eine Variante dargestellt:

Inhalte
- Sequenzplanung
- Beschreibung der Ziele bzw. Kompetenzerwartungen bzw. Unterrichtsintentionen (wie seminarspezifisch eingeführt)
- Kurzer schriftlicher Entwurf des Unterrichtsablaufs mit Tafelbild und Ablichtungen der Materialien, die einen wesentlichen Beitrag zum Verständnis des Unterrichtsprozesses liefern
- Vollständige Quellenangaben
- Ggf. schriftliche Erklärung: Das Inhaltsgebiet der Lehrprobe fügt sich in den Unterrichtsgang der jeweiligen Jahrgangsstufe einfügen und wurde nicht vorher behandelt.

Zusätzlich ggf.:
- Amtliches Deckblatt (soweit gefordert)
- Einordnung der Stunde in den Lehrplan
- Sequenz
- Kommentierter Klassenspiegel
- Tafelbild
- Geplantes Bodenbild/Hallenaufbau im Fach Sport
- Endfassung der schriftlichen Erklärung: Hiermit versichere ich, dass die Be- bzw. Verarbeitung des für die Lehrprobe ausgewählten Lerninhaltes für die Schülerinnen und Schüler neu ist und dass ich keine anderen als die im Literaturverzeichnis angegebenen Hilfsmittel verwendet habe.

Handlungsmöglichkeiten für die Studienseminarleitung im Rahmen der schulpraktischen Prüfungen – Lehrproben 4.4.2

Vorlaufend im Rahmen der Seminararbeit

Rechtzeitig vor den Lehrproben wird ein ausreichend langes Zeitfenster zum Besprechen der Formalia wie etwa Fachwahl, (festgelegte/nicht empfehlenswerte) Inhalte, Zusammensetzung der Kommission, Prüfungsverlauf, Möglichkeiten des Sichäußerns des Lehramtsanfängers zur Lehrprobenstunde, usw. angesetzt. Zusätzlich werden die Fragen der Lehramtsanfänger aufgenommen. Bei Unterrichtsnachbesprechungen sollte mit zunehmender Berufserfahrung der Lehramtsanfänger Bezug darauf genommen werden, was in einer Lehrprobe ggf. noch erwartet würde. Einleitend kann sich die Studienseminarleitung so äußern: »Die gezeigte Stunde entspricht dem aktuellen Ausbildungsstand. In einem halben Jahr wird es Ihnen gelingen, (Aspekte, die Ihnen zu einer Lehrprobe wichtig erscheinen benennen) mit zu bedenken und umzusetzen. Im Moment kann das aber von Ihnen noch nicht/erst im

Ansatz erwarten!« Dadurch wird der Lehrprobendruck abgemildert, die aktuelle Leistung anerkannt und gleichzeitig der Bogen der Weiterentwicklung gespannt.

Kontaktaufnahme der Studienseminarleitung am Tag der Lehrprobe, zeitnah vor der Prüfungsstunde
Ein kurzes informelles Begrüßen des Prüflings vor der Lehrprobenstunde, ergänzt mit Smalltalk z. B. zum Wetter, zur Anfahrt und guten Wünschen für den Verlauf der Unterrichtsstunde sowie ein Überprüfen, ob die Materialien des Lehramtsanfängers für die Kommission bereitliegen, gibt dem Prüfling Sicherheit. Danach sollte die Studienseminarleitung den Raum wieder verlassen, um den Prüfling nicht aufzuhalten oder in seinen Vorbereitungen zu stören.

Kontaktaufnahme mit der Prüfungskommission am Tag der Lehrprobe
I.d.R. trifft sich die Kommission z. B. im Schulleitungszimmer zum zwanglosen Gespräch. Verpönt sind vorab Ansagen der Studienseminarleitung zur Qualität des Lehramtsanfängers (z. B. »Das ist heute mein Bester im Studienseminar!« oder »Das ist heute eine ganz Fleißige, ich bin total beeindruckt!« oder »Das wird heute nichts! Das würde mich schon sehr überraschen!«). Die Prüfungsstunde steht für sich, alles andere Arbeiten wird i. d. R. durch die Seminarnote gewürdigt, d. h. ein sehr guter Lehramtsanfänger kann mit der Prüfungsstunde danebenliegen und ein mittelmäßiger Lehramtsanfänger kann mit seiner Klasse zu Hochform auflaufen, auch wenn beides eher selten ist. Die Kommission bricht rechtzeitig auf, sodass der Prüfling seine Stunde im gesetzten Zeitrahmen abhalten kann und nicht durch Verspätungen der Kommission irritiert wird.

Kontaktaufnahme der Prüfungskommission zu Beginn der Stunde mit dem Lehramtsanfänger und der Klasse
Die Prüfungskommission begrüßt unaufgeregt zum Eintritt ins Klassenzimmer den Prüfling. Es wird kurz geklärt (evtl. schon vorab vorentlastend geklärt), ob die Kommission selbst ein paar Worte zur Klasse sagt oder der Lehramtsanfänger selbst die Kommission vorstellt. Geht das Wort zur Vorstellung an die Studienseminarleitung könnte eine solche Vorstellung lauten: Guten Morgen/Tag! Wir freuen uns, dass wir heute hier sein dürfen. Ich stelle euch kurz vor, wer wir sind (…). Wir sind heute hier, um deiner Lehrkraft und dir beim Unterricht zuzusehen. Du lässt dich durch uns nicht stören und arbeitest wie immer mit. Vielleicht stehen wir auch einmal auf und schauen dir über die Schulter, aber nicht, weil wir dich kontrollieren wollen, sondern weil uns interessiert, wie Schüler arbeiten! Und jetzt wieder den Blick nach vorne. Deine Lehrkraft sagt, wie es jetzt losgeht!« Bewusst vermieden sind in dieser Kurzansprache zum einen langausschweifende Vorstellungen der Personen und die Bedeutung einer Lehrprobe. Die Prüfungskommission ist integriert und vorgestellt im Ablauf der Stunde. Die Prüfung kann beginnen.

Kontaktaufnahme der Prüfungskommission mit dem Lehramtsanfänger nach der Stunde
Die Prüfungskommission steht auf und klärt den weiteren Verlauf, ob der Lehramtsanfänger z. B. eine kurze Pause braucht und an welchem Ort das Prüfungsgespräch nach der Lehrprobe stattfinden wird.

4.4.3 *Prüfungsgespräch nach der Lehrprobe*

Dem Prüfungsteilnehmer/der Prüfungsteilnehmerin ist Gelegenheit zu geben, sich nach der Lehrprobe zu deren Verlauf zu äußern. Die Prüfungskommission kann auch von sich aus Fragen an den Prüfungsteilnehmer/die Prüfungsteilnehmerin im Anschluss an die Lehrprobe stellen. Möchte sich der Prüfling auf Anfrage nicht zum Verlauf äußern und hat die Prüfungskommission keine weiteren Fragen, so kann es auch direkt zur Notenfindung und anschließender Notenverkündung kommen. Beim Prozess der Notenfindung ist der Prüfling nicht anwesend! Die Fragen der Prüfungskommission an den Lehramtsanfänger sind reine Verständnisfragen. Es handelt sich um keine fachdidaktische mündliche Prüfung. Mögliche neutrale Fragen wie: »Sie haben sich bewusst dazu entschieden, dass ... Könnten Sie uns das bitte erläutern!« lassen zu diesem Zeitpunkt noch keinen Rückschluss auf eine mögliche Note zu. Vermieden werden sollten Fragen, die Alternativen anbieten: »Warum haben sie in der Erarbeitungsphase nicht dies oder jenes machen lassen?« Stattdessen bieten Impulse wie: »Die von Ihnen gewählte Arbeitsform in der Erarbeitungsphase war für Sie besonders handlungsleitend ...« Freiheit zur Äußerung seitens des Lehramtsanfängers.

Darauf kommt es in Lehrproben besonders an 4.4.4

Eine Zusammenstellung von Merkmalen zur Beurteilung von Unterricht bietet folgende Abbildung. Sie ist nicht als Abhakliste zu verstehen, gleichsam aber als Möglichkeit, gesehenen Unterricht kriterial nachzubesprechen.

Lerninhalt und didaktische Reduktion	**Methodische Entscheidungen**	**Kompetenzorientierung**
Inhaltliche und fachliche Klarheit der Sachstruktur Fachdidaktisch- sequenzielle Schwerpunktsetzung Erfolgskriterien der Unterrichtseinheit/ -sequenz Strukturierung Gliederung komplexer Sachverhalte angepasst an die Lernenden	Didaktisch-methodische Stimmigkeit Strategieorientierung Methodenkompetenz Allg. und fachspez. Arbeitsweisen Rhythmisierung Wechsel der Sozialformen Choreographie und Artikulation des Unterrichts Motivationale Orientierungen Unterstützende Lernumgebung	Sequenzielle und stundenbegleitende Zielorientierung Aufgabenkultur Wissen + Können+ Wollen + Handeln im sozialen Austausch
Medienauswahl, -gestaltung und -einsatz	**Heterogenität**	**Weiteres/ Fachspezifika**
Veranschaulichungsangebote Didaktischer Ort der Lern- und Arbeitsmittel Visualisierung von Lernprozess und -ergebnis	Ist-Stand-/ Lernstandserfassung mit Auswertung Differenzierung/ Individualisierung Dosierte Diskrepanzerlebnisse Hohe und transparente Leistungsziele	
Kognitive Aktivierung	**Konstruktive Unterstützung**	**Klassenführung**
Aktive Auseinandersetzung mit dem Lerninhalt Anregungspotenzial zum vertieften Nachdenken und aktiven Auseinandersetzung Herausfordernde Aufgabenstellungen aktive Veränderung von Wissensstrukturen	Rückmeldung, Unterstützung und Wertschätzung Umgang mit Verständnisproblemen bei den Lernenden unterstützendes Klima (kognitiv, sozial und emotional) individuelle Unterstützung Hohe Leistungsziele Strukturierende adaptive, (individuelle) Hilfestellungen Fehlerkultur	Päd. Bezug und Sensibilität Koordination und Steuerung des Unterrichts zur optimalen Nutzung der Lernzeit Allgegenwärtigkeit der Lehrkraft Präventives und reaktionales Verhalten, um Störungen zu vermeiden, etabliertes Regelsystemen Flüssige Übergänge, Organisation

Intensität und Qualität der inhaltlichen Auseinandersetzung	Qualität der Rückmeldungen
Nutzung der Übungs-/ Lernzeit Klarheit des Ergebnisses Sicherung Unterrichtserfolg	Reflexion (Inhalt, Person, Prozess) Strategieorientierung Fachsprache Begriffsbildung Gesprächsführung Zum Nachdenken anregende Gesprächsführung Metakognition

*Abb. 13: Merkmale zur Beurteilung von Unterricht (**fett** = Tiefenstrukturen des Unterrichts in Anlehnung an Kunter, M. & Trautwein, U. (2013): Psychologie des Unterrichts. Reihe: StandardWissen Lehramt. Stuttgart: UTB)*

KV 15 **Beobachtungsbogen Unterrichtsmitschau kriterial** **(⇨ S. 149)**

4.4.5 *Protokoll für Lehrproben verfassen – Formulierungshilfen nach Notenstufen*

Im Anschluss an eine Lehrprobe verfasst die Prüfungskommission ein Protokoll. Je nach amtlichen Bestimmungen sind entsprechende zusätzliche formale Begebenheiten zu ergänzen, wie etwa Zeit, Ort, Datum, Name des Lehramtsanfängers, Stundenthema usw. Die amtlichen Vordrucke werden dazu gestellt und müssen nicht noch zusätzlich selbst entworfen werden. Zum Teil gibt es bereits feststehende Aspekte zum Ankreuzen, zum Teil kann es aber auch sein, dass Protokolle frei verfasst werden müssen. Die folgenden dazu aufgelisteten Bausteine sind kriterial unterteilt. Die Ziffern beziehen sich auf die jeweilige Notenstufe. Im Gesamten muss die jeweils gewählte Formulierung mit der Gesamtnote übereinstimmen, kann aber kleine Ausschläge nach oben oder unten aufweisen, wenn die Gesamttendenz zur Note eindeutig und stimmig ist.

KV 16 **Schlüsselwörter als Hilfe zur Leistungsbeschreibung** **(⇨ S. 150)**

KV 15 **Beobachtungsbogen Unterrichtsmitschau kriterial** **(⇨ S. 149)**

4.4.6 *Protokoll für Lehrproben verfassen – Adjektive nach Notenstufen in einen Lückentext einfügen*

Alternativ dazu kann standardisiert auch ein Lückentext in Prosaform juristischen Anfechtungen standhalten. In jede Lücke wird das passende treffend wertende Adjektiv eingesetzt.

- Die Unterrichtsstunde(n) war/ waren in eine _________ konzipierte Sequenz sach- und fachlogisch ______ eingeordnet.
- _______________ Vorarbeit der Lehrkraft.
- _________ eingeschulter Ordnungsrahmen unterstützte den Lernzuwachs ________.
- Klassenführung und Unterrichtsklima beeinflussten das Lernen ______.
- ___________________ Lehrerpersönlichkeit.

- ________________ did-meth. Repertoire.
- Der ________________ Umgang mit Fachbegriffen basierte auf ____________ Vorarbeit.
- Schülergerechte Aufgabenstellungen hielten die Lern- und Leistungsbereitschaft ________ aufrecht.
- Lehrkraft erzeugte _______ Lernatmosphäre durch erzieherliches Agieren.
- Auf Grund einer ______ Lernstandsbeobachtung wurde in der _ stunde individualisierendes Üben ___ ermöglicht.
- ______________ an den Bedürfnissen und Möglichkeiten der Schüler verwandte Methoden.
- Die _______ Arbeit führte in Bezug auf die Zielsetzung der Stunde bezogenen __________ Unterrichtserfolg.
- ____________ anhaltende Schüleraktivierung führte die Kinder zu einem ____________ Lernerfolg.
- Möglichkeiten der Differenzierung/ Individualisierung wurden ___________ angeboten und von den Schülern in _____________ Maße genützt.
- _________ Förderung der Sprach- und Wortschatzarbeit wurden ___________ eingesetzt.
- Erfahrungswelt der Kinder wurde ________ mit einbezogen.
- Das Anschauungsmaterial/ Modelle entsprach _____ den herzustellenden Bezügen
- Die _____________ Erarbeitung des Problemhintergrunds wurden ___________ erarbeitet und standen in ____________ Bezug zur Gruppen-/Stationen- …-arbeit.
- _________ , ___________ Medien, die am did. _________ Ort ___________ zum Einsatz kamen.
- Der ____ Aufforderungscharakter der Themenstellung/ der Medien wurde _________ genutzt und erzeugt damit _____________ Motivation und ___________ Lernverhalten sowie die _______________ Teilnahme aller/ nur einzelner Kinder.
- Die ____________ geplante Reflexionsphase bewirkten bei ___________ Schülern einen _________ Erfolg.
- Insgesamt zeigte die Lehrkraft eine Leistung, die die _________________________ Anforderungen ____________________.

KV 16 **Schlüsselwörter als Hilfe zur Leistungsbeschreibung** (⇨ S. 150)

Tipp: Wird vor, während oder nach der unterrichtspraktischen Prüfung festgestellt, dass die Leistung des Lehramtsanfängers in diesem Prüfungsteil nicht selbstständig erbracht worden ist, führt dies zum Nichtbestehen der unterrichtspraktischen Prüfung. Ebenso wird bei jeder anderen Art von Täuschungsversuchen oder Täuschungen verfahren. Der schriftliche Unterrichtsentwurf ist Bestandteil der Prüfung. Daher müssen auch in ihm – ähnlich wie in der schriftlichen Hausarbeit – unter Angabe der Quellen diejenigen Stellen gekennzeichnet werden, die im Wortlaut oder dem Sinn nach anderen Werken entnommen sind. Eine Missachtung dieses Prinzips kann folgerichtig als Täuschungsversuch angesehen werden. In solchen Fällen wird umgehend Kontakt zur örtlichen Prüfungsleitung aufgenommen und das weitere Verfahren abgestimmt.

4.4.7 Krankheit des Lehramtsanfängers am Prüfungstag

Bei Krankheit des Lehramtsanfängers am Prüfungstag muss der Lehramtsanfänger i. d. R. zum Amtsarzt und dies bestätigen lassen! Ein Attest des Hausarztes reicht meist nicht aus! Damit die Mitglieder der Prüfungskommission und der weiteren beteiligten Personen im Verhinderungsfall des Lehramtsanfängers rechtzeitig informiert werden kann, ist es sinnvoll, dass der Lehramtsanfänger über Kontaktdaten z. B. der Seminarleitung verfügt. Diese kann dann die anderen Mitglieder der Prüfungskommission und die weiteren beteiligten Personen informieren. So gelangen u. U. nicht zu viele private Daten in Umlauf. Ab welchem Zeitpunkt, eine Lehrprobe verschoben wird, wenn der Lehramtsanfänger im Vorfeld der Lehrprobe krank wird, ist unterschiedlich geregelt. Es gibt je nach Bundesland Regelungen, die vorsehen, dass bis einschließlich fünf Tagen innerhalb der drei Wochen vor dem Prüfungstermin der Prüfungstermin unverändert bleibt, der sechste Krankheitstag hat automatisch eine Verschiebung der Lehrprobe zur Folge. Deswegen müssen die Lehramtsanfänger jeden Krankheitstag im Ankündigungszeitraum der Lehrproben zuverlässig der Seminarleitung und der Schule oder den weiteren beteiligten Personen im Verhinderungsfall mitteilen, um Formfehler zu vermeiden! Die grundsätzliche Entscheidung, ob die Lehrprobe stattfinden kann, trifft das Prüfungsamt.

4.4.8 Abschließendes zu einem Seminartag – Lehrproben für die Ohren der Lehramtsanfänger

Beeindruckendes

- dass mancher erstmals ohne Wenn-und-Aber Nachbesprechungsaspekte umgesetzt hat
- dass mancher seine eigene Unterrichtseinheit kritisch oder sogar kritisch-konstruktiv analysiert hat
- dass mancher Fehler diesmal bei sich und nicht bei den Schülern oder im Umfeld gesucht hat
- dass mancher an diesem Tag seine Nervosität, seinen Stress so gut im Griff hatte
- dass mancher die Note eingesehen und nicht danach noch weiter begründet hat, warum er dies oder das getan bzw. nicht getan hat
- dass mancher trotz seiner Enttäuschung (die u. U. gar nicht zu erwarten war) im Seminar unverdrossen hilfsbereit und engagiert weiter gearbeitet hat.
- dass mancher ganz deutlich gemacht hat, dass er erleichtert und dankbar ist, noch diese Note zu bekommen
- dass mancher auch der Kommission stilvoll Feedback gegeben hat (direkt oder indirekt)
- der liebevolle Umgang mit den Prüflingen im Studienseminar, wenn sie letztmals vorher bzw. erstmals danach wieder im Seminar sind

Um Verständnis bittend

- dass auch Seminarleitungen Fehler, Probleme, Schwächen an diesem Tag sehen und mal mehr mal weniger ansprechen müssen – sonst hätte sie einen schlechten Stand in einer Kommission – wenn sie nur ein Schönredner wäre.
- wie leicht aus den Aussagen der Kommissionsmitglieder falsche Umkehrschlüsse gezogen werden können, wenn diese Aussagen obendrein aus dem Kontext genommen werden.
- dass Fleiß und Mühe allein nicht ausschlaggebend für die Benotung sein können
- dass Kommissionen auch verpflichtet sind, Unterschiede deutlich zu machen und nicht anzugleichen
- dass Begründungen häufig eher allgemein gehalten sind und nicht Alternativen im Sinne von Beratung beinhalten.

1. Du sollst nicht behaupten, diese Stunde schon einmal gesehen zu haben.
2. Du sollst nicht bestimmen, was Schüler verstanden haben und was nicht.
3. Du sollst nicht erklären, dir sei nichts entgangen.
4. Du sollst nicht alles wissen und besser wissen.
5. Du sollst nicht von jüngeren Menschen deine Erfahrung erwarten.
6. Du sollst nicht deine Ideen für die besten halten.
7. Du sollst nicht deinen aktuellen Zuwachs an Fachkenntnis unreflektiert auf die nächstbeste Situation übertragen.
8. Du sollst weder Stunden noch Menschen zerlegen.
9. Du sollst nicht den Eindruck erwecken, alles zu kennen.
10. Wenn du wenig Ahnung hast, mische dich zurückhaltend ins Gespräch ein.
11. Du sollst nicht den Prüfling mit dem Unterricht auseinandersetzen, den du gestern gehalten hast, sondern dich mit dem Unterricht auseinandersetzen, den der Prüfling heute hält.

Seminarnote 4.5

Bereiche der Seminarnote 4.5.1

Die Seminarnote basiert auf den längerfristig angelegten Beobachtungen und Einschätzungen der Studienseminarleitung. Sie beurteilt die Eignung, Befähigung und fachliche Leistung der angehenden Lehrkraft. In die Bewertung fließen die erworbenen Kompetenzen untergliedert, z. B. in Unterrichtskompetenz, erzieherische Kompetenz sowie Handlungs- und Sachkompetenz, ein. Häufig werden die Beobachtungen der Studienseminarleitung flankiert durch Beobachtungen oder Beurteilungen der Schulleitung und Betreuungslehrkraft des Lehramtsanfängers. Zur Seminarnote verfasst die Studienseminarleitung ein Gutachten, das neben der Ziffernnote oder Punkten noch treffsichere und juristisch haltbare Erläuterungen zum jeweiligen Kompetenzbereich enthält. Bei der erzieherischen Kompetenz können z. B. zusätzliche Tätigkeiten in Schülerheimen, Tagesheimen, Tagesstätten, Schulvorbereitenden Einrichtungen und Einrichtungen der pädagogischen Frühförderung, die im Rahmen des Vorbereitungsdienstes abgeleistet wurden, miteinbezogen werden ebenso Lehrgänge und Lehrveranstaltungen (z. B. Schulwandern, Schulspiel, Sprecherziehung, Verkehrserziehung u. a. m.), die im Rahmen der Ausbildung durchgeführt werden. In der Handlungs- und Sachkompetenz spielt auch die Mitwirkung des Lehramtsanfängers bei Prozessen der Inneren Schulentwicklung eine Rolle. Grundsätzlich können Beobachtungen hinsichtlich der Tätigkeit in einem Erweiterungsfach angemessen berücksichtigt werden. Je nach juristischer Vorgabe erstellen die Schulleitungen der Einsatzschulen Beobachtungen oder Beurteilungen nach Anhörung der Betreuungslehrkräfte und Mentoren und teilen diese der Studienseminarleitung mit, die sie bei der Bewertung der Kompetenzbereiche passend berücksichtigt.

Schriftwesen der Seminarleitung 4.5.2

Kontinuierliche Beobachtungen und Aufzeichnungen der Studienseminarleitung über die Lehramtsanfänger sind im Prozess der Beurteilung unabdingbar, um besonders herausragende, durchschnittliche oder misslingende Phänomene festzuhalten und in den letztlichen

Entscheidungsprozess zur Noten- oder Punktefindung mit einfließen zu lassen und in juristischen Streitigkeiten belegen zu können.

In den Vorlagen finden sich zum einen je ein Beobachtungsraster zur Unterrichtskompetenz, Erziehungskompetenz und Handlungs- und Sachkompetenz, die als eine Möglichkeit dienen können, kriteriale Beobachtungen festzuhalten. Ein exemplarischer Rückmeldebogen zur Jahresplanung des Lehramtsanfängers ist Beobachtungsmittel und zugleich Rückmeldung für die Hand des Lehramtsanfängers.

4.5.3 | *Abschlussgespräch zum Ende des Referendariats*

Gesprächsimpulse zu einem Abschlussgespräch zum Ende des Referendariats als Struktur und Fragenspeicher für die Studienseminarleitung bieten Grundlage und Orientierung für ein abschließendes Gespräch der Studienseminarleitung mit dem Lehramtsanfänger nach der Notenbekanntgabe und vor Ausbildungsende. Dieses Gespräch ist eine Möglichkeit der Erleichterung des Übergangs für den Lehramtsanfänger in die 3. Phase der Lehrerbildung und wird i. d. R. stärkenorientiert von der Studienseminarleitung gestaltet.

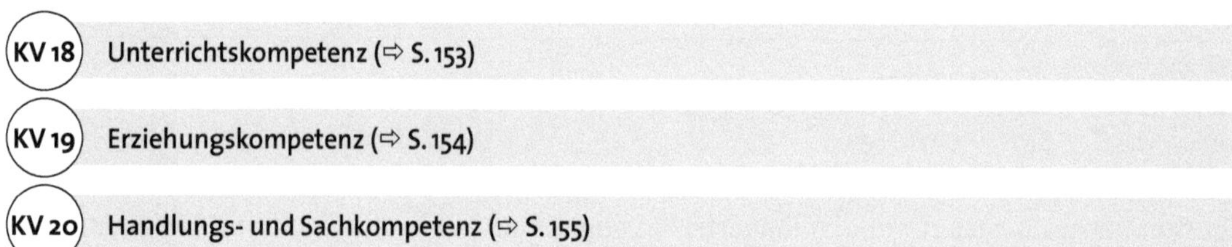

Der Seminarleiter als Gestalter und Entwickler | 5

Ziel der Lehrerausbildung ist es, die hohe fachliche und pädagogische Qualität der jeweiligen Schulart über die Ausbildung und Begleitung der Lehramtsanfänger zu sichern und systematisch voranzubringen. Dies bezieht sich zum einen auf die Arbeit im eigenen Studienseminar und den Lehramtsanfängern, aber auch in der Zusammenarbeit vor Ort an den Seminar- und Einsatzschulen in der Zusammenarbeit mit Schulleiterinnen und Schulleitern und ihren Kolleginnen und Kollegen. Die Studienseminarleitungen unterstützen dabei mit ihrer fachlichen Führungsverantwortung und den damit verbundenen Gestaltungsmöglichkeiten auch als fachliche und didaktische Impulsgeber aus dem Studienseminar die 3. Phase der Lehrerbildung.

Zur Seminarentwicklung gehört ebenfalls die Seminarevaluation als ein Instrument der Rückmeldung durch die an der Ausbildung Beteiligten. Die Evaluation des Wirkungsgrades im eigenen Studienseminar ist ein wichtiger erster Schritt über die Rückmeldung der Beteiligten Bewährtes, Erfolgreiches und Schätzenswertes festzustellen und gleichzeitig teilnehmer- und bedürfnisorientiert Erweiterungen oder Veränderungen in der Ausgestaltung der Seminararbeit zu ermöglichen. Gestalten und entwickeln heißt dabei, aufgrund eigener Überlegungen und der Rückmeldung anderer auf Bewährtem aufbauend Neues zu wagen.

Möglichkeiten der Evaluation des Wirkungsgrades im Studienseminar | 5.1

Verantwortlich wahrgenommene Studienseminararbeit hat ihr Ziel klar vor Augen und arbeitet, eingebettet in das Ausbildungsentwicklungsgeschehen als Ganzes, teamorientiert mit den Lehramtsanfängern und professionell darauf hin. Um die vielfältigen und anspruchsvollen Aufgaben im Rahmen der Unterrichtsentwicklung und der Qualitätssicherung wahrnehmen zu können, müssen sich Studienseminarleitungen neben der grundlegenden fachlichen Kompetenz weiterer Aspekte ihrer psychosozialen Kompetenzen bewusst sein, bzw. bereit sein, diese zu gestalten. Neben weichen Faktoren wie der Begeisterung und dem Engagement für das Fach bzw. den Beruf, zählen dazu vor allem personale Faktoren, die auf der Basis von Selbstreflexion und der Bereitschaft, sich selbst und sein Handeln immer wieder zu hinterfragen, erworben und mit der Zeit ausgebaut werden können.

Seminarinterne Evaluationen leisten dazu einen wichtigen Beitrag. Dabei gilt, je stärker Seminarentwicklungsentscheidungen mit der Gruppe der Lehramtsanfänger diskutiert, mitbeeinflusst und getragen werden können, umso mehr emotionale und bewältigungsorientierte Berufszufriedenheit herrscht und umso stärker ist die Studienseminararbeit von gegenseitigem Vertrauen und Glaubwürdigkeit der Studienseminarleitung als fachliche Führungskraft geprägt.

Formative und summative Rückmeldung zur Arbeit im Studienseminar | 5.1.1

Die formative oder prozessbegleitende Rückmeldung wird begleitend zur Studienseminararbeit durchgeführt. Das fortlaufende Seminargeschehen wird in regelmäßigen Abständen untersucht und Zwischenresultate erhoben. Dies geschieht auch mit dem Ziel, die laufende Studienseminararbeit anzupassen und zu optimieren. Diese neuen Maßnahmen können wiederum rückgemeldet werden. Zusätzlich besteht im Rahmen der formativen Rückmeldung die Möglichkeit subjektive Eindrücke von Betroffenen zu erhalten (ohne größere retrospektive Verzerrungen).

Als summative Rückmeldung wird eine ergebnisbewertende, d.h. nach dem Abschluss der Ausbildung im Studienseminar stattfindet, bezeichnet. Dies ermöglicht, die Wirksamkeit des Seminargeschehens zusammenfassend zu bewerten und kann sich auf z.B. Konzeption, Durchführung, Wirksamkeit und Effizienz beziehen.

Die antizipatorische Vorausschau findet vor dem Beginn der konkreten Arbeit im Studienseminar (nach dem ersten Kennenlernen) statt und bildet dann die Kriterien für eine formative oder summative Rückmeldung (z.B. Bei uns wird die Arbeit im Studienseminar gut, wenn...)

Die Rückmeldung zur Studienseminararbeit kann infolgedessen an unterschiedlichen Zeitpunkten stattfinden:

Vorlaufend zu Beginn der Studienseminararbeit	Episodisch nach selbst gewählten Intervallen, z.B. während der Ausbildung, z.B. nach dem ersten Trimester oder Halbjahr usw.	Am Seminartag selbst zum Seminartag	Am Ende der Ausbildung

5.1.2 | *Daran erkennt man eine gute Rückmeldekultur im Seminar*

Lehramtsanfänger sprechen dann in qualitativ hohem Maße über ihre Lehrertätigkeit, wenn sie ...

- und alle an der Rückmeldung Beteiligten respektvoll und wertschätzend miteinander umgehen,
- sich auch gegenseitig Rückmeldung geben und die Feedbackgeber auch offen sind, wenn sie selbst Rückmeldung bekommen,
- ihren Eindruck mit einem konkreten Beispiel belegen können,
- ein Gefühl dazu beschreiben,
- einen Tipp zur Weiterarbeit geben können,
- ggf. nachfragen,
- sich für erhaltenes Feedback bedanken,
- darauf abzielen, dass sich der Feedbacknehmer verbessern kann oder ein sehr hohes Maß an individueller Leistung beibehält.

Besonders effektvoll und lern- sowie motivational wirksam wird Rückmeldung, wenn sie

- flexibel auf die Gruppe aber auch auf den einzelnen Lehramtsanfänger eingeht,
- die Seminarleitung die Sachstruktur des Lerninhalts und Persönlichkeitsstruktur der Gruppe und des einzelnen Lehramtsanfängers erfasst hat,
- stärkenorientiert Leistungsprozess und -produkt würdigt,
- Möglichkeiten zur konstruktiven Weiterarbeit eröffnet,
- alle Lehramtsanfänger ernst nimmt und die Möglichkeit zum dialogisch-konstruktiven Miteinander eröffnet.

Die Durchführung einer Rückmeldung verfolgt u. a. folgende Ziele

- Progression und Professionalisierung der Arbeit der Seminarleitung und der Lehramtsanfänger.
- Teilnehmerorientiertes Arbeiten wird noch besser ermöglicht.
- Reflexion ist nicht nur im Unterricht der Lehramtsanfänger ein Baustein, sondern auch fester Bestandteil kompetenzorientierten Lehrens im Studienseminar und ist damit auch Eigenerfahrung der Lehramtsanfänger in Bezug auf die Anspruchshaltung, die sie im Unterricht an ihre unterrichteten SchülerInnen stellen.
- Lehramtsanfänger werden durch die dialogische Kommunikation als aktive Partner im Lernprozess noch stärker erkannt und anerkannt.
- …

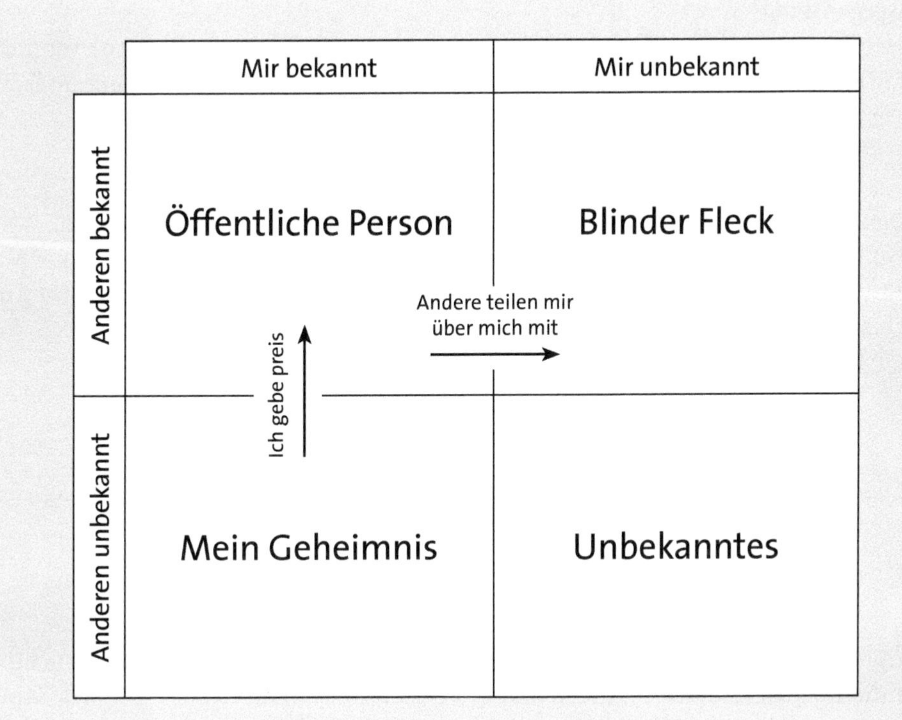

Abb. 14: Der Benefit für die Seminarleitung ist, mehr von seinem Wirkungsgehalt und seinen »blinden Flecken« zu erfahren (Johari-Fenster 1955 von Joseph Luft und Harry Ingham)

Methodenwahl | 5.1.3

Wer ein Studienseminar führt, ist i. d. R. auch daran interessiert, wie die Lehramtsanfänger die Arbeit im Studienseminar bewerten. Dies kann auf unterschiedliche Weisen erfolgen. Besonders gern eingesetzt werden diese Formen:

Mündlich – mit freien Impulsen	Mündlich – strukturierte Gespräche/ Interviews siehe Lehrentwicklungsgespräche	schriftlich – mit freien Impulsen	schriftlich – Fragebögen zum Ankreuzen auf Skalen	Beobachtung	Kreative Verfahren
Kombinationen					

5.1.4 | *Sechserschritt der Evaluation im Studienseminar*

Diese folgenden sechs Schritte der Evaluation im Studienseminar haben sich bewährt:

1. Evaluationsbereich auswählen und Ziel der Evaluation klären: Worüber möchte ich Erkenntnis gewinnen? Was ist das Ziel der Evaluation?
2. Evaluationskriterien und Qualitätsindikatoren vereinbaren: Welche Kriterien geben mir Aufschluss über den Gegenstand der Evaluation?
3. Vorgehen planen und Methoden zur Datensammlung auswählen: Welche Methoden kann ich einsetzen, um zu den gewünschten Daten zu kommen? Welchen Aufwand kann und will ich leisten?
4. Daten analysieren und bewerten: Was sagen mir die Ergebnisse über meinen Evaluationsgegenstand?
5. Konsequenzen (mit mir als Seminarleitung und/oder Lehramtsanfängern) vereinbaren und nächste Schritte planen: Ergibt sich aufgrund der Ergebnisse Handlungsbedarf?
6. zeitversetzte Evaluation der Wirksamkeit der getroffenen Vereinbarungen.

Tipp: Die Impulse zur Rückmeldung sind gut zu überlegen. »Das hat mir heute gefehlt ...«, »Gewünscht hätte ich mir noch ...«, »Nicht gefallen hat mir heute ...« führen i.d.R. zu einer Mängelauflistung am Seminartag und können die Gefühlslage bei der Studienseminarleitung und den Lehramtsanfängern nachhaltig negativ beeinflussen.

5.1.5 | *Praxisbeispiele der Evaluation im Studienseminar*

Seminartagsreflexion – Titelblattblitzlichtkombination

Eine Möglichkeit, jeden Seminartag zu reflektieren ist, auf dem Titelblatt der schriftlichen Arbeitshilfe Reflexionsfelder anzubieten, die die Lehramtsanfänger am Ende des Seminartags ausfüllen und in einer Abschlussrunde ggf. in Auswahl z.B. nur zu einem Kriterium zu äußern.

Der Basisgedanke des Logbuchführens ist, die eigene Arbeit über einen bestimmten Zeitraum auszuwerten und Entwicklungsmöglichkeiten zu entdecken. Als Grundform für ein Logbuch empfehlen sich Eintragungen, die in einem Ordner gesammelt werden. Das Formular eines Logbuches könnte folgendermaßen aussehen:

Das war heute inhaltlich besonders für mich wichtig:	Besonders gefreut hat mich ...	Diesen »Trick« nehme ich heute für meine Lehrertätigkeit mit ...	Daran arbeite ich weiter ...

Tipp: weitere Methoden finden Sie in Köhler/Weiß: Mit Kindern kompetenzorientiert über Lernen sprechen. Alle Methoden sind sehr einfach auf die Arbeit mit Lehramtsanfängern zu adaptieren.

Impulse für einen schriftlichen Fragebogen zum Ankreuzen

Auf einer Skala, die keinen Mittelwert aufweisen sollte, um eindeutigere Tendenzen des Ausfüllenden zu evozieren, kann die eigene Einschätzung des Lehramtsanfängers erfolgen.

Trifft auf jeden Fall zu ...	☐ 1	☐ 2	☐ 3	☐ 4	☐ 5	☐ 6	Trifft überhaupt nicht zu ...

Bewährte Impulse werden im Folgenden aufgeführt. Sie können nach Belieben gekürzt oder ergänzt und auf die individuellen Bedürfnisse einer jeden Studienseminarleitung angepasst werden.

Inhalte im Seminar	**Organisation des Seminars**	**Unterrichtsbesuche mit Nachbesprechung**
Die Arbeit im Studienseminar vermittelt die erforderlichen Qualifikationen in Bezug auf die ... – Planung von Unterricht – Durchführung von Unterricht – Reflexion von Unterricht. Ich kann im Seminar pädagogische Kompetenz erwerben. Die Seminarthemen sind breit gestreut. Das Seminar greift aktuelle Probleme meiner schulischen Praxis auf. Die inhaltliche Auseinandersetzung ist fundiert. Das Seminar liefert mir Anregungen für die Gestaltung meines Unterrichts. Die Ergebnisse der Seminartage sind allgemein für meine tägliche Praxis hilfreich. Die Ergebnisse der Seminartage weisen über die Ausbildungsphase hinaus und sind deshalb langfristig relevant. Das Seminar fördert die Entwicklung meiner Lehrerpersönlichkeit. Das Seminar fördert mein pädagogisches Selbstverständnis. Der Umgang mit erzieherisch schwierigen Situationen wird lösungsorientiert thematisiert. Möglichkeiten der Diagnostik und Leistungserhebung und –beurteilung und daraus folgender Förder-/ Forderarbeit werden vielfältig diskutiert. ...	Die Seminarplanung ist flexibel. Die Seminartagsgestaltung lässt Freiräume zu. Ich konnte Einfluss auf die Ziele und Inhalte des Seminars nehmen. Die Seminarmethoden sind motivierend und aktivierend. Ich habe im Seminar die Möglichkeit, mich mit meinen Gedanken in die Diskussion einzubringen. Ich kann im Seminar meine Kooperations- und Teamfähigkeit ausbauen. Ich kann im Seminar meine Konfrontations- und Konfliktfähigkeit ausbauen. ...	Die Nachbesprechung ermöglicht mir meine eigene Sicht und Bewertung der Stunde einzubringen. Die Nachbesprechung hat deutliche Schwerpunkte. Die Nachbesprechung berücksichtigt die Bedingungen meiner Unterrichtssituation. Die Nachbesprechung berücksichtigt den Stand der Ausbildung. Die Nachbesprechung berücksichtigt meine individuelle Lerngeschichte. Die positiven Aspekte werden gewürdigt. Die Mängel der Stunde werden präzise benannt. Konkrete Verbesserungsmöglichkeiten werden miteinander entwickelt und/ oder angeboten. Die Rückmeldung in der Nachbesprechung ist hilfreich für die Weiterarbeit. Die Atmosphäre der Nachbesprechung ist angenehm und unterstützend. Die Dauer der Nachbesprechung ist angemessen. ...

Atmosphäre im Seminar	Mögliche weitere Bereiche der Lehrerbildung: Inklusion Umgang mit Heterogenität Deutsch als Zweitsprache in der Regelklasse ...
Im Seminar wird Wert auf konstruktive Zusammenarbeit gelegt. Die Atmosphäre im Seminar ist von Wertschätzung und Empathie geprägt. Die Studienseminarleitung trägt als Vorbild zur Atmosphäre im Seminar bei. Verschiedene Meinungen im Seminar werden als Zugewinn gefördert. ...	

Tipp: Ein Feld »Was ich noch bemerken möchte ...« erlaubt es den Lehramtsanfängern im Ankreuzbogen nicht Erfasstes in freier Form mit einzubringen.
Weitere Aufmerksamkeitsrichtungen zum Selbsterstellen von Rückmeldungsimpulsen können die Kompetenzen der Lehrerbildung sein (vgl. KMK 2004)

Schriftliche Rückmeldung zu eher freien Impulsen

Meinem Seminarleiter verdanke ich ...	Mein Seminarleiter verdankt mir ...	Ein Motto, das unser Seminar beschreibt, könnte lauten ...
Diese fünf Themen aus dem Studienseminar haben mich für meine Lehrtätigkeit geprägt ...	In 10 Jahren werde ich wahrscheinlich zurückdenken an ...	Das würde ich anders machen, wenn ich noch einmal ins erste Dienstjahr käme ...
Das würde ich wieder genau so machen, wenn ich noch einmal ins erste Dienstjahr käme ...	Über mich habe ich in dieser Zeit gelernt ...	Fünf Adjektive, die mein Studienseminar beschreiben ...
Der beste Seminartag war ..., weil ...	Wenn ich Seminarleiter wäre, würde ich ...	Meinem Seminarleiter verzeihe ich ...
Bei den Unterrichtsbesuchen mit Nachbesprechung war mir wichtig ...	Bei den Lehrproben ...	Bei den weiteren Prüfungen ...
Deswegen fühle ich mich gut auf mein weiteres »Lehrerleben« vorbereitet ...	Daran möchte ich nach meiner Ausbildung unbedingt weiter arbeiten...	Das wollte ich meine Seminarleitung schon immer einmal fragen ...
Mein Studienseminarleiter verzeiht mir ...	Das bleibt mir vom Studienseminar am angenehmsten in Erinnerung ...	Das möchte ich unbedingt noch schreiben ...

Tipp: Diese Rückmeldungen fallen eher persönlich aus und werden dadurch von vielen Seminarleitungen als ansprechend empfunden. Wichtig ist dabei, dass die Rückmeldeblätter in Einzelarbeit ausgefüllt werden und eine feste Zeit der Bearbeitung im Studienseminar ausgemacht wird. Die Erfahrung zeigt, dass, wenn die ersten mit dem Ausfüllen fertig sind und abgeben, in einem Dominoeffekt die anderen Lehramtsanfänger auch auf einmal schnell beenden.

Kreative Rückmeldungsmethoden

- *Handauflegen:* Ein Lehramtsanfänger drückt stumm in Bezug auf das Rückmeldekriterium in einer Körperhaltung oder Bewegung aus, wie es für ihn war. Die anderen Lehramtsanfänger imitieren die Bewegung und legen dann beim ausführenden Lehramtsanfänger die Hand auf und sprechen für den Lehramtsanfänger, was ihm durch den Kopf geht. Am Ende äußert sich der ausführende Lehramtsanfänger, was er (tatsächlich) aussagen möchte.
- *Gestalten mit Ton:* Das Töpfern oder Modellieren mit Ton eine kreative Beschäftigung, die vielfältige Gestaltungsmöglichkeiten bietet. Von Tontöpfen und Türschilder bis hin zu kunstvollen Figuren und Dekorationen – mit Ton lassen sich unzählige Gegenstände in Bezug auf das Rückmeldekriterium modellieren, die dann vorgestellt werden.
- *Hitparade:* Die Lehramtsanfänger finden drei Musiktitel, die zum gestellten Rückmeldekriterium passen. Musikalisch unterstützt werden kann die Präsentation durch Instrumente und (natürlich) Gesang.
- *Symbolarbeit:* Symbole sind verdichtete Erfahrungen und sprechen Menschen intuitiv an. In Zusammenhang mit der Reflexion verknüpfen die Lehramtsanfänger ihren Gedanken mit einem Gegenstand. Dazu bietet die Seminarleitung ein Angebot an Gegenständen an, die von den Lehramtsanfängern individuell angenommen und versprachlicht werden. Besonders interessant wird diese Methode, weil derselbe Gegenstand mit unterschiedlichen Assoziationen gefüllt werden kann. Auswahl an Symbolbeispielen:
  - Schlüssel: Eine Schlüsselerkenntnis für mich war …, Der Schlüssel zum Lösen war für mich …
  - Herz: Ich habe erlebt/gefühlt …, Ans Herz geht mir …
  - Hand offen: Mir hat geholfen, dass …
  - Fuß: Mein nächster Schritt ist …
  - Fotoapparat: Den Lösungsweg habe ich für mich fotografiert …
  - Kopf: Ich habe gelernt/verstanden, dass …
  - Glühbirne: Diese Idee, dieser Geistesblitz war für mich wichtig …
  - Puzzlestück: Es entsteht ein Bild bei mir von …
  - Kugel: Bei mir kam etwas ins Rollen/in Bewegung.
  - Herz: Das hat mein Herz berührt.
  - Edelstein: Das war für mich besonders kostbar …
  - Zitrone: Sauer bin ich, weil …
  - Feder: Leicht fiel mir …
  - Blumenblüte: Schön war …
  - Blumenzwiebel: Bei mir entsteht …
  - Nuss: Diese Nuss habe ich geknackt…
  - Stein: Es belastet mich.
  - Sonne: Warm wird mir, wenn …
  - Regenbogen: Ich hoffe …
  - Auch die Lehramtsanfänger können ihre Gegenstände mitbringen und so den Symbolkorb füllen.
  - Anstatt dreidimensionaler Gegenstände können auch Bilder verwendet werden.

Ein Portfolio ist ein sehr effektives Instrument den eigenen Lernfortschritt, persönliche Anschauungen und Arbeitstheorien und Rückmeldungen anderer in eine Form zu bringen, die eine qualitative Verbesserung des individuellen Lehrens und Lernens in der Lehrerausbildung verspricht und bei Beurteilungs- und Bewerbungsgesprächen das eigene Profil als »reflektierender Praktiker« schärft. Besonders gut geeignet ist die Portfolioarbeit für Lehramtsanfänger, weil sie die (manchmal überfordernde) Gesamtheit der Anforderungen strukturiert und die sukzessive Bewältigung der Anforderungen in der Ausbildung dokumentiert.

Lehramtsanfänger setzen ihr unterrichtliches Wirken in Verbindung

- zu den Ausbildungsstandards Standards für die praktischen Ausbildungsabschnitte der Lehrerbildung (nach Beschluss der Kultusministerkonferenz vom 16.12.2004),
- zu den vielfältigen Informationsgrundlagen im Rahmen der Ausbildung,
- zu persönlichen Arbeitstheorien,
- zur Tätigkeit an den Ausbildungs- und Einsatzschulen

und bringen dieses Wirken in eine schlüssige und zusammenhängende Form.

Die Lehramtsanfänger sind dabei in hohem Maß Gestalter, Reflektierender und Bewältiger ihres eigenen Lernwegs sowie dem hochkomplexen System Schule und beweisen ein hohes Maß selbstgesteuerten und selbstverantworteten Lehrens und Lernens als Garant einer professionell ausgerichteten Form der Lehrerausbildung. In einem Portfolio für Lehramtsanfänger sammeln Junglehrkräfte systematisch und zielgerichtet Beobachtungen, Dokumentationen, Arbeiten, Erfahrungen und Lehrtätigkeiten, die Ihre persönlichen Bemühungen, Entwicklungsschritte und Leistungen in unterschiedlichen Bereichen konkretisieren und veranschaulichen und wählen diese gezielt und für sich und ein Gegenüber begründet aus. Für die Beurteilung des Portfolios für Lehramtsanfänger ist es wünschenswert, wenn diesen die Kriterien der Beurteilung transparent sind und an der genaueren Festlegung der Beurteilungskriterien beteiligt werden. Ein Portfolio ist erst dann vollständig, wenn es persönliche Stellungnahmen, dokumentierte Reflexionen, z. B. in schriftlicher oder bildlicher Form sowie Entwicklungsgespräche beinhaltet.

Unser Portfoliokonzept basiert auf einem konstruktivistischen und neurobiologisch fundierten Lernbegriff und orientiert sich dabei an Zielsetzungen einer auf Kompetenzerwerb und grundlegenden Berufsethik ausgerichteten Lehrerbildung. Entscheidend ist dabei die Förderung einer Grundhaltung des selbstverantworteten und selbst reflektierenden Lernens.

So entsteht ein Entwicklungsportfolio, das auf diesen Grundelementen beruht:

- Biografisches Arbeiten
- Reflexion und Evaluation
- Dokumentation
- Eigene Zielsetzungen gemeinsame Zielvereinbarungen
- Entwicklungsgespräche führen

Für uns wird ein Portfolio erst zum Portfolio, wenn zum Erstellen des Portfolios ein Entwicklungsgespräch mit einem selbst gewählten Lernpartner und/ oder dem Dienstvorgesetzten (zuständige Seminarleitung, Schulaufsicht, Dienstvorgesetzter, …) geführt wird.

Ein Portfolio für Lehramtsanfänger kann aus mehreren Teilen bestehen, z. B.

- *Teil 1 – Das bin ich!:* Der individuelle Portfolioteil als Instrument der Selbststeuerung und -reflexion. Dieser Teil dient dazu, sich selbst als Lehramtsanfänger in Bezug auf relevante Konzeptionen eigenen Lernens und Unterrichtens zu reflektieren.
- *Teil 2 – Arbeitsschwerpunkte:* In diesem Abschnitt werden Zielvereinbarungen, Reflexio-

nen sowie Dokumentationen von Unterricht, Beratungsgesprächen, kollegialen und eigenverantwortlichen Hospitationen usw. festgehalten. Der Prozesscharakter der Lehrerseins und -werdens spiegelt sich in diesem Teil des Portfolios wider.

- *Teil 3 – Qualifikationen:* Im Qualifizierungsteil werden weitere Nachweise über den Werdegang und über besondere Projekte dokumentiert, die für die weitere pädagogische Arbeit des Lehramtsanfängers relevant sind.
- *Teil 4 – Entwicklungsgespräche vorbereiten und führen:* Im Entwicklungsgespräch präsentieren die Lehramtsanfänger anderen gegenüber ihr pädagogisches Selbstverständnis sowie ihre Auffassungen im Zusammenhang mit Schule, Bildung und Erziehung und rücken ihre individuellen Lernprozesse und Anschauungen ins Zentrum.

Nach Beendigung der Ausbildungszeit entscheiden die Lehramtsanfänger selbst, inwiefern sie das gesamte Portfolio oder nur Teile daraus weiterführen, um im Rahmen dienstlicher Beurteilungen, aber auch zur persönlichen Sammlung, eine Aufstellung über bereits Geleistetes zu pflegen.

Offenere Formen der Studienseminararbeit – Lehrwirkstatt Lehrerbildung | 5.3

Lehrerausbildung muss Vorbild sein für das Arbeiten, auf das die Ausbildung vorbereitet! Wie in der Schulklasse ist auch das Studienseminar von Heterogenität geprägt. Eine Möglichkeit offener und individualisierender zu arbeiten, um dieser Vielfalt gerechter zu werden, ist das Konzept der Lehrwirkstatt Lehrerbildung. Der Begriff Lehrwirkstatt richtet in Abgrenzung zum Begriff Lehrwerkstatt den Blick in Richtung Wirksamkeit des in der Lehrwirkstatt Erarbeiteten als Wirkungsimpuls in die Praxis aktiven Lehrerhandelns von Lehramtsanfängern. Zusätzlich grenzt sich der Begriff Lehrwirkstatt noch von dem der Lernwerkstatt ab, der i. d. R. für Materialsammlungen für die Schülerhand verwendet wird. In der Lehrwirkstatt Lehrerbildung organisieren Lehramtsanfänger (zum großen) Teil ihr Lernen selbst und verantworten es.

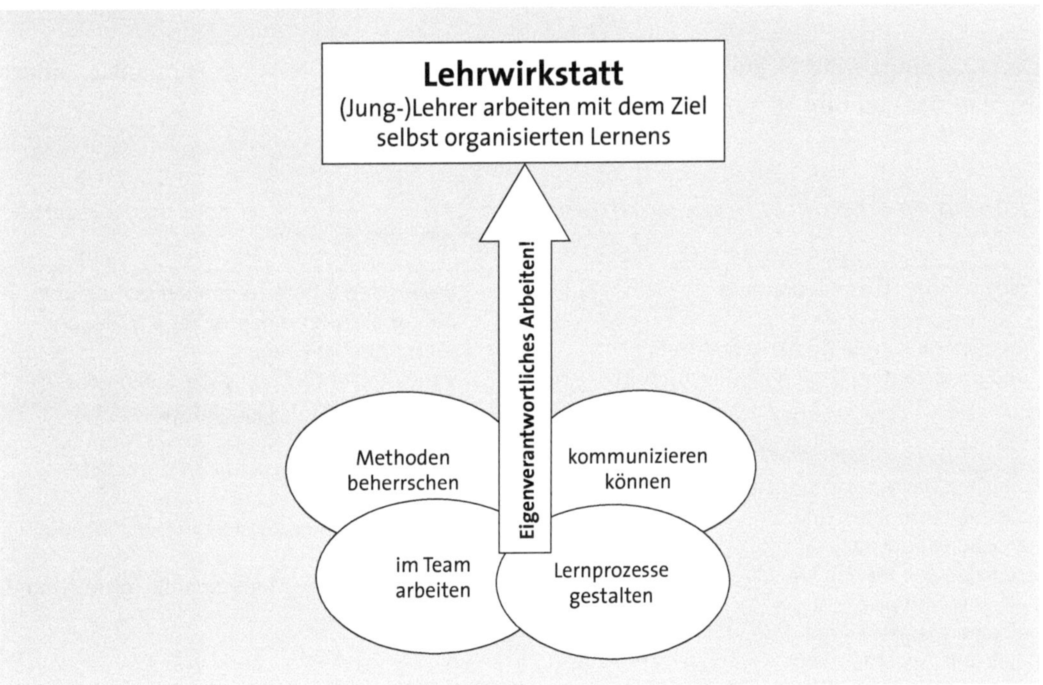

Abb. 15: Lehrwirkstatt

5.3.1 | *Das ist Lehrwirkstattarbeit:*

- ein Raum, in dem Lehramtsanfänger ihren eigenen Bedingungen gemäß (Themenschwerpunkt, Lerndauer, Lerntempo, Lernweg, …) lernen können.
- eine unterstützende Umgebung, die Lernmaterialien zur selbstständigen Auseinandersetzung bereitstellt, um teilnehmerorientiertes Arbeiten zu fördern.
- Lehramtsanfänger werden in ihrem Lernen und ihrem Lernweg von der Seminarleitung beraten.
- Team- und Kommunikationsfähigkeit von Lernenden und Lehrenden wird gefördert.
- Die Werkstatt ist ein geschützter Ort, an dem Erfahrungen reflektiert werden.

5.3.2 | *Ziel der Lehrwirkstattarbeit*

- Im Fokus stehen schulpädagogische und fachdidaktisch relevante Impulse.
- Pädagogische und fachdidaktische Theorie und Praxis werden miteinander verknüpft.
- Es wird mit eigenen Denkmodellen gearbeitet und diese weiterentwickelt.
- Individuelle Selbstständigkeit wird durch systematischen Aufbau von Methoden- und Lernkompetenzen gestärkt.
- u. a. m.

5.3.3 | *So wird gearbeitet:*

- Die Lehramtsanfänger tragen Verantwortung für das gewählte Lernarrangement.
- arbeiten allein, mit dem Partner oder in kleinen Gruppen.
- haben Zeit für ein selbstständiges Untersuchen von Problemfeldern.
- sammeln gezielt Informationen und werten diese aus.
- gestalten kreativ ihren Lernweg.
- dokumentieren und reflektieren ihre Lernspuren z. B. in einem Portfolio.

Denn im Sinne eines Netzwerkes und einer Lehrwirkstattarbeit gestalten Lehramtsanfänger ihr Seminar und ihre Seminarkultur aktiv mit.

5.3.4 | *Grundgedanken der Lehrwirkstatt Lehrerbildung*

Weg von der 7G-Seminararbeit!	hin zu ⇨	Bewussten differenzierenden Maßnahmen auf inhaltlicher, didaktischer, sozialer und methodischer Ebene
Ausgehend von einem fiktiven Mittelmaß und praktiziertem Lernen im Gleichschritt!		Individueller Förderung des Referendars mit noch verstärkter Nachhaltigkeit
Die		Mehr selbstständigem eigenaktivem Lernen der Referendare mit erhöhter Reflexionsfähigkeit
gleichen Lehramtsanfänger lösen beim gleichen Lehrerausbilder im gleichen Raum zur gleichen Zeit im gleichen Tempo die gleichen Aufgaben mit dem gleichen Ergebnis!		Subjektorientierung im Rahmen individueller Förderung Einem positiven Menschenbild mit Vertrauensvorschuss

In Anlehnung an das 7G-Prinzip von Andreas Helmke in Zeitschrift Pädagogik 7/8 2019

Lehrwirkstatt Lehrerbildung in der Lehrerausbildung nimmt den Lernbegriff des Konstruktivismus besonders ernst und betont gleichzeitig die Eigenaktivität des Lernenden und erfordert deswegen eine »erweiterte Lern- und Führungskultur« für die Seminarleitung.

Der besondere Charakter der Lehrwirkstatt Lehrerbildung 5.3.5

Die Lehrwirkstatt Lehrerbildung

- als eine konkrete Möglichkeit für die Gestaltung von Lehre, Studienseminar, Unterricht, Lehren, Lernen und Lernräumen zur Durchführung von Seminarsitzungen und Unterricht
- als Erproben offeneren Arbeitens in der Lehrwirkstatt Lehrerbildung. Hier erfahren Lehramtsanfänger »am eigenen Leib«, welche Kompetenzen an ihre Lernenden in ihrem eigenen Unterricht in der Werkstattarbeit gestellt werden. Das erleichtert Lehramtsanfängern das Umsetzen und Anbahnen offenen Arbeitens in ihrer eigenen Klasse
- als Ort für die Präsentation, Planung, Erprobung, Evaluation und Austausch zu praxis- und theoriegeleiteten Inhalten und Phasen
- als zentraler Ort aller wesentlichen Informationen zur zweiten Phase der Lehrerbildung und die begleitende Beratung durch die Seminarleitungen
- als »Studienraum« mit Zeiten für freie Arbeit, in denen Lehramtsanfänger eigene Schwerpunkte verfolgen, Materialien entwickeln und testen können und sich darüber austauschen
- als Ort für zusätzliche Angebote fachlicher, überfachlicher, fachübergreifender Materialien für unterschiedliche Jahrgangsstufen und damit als Rechercheort in und neben Seminarsitzungen (mit einschlägiger Literatur und Zugang zur Recherche über den Internetzugang an der Schule
- als Ort der Begegnung und Kommunikation der Lehramtsanfänger zur Gewinnung eines ganzheitlichen Blicks auf Schule, zur Integration der Bestandteile der Lehramtsprüfungsordnung zu einem Ganzen durch Kommunikation unter den Lehramtsanfänger und der Seminarleitungen

Seminarraumgestaltung **(⇨ S. 158)**

Wie kann in einer Lehrwirkstatt Lehrerbildung gearbeitet werden? 5.3.6

An ausgewählten Seminartagen arbeiten die Lehramtsanfänger eigenständig an selbst gewählten Themen, deren Inhalte und Arbeitshilfen sie von der Seminarleitung erhalten und durch eigenes Material ergänzen.

Ihre Arbeit dokumentieren die Lehramtsanfänger in einer »Lernspur«, die z. B. einem Portfolio beigefügt wird. Des Weiteren laden sie ihre Ergebnisse für die anderen Seminarteilnehmer zugänglich auf die seminarinterne Plattform im Internet.

Sinn dieser Öffnung von Seminararbeit liegt im konstruktivistischen Lernbegriff: Die Lehramtsanwärter erhalten hier die Möglichkeit des selbstgesteuerten und selbstregulierten Lernens, das durch eine aktive Auseinandersetzung gewinnbringende Früchte trägt.

Praktisch wird die Seminarwerkstatt so durchgeführt, dass die Lehramtsanwärter im Vorfeld eine Zielstellung formulieren und ein Formblatt ausfüllen, auf dem Sie Thema und Literaturwunsch angeben. In selbst gewählter Sozialform erarbeiten sie sich entsprechende Inhalte. Diese werden in einer Lernspur festgehalten. Am Ende des Seminartages reflektieren die Lehramtsanwärter, was sie am Arbeitstag für sich selbst mitgenommen haben. Dies wird durch eine Reflexionshilfe auf der Lernspur Seminarwerkstatt vorbereitet.

Ein Artikulationsschema für einen Seminartag in der Lehrwirkstatt Lehrerbildung hat sich in folgenden Phasen bewährt:

- Ankommen – gegenseitiges Wahrnehmen, Tagesbeginn
- Teamaufgabe
- Vorstellen der individuellen und/oder gemeinschaftlichen Zielvorstellungen des Lehramtsanfängers im Plenum, eingeordnet in die Kompetenzbereiche der Lehrerbildung (KMK 2004)
- Lehrwirkstattarbeit: Individuelles und/ oder gemeinschaftliches Arbeiten an selbst gewählten Themenschwerpunkten. Parallel dazu begleitet und berät die Studienseminarleitung individuell. Es können auch Entwicklungsgespräche geführt werden.
- *Haltung der Seminarleitung*:»Die Menschen stärken, die Sachen klären!« Gearbeitet wird mit:
  - Arbeitshilfen der Lehrwirkstatt Lehrerbildung
  - zusätzlicher Literatur aus der Seminarbücherei
  - zusätzliche Literatur/Medien der Studienseminarleitung
  - Material der Lehramtsanfänger
- Individuelle Reflexion und Zusammenfassung des Erarbeiteten/ Reflexion im Plenum
- Abschluss

5.4 Die Studienseminarleitung als (Praxis-) Impulsgeber für die Unterrichtsentwicklung in der Lehrerfortbildung (3. Phase der Lehrerbildung) – Lehrlandschaft Seminar

Im Rahmen eines auf schulentwicklungsunterstützend angelegten Führungsverständnisses der Studienseminarleitung in Zusammenarbeit mit den Fach- und Schulleitungen vor Ort, kann sich diese mit ihrer Fachkompetenz zielorientiert in den Prozess fachlicher Schulqualitätsarbeit an der jeweiligen Schule einbringen. Studienseminarleitungen nehmen damit die systemische und systematische Unterstützung der Unterrichtsentwicklung als Fachkraft für fachliche und fachdidaktische Fragen als inputorientierte Schulentwicklungsmoderatoren verantwortungsvoll wahr. Im Folgenden wird die Konzeption dieses Sicheinbringens als Studienseminarleitung in die Unterrichtsentwicklung mit dem Titel »Praxis-Impuls – Lehrlandschaft Seminar« versehen. In dieser Formulierung steckt die Überlegung: es geht um Praxis mit minimal gehaltener Theorie und Fachdidaktik für die Adressaten, daher der Begriff Impuls und das Behandelte soll soweit möglich, sofort in die Praxis umsetzbar sein. Hinter Lehrlandschaft Seminar verbirgt sich der Gedankengang, dass der Schwerpunkt im Lehren als Handlungsaktivität einer Lehrkraft geht und zum anderen der Begriff Landschaft symbolisch steht für das weite Feld, das in der Zusammenarbeit mit dem Seminar sich auftun kann und man gemeinsam auf die Reise geht.

Konzeption des Praxis-Impulses – Lehrlandschaft Seminar

Als Fachkraft für aktuelle und bewährte fachdidaktische Inhalte ist die Studienseminarleitung gefragt und gefordert, sich in die Unterrichtsentwicklung als Fortbildner in der 3. Phase der Lehrerbildung mit einzubringen. Eine einfache Möglichkeit ist das bewährte Format des Praxis-Impulses. Grundlegender Gedanke ist in 30 bis maximal 60 Minuten einen aktuellen und/oder bewährten unterrichtlichen Inhalt so zu vermitteln, dass die Kolleginnen und Kollegen der Schule das Gefühl haben, sie können am nächsten Tag sofort etwas umsetzen und gleichzeitig ein grundlegendes Konstrukt fachdidaktischer Grundlegung und

Weiterentwicklung erhalten zu haben. Die zeitlich knappe Vorgabe reduziert die zusätzliche Arbeitsbelastung aller und »füttert« das Kollegium an, sich in »einfacher« Weise mit Ertrag fortzubilden und die eigene Unterrichtsqualität zu steigern. Die Themenfindung kann auf unterschiedliche Weise erfolgen, z. B. aus dem Kollegium heraus, aus Berichten externer oder interner Evaluation, usw. Ein Flyer zur grundsätzlichen Konzeption sowie zur inhaltlichen Thematik ist gleichzeitig eine weitere Form der Öffentlichkeitsarbeit an der Schule und gleichzeitig werbende Information für die Veranstaltung. Inhaltlich stehen schulpädagogische und fachdidaktisch relevante Impulse im Fokus, pädagogische Theorie und Praxis werden unterrichtspraktisch miteinander verknüpft und gemeinsam reflektiert.

6 Seminarleiter als Profi im Umgang mit herausfordernden Situationen in Prüfungssituationen

Prüfungssituationen sind für alle Beteiligten mit Emotionen und leichten Anspannungen verbunden. Zwar ist es die Prüfung des Lehramtsanfängers und nicht der Studienseminarleitung, trotzdem gibt es immer wieder Situationen, die gehäuft auftreten können und irritierend sein können. Alle Szenarios sind uns als Studienseminarleitung entweder selbst passiert oder im Austausch oder Zusammenarbeit mit Kollegen zutage getreten. Die Kenntnis um diese Situationen sowie erste Vorschläge, wie damit als Vorschlag umgegangen werden kann, erleichtert das eigene Emotionsmanagement und ein professionelleres konstruktiveres Reagieren als Studienseminarleitung.

6.1 Schwierige Situationen in Lehrproben

6.1.1 *Schwierige Situationen in der Lehrprobe innerhalb der Kommission*

Situation	Handlungsmöglichkeit
Prüfungskommission in Dreierkonstellation: zwei Prüfer tauschen sich bereits während der Prüfung aus und erwecken den Eindruck, sie würden koalieren, nicht unbedingt zugunsten des Unterrichtenden.	Im Nachgespräch kurz den Eindruck beobachtend beschreiben. Im Wiederholungsfall die Kommissionsmitglieder an Einzeltische mit Abstand setzen (lassen).
Das Stundenthema gehört (noch) nicht zu den Spezialgebieten der Studienseminarleitung.	Sich zurückhaltend ins Gespräch mit einbringen. (Wohlwollend) allgemeine Eindrücke beschreiben.
Das Stundenthema gehört (noch) nicht zu den Spezialgebieten des Prüfungsvorsitzenden. Dieser steuert scheinbar das Gespräch zu Ungunsten des Unterrichtenden.	Verstehend zuhören, nicht belehren, z. B. sagen: »Ich bin auf dem Weg, Sie zu verstehen, bin aber noch nicht ganz so weit...« – im weiteren Fortlauf die aktuelle Arbeit im Seminar beschreiben und die aktuelle Didaktik unter Bezug auf die Anforderungen im Lehrplan beschreiben.
Die Kommission teilt dem Prüfling mit, »die Seminarleitung« erklärt Ihnen im Nachhinein, wie die Note zustande gekommen ist und wie Sie sich verbessern können!«	Unbedingt vermeiden. Dies ist rechtlich nicht zulässig. Grundsätzlich gilt: Eine Prüfung ist keine Beratung und darf deshalb nicht nachbesprochen werden. Prüfungsordnungen sehen zum Teil vor, dass die Note begründet werden muss – dies wird im Protokoll ersichtlich und kann nachträglich eingesehen werden.
Ein Kommissionsmitglied teilt mit: »Im Vergleich mit der Lehrprobe gestern ist das keinesfalls eine gute Leistung!« Bei der Lehrprobe am Vortag waren allerdings nicht alle Kommissionsmitglieder dabei!	Benennen, dass es um die Stunde heute geht. Vergleiche, noch dazu, wenn nicht alle Beteiligten dabei waren, sind immer schwierig.

Situation	Handlungsmöglichkeit
Ein Kommissionsmitglied teilt mit: »Im Vergleich mit einer Stunde, die ich schon einmal gesehen habe aus diesem Bereich, schneidet diese viel schlechter ab. Man hätte das so und so machen müssen...«	Benennen, dass es um die Stunde heute geht. Vergleiche, noch dazu, wenn nicht alle Beteiligten dabei waren, sind immer schwierig. Darauf verweisen, dass es im Gespräch der Prüfungskommission nicht darum geht, wie man es der Lehramtsanfänger hätte anders machen können, sondern dass betrachtet wird, was der Lehramtsanfänger gemacht hat.
Ein Kommissionsmitglied prescht vor der ersten Austauschrunde mit den anderen Beteiligten zu den Eindrücken zur Stunde vor und sagt: »Das war heute eine 4!«	Darauf hinweisen, dass es erst ein Austausch untereinander Sinn macht, um die Stunde von mehreren Seiten unter mehreren Aspekten zu betrachten. Keinen Gegenvorschlag zur Note bringen. Die eigene Sichtweise der Stunde darlegen.
Der Prüfungsvorsitzende lehnt sich zurück, grinst und meint: »Das erste Wort hat heute die kürzlich ernannte Kollegin in der Studienseminarleitung!«	Die Chance nutzen, eine Richtung des Gesprächs vorzugeben, fachlich argumentieren, die Lenkung des Gesprächs annehmen.
Die anderen Kommissionsmitglieder bemängeln (indirekt) die Arbeit der Studienseminarleitung: »Wenn man den Unterricht heute gesehen hat ... Lernt man das heute nicht mehr im Studienseminar, wie man ...«	Zur Kenntnis nehmen. Ggf. benennen, dass der Prüfling heute Prüfung hat und nicht die Studienseminarleitung. Bitten darum, dass differenziert und spezifiziert wird, was damit gemeint ist, was aktuell nicht mehr gelehrt wird.
Die Studienseminarleitung bleibt nach der Prüfung im Zimmer mit dem Lehramtsanfänger zu einem Zeitpunkt, indem noch kein Nachgespräch stattgefunden hat und lässt die Kommission vorausgehen. Die Studienseminarleitung berät den Lehramtsanfänger, wie er sich im Nachgespräch äußern soll.	Das ist rechtlich nicht zulässig. Für alle Handlungen ist der Lehramtsanfänger voll verantwortlich.
Ein Mitglied konnte sich mit seinem Notenvorschlag (= Note 3) nicht durchsetzen. Dieses Mitglied wurde überstimmt zur Note 2. Nach der Verkündigung der vollen Note lässt es sich dieses Mitglied aus der Prüfungskommission nehmen, vor dem Lehramtsanfänger hervorzuheben, dass die Note eine »gerade noch 2« oder eine »2 Minus« war.	Zur Kenntnis nehmen. Zum Abschluss der Notenverkündung dem Lehramtsanfänger benennen, dass nun ein weiterer/ der letzte Teil der Prüfungen erfolgreich absolviert wurde(n).
Nach der Bekanntgabe der Note wird eine Begründung derselben auf Verlangen des Lehramtsanfängers vom Vorsitzenden oder einem Mitglied der Prüfungskommission erteilt.	Eine Begründung erfolgt nur auf tatsächliches Verlangen des Lehramtsanfängers nach der Notenbekanntgabe. Ansonsten gilt der Grundsatz: »Eine Prüfung ist keine Beratung!« Tatsächlich ist es so, dass Lehramtsanfänger im Anschluss an die Notenbekanntgabe rein rechtlich eine Begründung verlangen können (z. B. festgelegt in den Anweisungen zum Vorbereitungsdienst (ZALGM) und zu den Zweiten Staatsprüfungen (LPO II) für das Lehramt an Grundschulen und für das Lehramt an Mittelschulen in Bayern 2016). Dies erfolgt dann mündlich, juristisch von den beschreibenden Adjektiven einwandfrei und kriterial orientiert. Als Hilfe dazu kann die 💻 Downloadvorlage 16 Schlüsselwörter als Hilfe zur Leistungsbeschreibung dienen.

6.1.2 *Schwierige Situationen in der Lehrprobe innerhalb der Schule, in der die Lehrprobe stattfindet*

Situation	Handlungsmöglichkeit
Die Seminarleitung wird bereits empfangen und es wird ihr erzählt, wie toll der Prüfling ist, was er alles leistet und wie kollegial er ist usw.	Unkommentiert zur Kenntnis nehmen, abnicken, als »normal« annehmen, dass die meisten an der Schule versuchen, das Prüfungsergebnis positiv zu beeinflussen, bzw. eigene biografische Erfahrungen verbalisiert werden.
Die »ganze« Schule hat an der Lehrprobe mitgearbeitet und identifiziert sich selbst mit dem (schlechten) Ergebnis des Prüflings. Der Seminarleitung wird ggf. feindselig gegenüber aufgetreten.	Stimmung zur Kenntnis nehmen. Nicht persönlich nehmen.
Die Seminarleitung wird von der Schulleitung bereits empfangen mit: »Heute wird man sehen, wie gut Sie als Seminarleitung Seminararbeit geleistet haben und wie viel Sie den Lehramtsanfängern beibringen konnten!«	Nicht mit der Prüfungsleistung des Lehramtsanfängers als Seminarleitung identifizieren. Wissen: der Lehramtsanfänger hat heute Lehrprobe, nicht die Seminarleitung.
Die Seminarleitung wird bereits empfangen mit: »Sind Sie gnädig heute ...!«	Stimmung zur Kenntnis nehmen. Nicht persönlich nehmen. Wissen, dass an dieser Stelle oft eigene biografische Erfahrungen mitgeteilt werden, die nicht mit der eigenen Studienseminarführung zu tun haben müssen.
Der Lehramtsanfänger kommt zu spät zur Prüfung und die Studienseminarleitung fühlt sich verantwortlich.	Die Klasse versorgen, informieren, dass es zu Verzögerungen kommt. Sich als Studienseminarleitung nicht für den Lehramtsanfänger verantwortlich fühlen. Sind es vertretbare Gründe nach Lösungen suchen, mit der Prüfungskommission besprechen und ggf. mit der örtlichen Prüfungsleitung die nächsten Schritte genehmigen lassen.
Ein Kollege baut die bereits zur Doppellehrprobe in der 2. Stunde vorbereitete Turnhalle ab, weil er stundenplanmäßigen Unterricht in der ersten Stunde hatte und die Gerätschaften nicht mit seiner Stundenplanung passten. Beim Eintreten in die Turnhalle bemerkt der Lehramtsanfänger, dass alle Vorbereitungen verschwunden sind.	Den Lehramtsanfänger beruhigen, den Rest der Prüfungskommission informieren, den Lehramtsanfänger bestärken, dass Flexibilität stets positiv bewertet wird. Nachlaufend nach dem Abschluss der Prüfung die Schulleitung über den Vorgang informieren. Grundsätzlich im vorlaufenden Seminartag zur Prüfung darauf hinweisen, dass die Lehramtsanfänger alle (!) Kollegen auf den Prüfungstag und evtl. Besonderheiten informieren, sodass es zu keinen Missverständnissen kommen kann.

6.1.3 *Schwierige Situationen in der Lehrprobenzeit innerhalb des Seminars*

Situation	Handlungsmöglichkeit
Manchmal kommt es zu Missstimmungen im Studienseminar, wenn die Lehrproben im Durchschnitt nicht »gut genug« ausfallen.	Im Vorfeld: • die Anforderungen an eine Lehrprobenstunde transparent machen • deutlich machen: die Note 3 entspricht voll den Anforderungen – das heißt, wenn der Unterricht reibungslos mit deutlichem Mehrwert für die Lernenden abläuft und keine Beratungspunkte zur Optimierung auftauchen ist es: voll den Anforderungen entsprechend – das kann man auch erwarten, wenn man 3–4 Jahre studiert, Praktika absolviert hat und (je nach Bundesland) x Monate im Referendariat war. • Im Plenum wiederholt Gesamtleistung des Studienseminars würdigen • Einsatzbereitschaft hervorheben

Situation	Handlungsmöglichkeit
Die Lehramtsanfängerin tritt auf die Seminarleitung zu und erklärt: »Sie haben mich schlecht beraten, sonst hätte ich eine viel bessere Note bekommen!«	Im Vorfeld deutlich machen: Die »Bringschuld« der zu erbringenden Leistung liegt bei der LAA, nicht bei der Seminarleitung.
Die Lehramtsanfänger möchten vorab Hinweise auf mögliche Prüfungstermine und schlagen vor, ob die Studienseminarleitung nicht mal den Kalender liegen lassen möchte und auf Toilette geht.	Das Prüfungsgeheimnis muss gewährleistet bleiben. Ein auch nur Andeuten (Sie können ja die Ferien entspannt genießen ...) oder tatsächliches Preisgeben von Prüfungsinformationen vor offiziellen Regelungen ist ein Dienstvergehen und niemandem zu empfehlen.
Die Studienseminarleitung merkt deutliche Anspannung im Studienseminar in der Lehrprobenzeit, Konkurrenzdenken herrscht vor.	Ansprechen, bewusst emotionale Momente mit einplanen, die das Herz erfreuen, fragen was sich das Studienseminar evtl. wünscht und dafür auch Zeit einplanen, weiter zielgerichtetes Arbeiten empfehlen, kleine Schritte des Erfolgs verdeutlichen, grundgelegte Rituale pflegen. Die Beobachtungen ansprechen, als Phantasien deuten, Zusammenarbeit empfehlen und auch am Seminartag Zeit für Zusammenarbeit einplanen.
Manche Lehramtsanfänger sind mit ihren Lehrproben bereits fertig, andere haben nicht einmal begonnen.	Strukturen geben, z.B. wenn die mündlichen Prüfungen anstehen Fahrpläne erstellen (lassen), Hilfe bei der Priorisierung von Tätigkeiten im Studienseminar besprechen. Zusätzlich: ansprechen, bewusst emotionale Momente mit einplanen, die das Herz erfreuen, fragen was sich das Studienseminar evtl. wünscht und dafür auch Zeit einplanen, weiter zielgerichtetes Arbeiten empfehlen, kleine Schritte des Erfolgs verdeutlichen, grundgelegte Rituale pflegen.
Die Studienseminarleitung wird konfrontiert mit: »Sie haben mir mit dieser/diesen Noten meine Zukunft verbaut!«	Im Vorfeld und auch zu diesem Zeitpunkt deutlich machen: Die »Bringschuld« der zu erbringenden Leistung liegt bei der LAA, nicht bei der Seminarleitung.

6.1.4 *Schwierige Situationen in der Lehrprobe in der Person der Studienseminarleitung*

Situation	Handlungsmöglichkeit
Die Seminarleitung identifiziert sich mit dem Ergebnis der LAA.	Die »Bringschuld« der zu erbringenden Leistung liegt bei der LAA, nicht bei der Seminarleitung. Der Prüfling hat an dem Tag Prüfung, nicht die Studienseminarleitung.
Das Stundenthema gehört (noch) nicht zu den Spezialgebieten der Studienseminarleitung.	Sich zurückhaltend ins Prüfungsgespräch und wohlwollend in die Notenfindung einbringen.
Die Seminarleitung bezweifelt die Tragfähigkeit ihrer Seminararbeit.	Reflexion, inwieweit dies tatsächlich zutreffen könnte – ggf. verändern. Die »Bringschuld« der zu erbringenden Leistung liegt bei dem Lehramtsanfänger, nicht bei der Seminarleitung.

6.1.5 *Schwierige Situationen in der Lehrprobe in der Person des Lehramtsanfängers*

Situation	Handlungsmöglichkeit
Die Lehramtsanfängerin redet sich im Nachgespräch nach der Lehrprobe um Kopf und Kragen und merkt es nicht.	Prüfungsnachgespräch im Vorfeld besprechen, vom Ablauf her »üben« in Beratungsbesuchen. Ggf. vorsichtig unterbrechen und eine besondere Stärke des Unterrichts des Lehramtsanfängers an diesem Tag thematisieren und nach einfachen Grundüberlegungen in der Unterrichtsplanung diesbezüglich fragen.

Situation	Handlungsmöglichkeit
Die Lehramtsanfängerin reagiert unflätig nach der Notenbekanntgabe.	Im Vorfeld besprechen: unabhängig von der Note in der Prüfung Stil bewahren – höfliches Verabschieden und Bedanken gehört dazu! Als Studienseminarleitung zur Kenntnis nehmen und nicht emotional reagieren, ggf. in den Beobachtungen zur Seminarnote notieren (Handlungs- und Sachkompetenz).
Die Leistung des Lehramtsanfängers liegt heute deutlich unter den sonstigen Leistungen, die der Lehramtsanfänger im Vorfeld bereits bewiesen hat.	Zur Kenntnis nehmen, die tatsächlich an diesem Tag erbrachte Leistung bewerten und beurteilen. Im Nachhinein evtl. ein Gespräch führen, dass die gezeigte Leistung an diesem Tag nur eine Momentaufnahme war und nicht seiner tatsächlichen Leistung entspricht, ohne Details aus dem Prüfungsgespräch und den Gründen, die zur Notenfindung führten zu benennen.
Die Leistung des Lehramtsanfängers liegt heute deutlich über den sonstigen Leistungen, die der Lehramtsanfänger im Vorfeld bereits bewiesen hat.	Zur Kenntnis nehmen, die tatsächlich an diesem Tag erbrachte Leistung bewerten und beurteilen.
Der Lehramtsanfänger hat bereits im Vorfeld gezeigt, dass er sich nicht als geeignete Lehrkraft erweist.	Zur Kenntnis nehmen, die tatsächlich an diesem Tag erbrachte Leistung bewerten und beurteilen.

6.2 Schwierige Situationen in mündlichen Prüfungen und Kolloquien

6.2.1 *Schwierige Situationen in mündlichen Prüfungen und Kolloquien – am Prüfungstag*

Situation	Handlungsmöglichkeit
Der Lehramtsanfänger hat eine Frage erhalten, die nicht zu seinem Spezialgebiet gehört.	Als Prüfer nicht zu schnell auf andere Fragen ausweichen. Pausen als Kommission aushalten. Der Prüfling muss spüren, dass er nichts weiß, um seine Note nachvollziehen zu können. Geht man zu früh auf andere Themen, hat der Prüfling sonst das Gefühl, er hat die ganze Zeit geredet und viel gewusst und versteht eine mangelhafte Note nicht. Davon ausgenommen sind natürlich kleine Hilfestellungen und Impulse, die die Beantwortung einer Frage erleichtern. Insgesamt muss man bei kleinen Hilfestellungen und Impulsen, die der Lehramtsanfänger erhält, bedenken, ob es dann noch eine Leistung sein kann, die die Anforderungen übersteigt.
Der Prüfling kommt nicht.	Die Prüfungsleitung informieren. Ärztliches Attest oder sonstige Bestätigung einfordern. Das Prüfungsamt setzt einen Ersatztermin an.
Der Lehramtsanfänger reagiert unflätig nach der Notenbekanntgabe.	Im Vorfeld besprechen: unabhängig von der Note Stil bewahren – verabschieden und bedanken gehört dazu! Zur Kenntnis nehmen, ggf. in den Beobachtungen zur Seminarnote notieren (Handlungs- und Sachkompetenz)
Der Kommission kommt zu spät.	Die Prüfungsleitung informieren. Die Prüflinge in Absprache mit der Prüfungsleitung zeitlich verschoben prüfen. Gibt es längere Pausen am Prüfungstag, wäre auch dort ein zeitlicher Ort, die Prüfung nachzuholen. Zu vermeiden ist, die Prüfung stark verspätet zu beginnen, weil sich sonst der Prüfungsplan verschiebt und u.U. durch die Verschiebung Formfehler passieren können, die juristischen Anfechtungen nicht standhalten, weil z.B. die Uhrzeiten auf dem Protokoll nicht mit den tatsächlichen übereinstimmen. Wohlwollend beurteilen.

Situation	Handlungsmöglichkeit
Der Prüfling wird ohnmächtig oder ihm wird schlecht.	»Erste Hilfe« leisten. Die Prüfungsleitung informieren. Weiteres Vorgehen mit der Prüfungsleitung absprechen. Keine eigenmächtigen Entscheidungen treffen.
Die Prüfungsfragen wurden in der Vorbereitung der Studienseminarleitung vertauscht. Der Prüfling hat an seinem Tisch eine andere Frage als die Studienseminarleitung denkt, dass er haben sollte.	Die Frage austauschen, für schnellen Ersatz sorgen, sich entschuldigen, unbedingt trotzdem die Gesamtprüfungsdauer einhalten, d.h. wenn es durch den Austausch zu Zeitverzögerungen kommt, wird länger geprüft, wohlwollend beurteilen. Alternativ: aufmerksam mitnotierend die Schlüsselworte der Frage vom Prüfling benennen lassen und daraufhin flexibel und wohlwollend die Prüfung weiter gestalten. Das eigene Versehen nicht zu Ungunsten des Lehramtsanfängers umlegen.
Die Seminarleitung wird von ihrem Vorgesetzten begrüßt mit: »Heute wird man sehen, wie gut Sie als Studienseminarleitung gearbeitet haben, wenn wir uns die mündlichen Noten Ihrer Absolventen anschauen!«	Nicht mit der Prüfungsleistung des LAA als Seminarleitung identifizieren. Wissen: die LAA hat heute mündliche Prüfung, nicht die Studienseminarleitung! Ggf. den Vorgesetzten darum bitten, dass differenziert und spezifiziert wird, was damit gemeint ist.
Die Seminarleitungskollegen geben der Studienseminarleitung mit: »Gib meinen Lehramtsanfängern keine schlechten Noten! Ich habe nur gute Leute ausgebildet!«	Auf die sachliche Ebene der Prüfung konzentrieren. Kriterial zur Notenfindung kommen. Wissen, dass man i.d.R. zu zweit prüft, d.h. die Note hat man nie nur alleine vergeben.
Die Studienseminarleitung weiß, dass der Lehramtsanfänger bei einer schlechten Note in dieser Prüfung durchfallen wird.	Die Leistung zur Kenntnis nehmen und gerecht bewerten und beurteilen. Für die Prüfungsleistung ist der Lehramtsanfänger verantwortlich.

Schwierige Situationen in mündlichen Prüfungen und Kolloquien im Seminar 6.2.2

Situation	Handlungsmöglichkeit
Der Lehramtsanfänger tritt auf die Seminarleitung zu und erklärt: »Sie haben mich schlecht vorbereitet auf die mündlichen Prüfungen, sonst hätte ich eine viel bessere Note bekommen!«	Im Vorfeld deutlich machen: Die »Bringschuld« der zu erbringenden Leistung liegt bei dem Lehramtsanfänger, nicht bei der Seminarleitung.
Es herrscht eine »lässige« Stimmung im Seminar, die Vorbereitung wird nicht ernst genommen, da die Einstellungschancen gut sind.	Auf die Anforderungen des Lehrberufs verweisen, benennen, dass es um Handlungskompetenzen als Lehrkraft geht und nicht nur für die Prüfung gelernt wird, bei entsprechendem Verhalten auch Verantwortung für das Nichtstun der Lehramtsanfänger diese übernehmen lassen, es sind Erwachsene, die sich nicht (adäquat) vorbereiten, entsprechende Leistungen dann auch gerecht bewerten und beurteilen
Der Konkurrenzdruck wird immer größer, die Stimmung ist sehr angespannt.	Ansprechen der Beobachtungen, je nach Fall im Einzelgespräch und/ oder im Plenum. Zusammenarbeit betonen in fachlicher Hinsicht, wenn das nicht möglich ist, dann zumindest aufzeigen, dass es sich die Personengruppe des Seminars nicht noch schwerer machen muss als die Prüfungen an sich es schon sind. Für Alternativen am Seminartag sorgen, z.B. einmal einen Kaffee im Imbiss um die Ecke trinken, einen Lernspaziergang im Park mit dem Seminar machen, ...

Situation	Handlungsmöglichkeit
Eine (sehr) schlechte Beurteilung der schriftlichen Hausarbeit ist im Zusammenspiel mit anderen Prüfungen so, dass bei dieser (schlechten) Note der Lehramtsanfänger durch die Prüfung fällt. Die Studienseminarleitung zögert, die (schlechte) Note zu geben.	Die »Bringschuld« der zu erbringenden Leistung liegt bei der LAA, nicht bei der Seminarleitung. Aus Gründen der Prüfungsgerechtigkeit und der Noten im Vergleich kann keine Gefälligkeitsnote erteilt werden. Evt. zur Notengewissheit der Studienseminarleitung nochmals eine weitere Studienseminarleitung informell hinzuziehen, um eine weitere Meinung zu haben. I.d.R. werden schriftliche Hausarbeiten mit zwei Korrektoren besetzt, sodass beide Studienseminarleitungen Verantwortungen für die Note in Absprache erhalten. Zugleich gibt es eben Regelungen, nachdem die Prüfungen (nicht) bestanden werden. Diese werden eingehalten.
Der Zweitkorrektor ist bezüglich der Qualität der schriftlichen Hausarbeit ganz anderer Meinung als der Erstkorrektor und die Notenvorschläge gehen weit auseinander.	Notenfindung vertagen, nochmals zeitversetzt absprechen und dabei die Gründe des anderen prüfen sowie die eigenen Punkte abwägen. Im Zweifelsfall geht i.d.R. bei Nichteinigung die Prüfungsleistung an einen Drittkorrektor, der dann die entscheidende Note gibt.
Das Thema der schriftlichen Hausarbeit ist so gestellt, dass es dem Prüfling gar nicht gelingen kann, es umfassend zu bearbeiten.	Am Seminartag zur schriftlichen Hausarbeit präventiv auf die Gefahren einer »schlechten« Themenstellung hinweisen. Letztlich liegt die Themenfindung im Schwerpunkt in der Hauptverantwortung der Lehramtsanfänger, die im Rahmen der Findungsphase von der Studienseminarleitung beraten werden. Diese Verantwortung für ihr gewähltes Thema dürfen die Lehramtsanfänger auch übernehmen. Liegt die »Schuld« bei der Studienseminarleitung, nicht zu Ungunsten des Lehramtsanfängers werten.
Die Seminarleitung identifiziert sich mit dem Ergebnis des Lehramtsanfänger.	Die »Bringschuld« der zu erbringenden Leistung liegt bei dem LAA, nicht bei der Seminarleitung. Querverbindung: Ich rette dich – Lehramtsanfänger
Die Wahrnehmungen des Erst- und des Zweitkorrektors der schriftlichen Hausarbeit liegen weit auseinander. Die Studienseminarleitungskollegin möchte grundsätzlich »ihrer« Lehramtsanfängerin als Erstkorrektorin unbedingt eine Note geben, die um zwei Stufen besser ist als die des Zweitkorrektors.	Als Neuling in der Studienseminarleitung die Argumente notieren, im sachlichen Austausch bleiben, Erfahrungen mit den jeweiligen Thematiken und mit der betreffenden Studienseminarleitungskollegin sammeln. Nicht unbedingt sofort klein beigeben. Das Gespräch zum Ende bringen und einen Termin für eine weitere Besprechung um eine Woche vertagen. Ist eine Einigung nicht möglich, dem Prüfungsamt mitteilen, i.d.R. erfolgt dann eine Drittkorrektur, die eine Notenentscheidung trifft.
Einzelne Studienseminarleitungskollegen haben ein Muster, dass sie ihre eigenen Lehramtsanfängern auf Biegen und Brechen protegieren, als Zweitkorrektoren bei Lehramtsanfängern, die nicht aus ihrem Studienseminar sind, aber auf einmal einen ganz anderen sehr strengen Maßstab haben.	Die Kollegen im Einzelgespräch auf diese Beobachtung hinweisen. Erstaunen kundtun, weiter fachlich argumentieren. Die Argumente und Beurteilung des Inhalts in Stichpunkten mit protokollieren, um im Folgejahr/den Folgejahren auf diese Argumente zurückzugreifen.
Die Zweitkorrektorin droht damit, dass man bei keiner Einigung, die schriftliche Hausarbeit zur Drittkorrektur an die Regierung geht und spekuliert darauf, so seinen Notenvorschlag durchzusetzen.	Sich nicht ins Bockshorn jagen lassen. Ein Gedächtnisprotokoll zum Gesprächsverlauf anfertigen. Die Kriterien die zur eigenen Notenfindung beigetragen haben nochmals klar zusammenfassen und ggf. ein Gutachten schreiben. Sollte die schriftliche Hausarbeit zur Drittkorrektur gehen, zur Kenntnis nehmen, egal, welche Note letztendlich dabei festgelegt wird.

Situation	Handlungsmöglichkeit
Die Datenbasis für ein »Gefühl bei der Studienseminarleitung«, dass gerecht bewertet wird, ist nicht ausreichend gegeben.	Grundsätzlich kontinuierliche und aussagekräftige Aufzeichnungen führen. Ggf. mit weiteren Personen der an der Ausbildung Beteiligten sprechen, um weitere Informationen zu erhalten. Wohlwollend beurteilen, wenn es nicht im Verschulden des Lehramtsanfängers liegt.
Die Studienseminarleitung hat durch einen Seminarwechsel Lehramtsanfänger erhalten, die vorher einen anderen Studienseminarleiter hatten.	Zur Gesamtnotenfindung die Absprache mit dem Kollegen suchen, um Datenbasis und Wechselgutachten, aus dem die bisher erbrachte Leistung des Lehramtsanfängers beim Vorgängerkollegen hervorgeht (am besten gleich beim Wechsel) bitten. Wohlwollend beurteilen.
Zu bestimmten Zeitpunkten verfassen Schulleitungen Beobachtungen i.d.R. zur Unterrichts-, zur Erziehungs- sowie zur Handlungs- und Sachkompetenz des Lehramtsanfängers. Oft decken sich die Wahrnehmungen der Studienseminarleitung mit denen der Schulleitung, zuweilen weichen die Beobachtungen der Schulleitungen (i.d.R. mit deutlicher Tendenz zum Besseren im Vergleich zur Studienseminarleitung) ab.	In der Lehramtsprüfungsordnung nachsehen, ob es sich um Beobachtungen, die herangezogen werden können oder ob es sich um Beurteilungen der Schulleitung handelt, die juristisches Gewicht erhalten und in die Notengebung der Studienseminarleitung mit einfließen. Sind es Beobachtungen, die herangezogen werden können, nimmt die Studienseminarleitung die Wahrnehmungen zur Kenntnis und beachtet sie nicht weiter oder mit weniger Gewicht. Bei Abweichungen die eigene Wahrnehmung überprüfen und mit den eigenen Aufzeichnungen zur Unterrichts-, zur Erziehungs- sowie zur Handlungs- und Sachkompetenz vergleichen und ggf. korrigieren Bei »Gefälligkeitsgutachten« ein Gespräch mit der Schulleitung führen, darum bitten, dass für gute und sehr gute Leistungen eine Vielzahl von Beispielen aufgeführt werden soll. Nachfragen, aufgrund welcher Datenlage die Wahrnehmungen der Schulleitung zustande kamen (manchmal war die Schulleitung nicht einmal selbst im Unterricht und äußert sich zur Unterrichtskompetenz) Bei wiederholten »Gefälligkeitsgutachten« über die Jahre sich an der Personalabteilung dafür einsetzen, dass der Lehramtsanfänger nach der Prüfung an der Schule verbleibt (oft sehr wirksam, besonders wenn es ein »schlechter« Lehramtsanfänger war, der über die Maßen gelobt wurde). Im Vorfeld die Kriterien zur Unterrichts-, zur Erziehungs- sowie zur Handlungs- und Sachkompetenz von Lehramtsanfängern Schulleitungen transparent machen, Ansprüche für die Einstufung der Lehramtsanfänger benennen
Einzelne Lehramtsanfänger haben kein Verständnis bei Erhalt der Noten für ihre Beurteilung.	Die Kriterien wiederholt im Vorfeld für die Vergabe der Note benennen. Falls geschehen, darauf verweisen, dass die Kriterien vorher transparent waren. Auf weitere Dokumente verweisen wie etwa Würdigungen von Unterrichtsbesuchen, Gutachten von Schulleitungen usw. Den Maßstab benennen: eine 3 = entspricht voll den Anforderungen, d.h. wenn alles zu voller Zufriedenheit erledigt ist, dazu gehören Unterricht, Erziehung, Mitarbeit und Vorbereitung im Seminar, Beiträge zum Schulleben, Termine einhalten etc., dann ist das die Note 3. Sind Mängel festzustellen ist das die Note 4 – entspricht mit Mängeln noch den Anforderungen. Mit dieser Beobachtungsaufgabe wird der Lehramtsanfänger gebeten nochmals alle seine Protokolle zu Unterrichtsnachbesprechungen zu lesen.

Situation	Handlungsmöglichkeit
Gestaltung der Noteneröffnung	In manchen Fällen erhalten die Lehramtsanfänger einen Brief mit den Noten, in anderen Fällen teilt die Studienseminarleitung die Noten mit. Dazu im Vorfeld nochmals die Kriterien für die einzelnen Bereiche den Lehramtsanfängern benennen, den Maßstab für die Note 3 vorentlasten. Klarmachen, dass die Notenfindung ein längerfristiger und kein leichter Prozess war und die Vergabe wohlüberlegt an Kriterien orientiert ist. Das Angebot zum Gespräch für Nachfragen ermöglichen. Bewährt haben sich solche Gespräche leicht zeitversetzt, wenn die ersten Emotionen wieder etwas geglättet sind. Persönliche Worte verbunden mit einem Dank für die Zusammenarbeit sind in diesem Zusammenhang richtig am Platz.
Der Lehramtsanfänger möchte eine vorläufige Bescheinigung über das Bestehen der Gesamtprüfung zur Bewerbung in anderen Bundesländern.	Eine vorläufige Bescheinigung über das Bestehen der Gesamtprüfung kann erst nach der offiziellen Notenbekanntgabe beantragt werden. Bis dahin kann der Lehramtsanfänger mit seinem Zuweisungsschreiben belegen, dass er sich zurzeit in Ausbildung befindet und gemäß den Bestimmungen der Prüfungsordnung abschließen wird.

6.5 Weitere herausfordernde Situationen in der Studienseminarleitung mit Bewältigungsmöglichkeiten

6.5.1 *Als Studienseminarleitung neu in der Kollegengruppe der Studienseminarleitungen*

Situation	Handlungsmöglichkeit
In der ersten Sitzung mit allen anderen Studienseminarleitungen werden Sie gebeten, sich kurz vorzustellen.	Sich kurz (!) und zurückhaltend zur eigenen Person und evtl. beruflichen Werdegang äußern. Freude über die neue Tätigkeit benennen und auf die Gruppe sowie die konstruktive Zusammenarbeit äußern. Vermeiden: eine expressive Selbstdarstellung, Aufzählen aller beruflichen (und privater) Erfolge und angeben, was man alles kann
In der ersten Sitzung mit allen anderen Studienseminarleitungen werden Sie als »Heilsbringer« zur Reform, Innovation und Auffrischung in der Seminarlandschaft vorgestellt.	Zur Kenntnis nehmen, keinen Bezug darauf nehmen, falls möglich, den »Ball flach halten« und sich lediglich dahingehend äußern, dass man sich auf die gute Zusammenarbeit und einen gelungenen Austausch freut.
In der Gruppe der Studienseminarleitungen kann festgestellt werden, dass es verhärtete Fronten zwischen einzelnen Kollegen gibt und die neue Studienseminarleitung Stellung beziehen soll, »zu wem sie gehört«.	Unverbindlich bleiben, sich nicht verbindlich äußern, Verständnis für beide Seiten aufbringen, persönliche Kontakte versuchen aufzubauen.

Situation	Handlungsmöglichkeit
Bei Schulwechsel: Sie werden gebeten zu Ihrer Neuernennung als Studienseminarleitung ein paar Worte ans Kollegium zu richten.	An der Schule sind Sie vielleicht ein eher Unbekannter. Sich kurz (!) zur eigenen Person und evtl. beruflichen Werdegang äußern. Freude über die neue Tätigkeit benennen und auf die Gruppe sowie die konstruktive Zusammenarbeit äußern. Vermeiden: eine expressive Selbstdarstellung, Aufzählen aller beruflichen (und privater) Erfolge. Im Unterschied zur Vorstellung in der Gruppe der Studienseminarleitungen sind Sie im Kollegium mit zusätzlichen Phantasien behaftet, da jede Lehrkraft ihre eigene (positive oder negative) biografische Erfahrung mit Lehrerausbildung hat, die nun unreflektiert auf Sie projiziert wird. Zusätzlich kann es auch sein, dass es weitere Bewerbungen auf Ihre Stelle gab, die nun im Kollegium sitzen und die anvisierte Stelle nicht erhalten haben. Je jünger die neu ernannte Studienseminarleitung ist, desto stärker sind u. U. auch Neidsituationen denkbar, die mit einer »beruflichen Abwertung« (Was will denn der junge Studienseminarleitung den frischen Lehramtsanfängern schon beibringen?«) einhergehen können. Ist die Situation vor Ort als Studienseminarleitung kollegial nicht ertragbar, um Versetzung beim Vorgesetzten bitten. Mittelfristig ist eine Veränderung i. d. R. möglich.
Bei Verbleib im Kollegium: Sie werden gebeten zu Ihrer Neuernennung als Studienseminarleitung ein paar Worte ans Kollegium zu richten.	Diese Situation kann leichter sein, als in einer neuen Schule anzufangen. Je nachdem, wie Sie als Lehrkraft im Kollegium integriert waren, wird über die getragenen menschlichen Beziehungen der Rollen- und Tätigkeitswechsel einfacher (oder schwerer) sein. Sich kurz (!) zur eigenen Person und evtl. beruflichen Werdegang äußern. Freude über die neue Tätigkeit benennen und auf die Gruppe sowie die konstruktive Zusammenarbeit äußern. Vermeiden: eine expressive Selbstdarstellung, Aufzählen aller beruflichen (und privater) Erfolge.
Die Studienseminarleitung wird von der Schulleitung gebeten, das Kollegium im Bereich der Unterrichtsentwicklung als Spezialist in diesem Bereich »Nachhilfe« zu geben.	Das Anliegen der Schulleitung wahrnehmen. Die eigene Rolle als Fortbildner dahingehend klar definieren, dass man als Studienseminarleitung nicht als »Notfallrettungsdienst« unterwegs ist. Bereitschaft signalisieren an kleinen Schritten im Rahmen des Schulentwicklungsprogramms mitzuwirken, z. B. im Rahmen einer »Lehrlandschaft Studienseminar« (vgl. 4.5. Die Studienseminarleitung als (Praxis-) Impulsgeber für die Unterrichtsentwicklung – Lehrlandschaft Seminar). Hierbei hat es sich bewährt, dass sich die Lehramtsanfänger konstruktiv mit in das Geschehen einbringen, und Gestaltungsformen so in der Schule mit einbringen, dass sie von der an der Schule Beteiligten als wertvoll erlebt werden.
Wegen vielerlei dienstlichen Terminen, die zeitgleich zum eigenverantwortlichen Unterricht liegen, fällt der Unterricht der Studienseminarleitung öfter aus oder muss vertreten werden.	Genaue Absprachen treffen, für Transparenz der Termine und der dienstlichen Notwendigkeiten sorgen, nach Kompromissen suchen und Alternativen mit der Schulleitung besprechen, wie man sich zusätzlich an der Schule einbringen kann, um eine gewissen Kompensation zu erreichen.

6.5.3 | *Zusammenarbeit mit anderen Studienseminarleitungen*

Situation	Handlungsmöglichkeit
Als »Neuling« in der Studienseminarleitung ist man nicht sofort kompetent in allen Bereichen, bzw. kennt formelle offizielle Regelungen, aber noch keine informellen Vereinbarungen innerhalb der Gruppe der Studienseminarleitungen.	I.d.R. wird einem »Neuling« ein Ansprechpartner zugeteilt, der in allen Fragen unterstützt. Gleichzeitig ist es wertvoll, die Fühler auszustrecken nach v.a. menschlich kompatiblen Persönlichkeiten aus der Gruppe der Studienseminarleitungen. Diese sind oft weiterer Anlaufpunkt für individuelle Fragestellungen aller Art.
Als »Neuling« erhalten Sie aus der Gruppe der Studienseminarleitungen keine fachliche Unterstützung. Mit Bemerkungen wie »Das machst du schon!«, »Du kommst ja direkt aus der Praxis, von dir können wir viel lernen!« und/oder »Ach ja, bei uns war das auch schon sehr anstrengend zu Beginn!« wird eine Zusammenarbeit erschwert.	Versuchen menschliche Brücken zu bauen, um über persönlichen Kontakt Zusammenarbeit zu initiieren. Wissen, dass beim ersten (und beim zweiten) Durchgang nicht alles perfekt sein muss und man schließlich mit erwachsenen Menschen arbeitet, die i.d.R. ohne das Zutun der Studienseminarleitung bereits das 1. Staatsexamen absolviert haben und damit eine gewisse eigenständige Lernfähigkeit bewiesen haben.
Andere Kollegen verwenden die selbst erstellten Arbeitshilfen der Studienseminarleitung ohne um Einverständnis zu bitten.	Die Kollegen ansprechen, auf Copyright verweisen, fachliche Zusammenarbeit anbieten und Austausch anregen.

6.5.4 | *Qualität des eigenen Unterrichts der Studienseminarleitung*

Situation	Handlungsmöglichkeit
Die Ernennung zur Studienseminarleitung ist i.d.R. mit einem Erhalt von Anrechnungsstunden verbunden. So erhält z.B. eine Studienseminarleitung in Bayern für das Lehramt an Grundschulen 21 Anrechnungsstunden von 28 Unterrichtsstunden als Vollzeitlehrkraft. Das bedeutet, die Studienseminarleitungen ist nur noch 7 Stunden in einer Klasse. Der Praxisbezug ist zwar noch gewährleistet, aber anders, als wenn man als Klassenleiter eine hohe Anzahl an Stunden in »seiner« Klasse ist und vieles an Arbeitstechniken, Gesprächsverhalten usw. einschulen kann. Gleichzeitig kann es sein, dass die Lehrkraft im Spagat zwischen eigener Unterrichtsqualität und dem Anspruch der Unterrichtsqualität, die sie berät steht. Zusätzlich kommt eine Zusatzbelastung dazu, die die Vorbereitung der Studienseminararbeit erfordert. Das kann zu Unzufriedenheit und Frustration im eigenen Unterricht als Studienseminarleitung führen, da nicht wie gewohnt entsprechende Zeitreserven zur Unterrichtsvorbereitung zur Verfügung stehen.	Um eine mögliche Eingeschränktheit wissen. Bewusstmachen, dass der eigene Unterricht vor der Ernennung zur Studienseminarleitung gut gewesen sein muss, sonst hätte man die Stelle nicht erhalten. Mit dem eigenen Erfahrungsschatz zum Unterrichten, sich graduell wieder dem eigenen Anspruch annähern. Bewusst machen: Was ist der Schwerpunkt meiner Arbeit?, Prioritäten setzen.

Situation	Handlungsmöglichkeit
Die Betreuungslehrkraft oder der Mentor verteidigt in der Nachbesprechung die Stunde des Lehramtsanfängers »gegen« die Studienseminarleitung.	Die Sichtweise der Betreuungslehrkraft oder der Mentor zur Kenntnis nehmen, den Lehramtsanfänger explizit mit ins Gespräch bitten und um seine Meinung fragen. Die Sichtweisen erweitern, indem von Möglichkeiten zum Weiterdenken bezüglich der Unterrichtsstunde gesprochen wird, die an- und weitergedacht werden. Die Kärtchenmethode verwenden (vgl. Köhler/Weiß Unterricht kompetenzorientiert nachbesprechen, Beltz 2015), durch die jeder Gesprächsteilnehmer eine gleichberechtigte Stimme erhält und dadurch Vielredner zurückgedrängt und eher Schweigsame zum (Mit-) Reden animiert werden.
In der Nachbesprechung der Stunde hat die Studienseminarleitung den Eindruck, dass die Unterrichtsstunde nicht vom Lehramtsanfänger geplant ist, sondern von der Betreuungslehrkraft oder des Mentors.	Vorsichtig die Fühler ausstrecken, ob dem so ist, z.B. die gute Zusammenarbeit zwischen Lehramtsanfänger und Betreuungslehrkraft oder Mentor loben, die sich ja bis zur konkreten Unterrichtsvorbereitung erstrecken kann. Evtl. im Einzelgespräch mit der Betreuungslehrkraft oder des Mentors nach der Nachbesprechung die Zusammenarbeit würdigen und benennen, wie man sich als Studienseminarleitung die Stundenberatung vorstellt sowie, dass es die zunehmend die Stunde des Lehramtsanfängers werden soll.
Die Betreuungslehrkraft oder der Mentor greift in den Unterricht des Lehramtsanfängers »störend« ein.	Zunächst zur Kenntnis nehmen, evtl. im Einzelgespräch mit der Betreuungslehrkraft oder des Mentors nach der Nachbesprechung Alternativen besprechen, z.B. dass man in ungewohnten Situationen als Betreuungslehrkraft oder Mentors so involviert ist, dass man selbst unterrichten möchte, man dadurch aber dem Lehramtsanfänger die Chance nimmt flexibel reagieren zu lernen.
Die Betreuungslehrkraft oder der Mentor identifiziert sich stark mit der Leistung des Lehramtsanfängers.	Im Einzelgespräch mit der Betreuungslehrkraft oder des Mentors die Aufgabe des Lehramtsanfängers mit seiner Verantwortung für seine Tätigkeit benennen. Erwachsene werden als Lehramtsanfänger betreut, die i.d.R. auch ein erstes Staatsexamen absolviert haben. Das Engagement der Betreuungslehrkraft oder des Mentors als ehrenwert hervorheben, gleichsam aber benennen, dass man die Lehramtsanfänger als der Betreuungslehrkraft oder als Mentor begleitend führt und ihnen den zugleich (emotionalen) Freiraum zur persönlichen Entfaltung lässt.
Die Betreuungslehrkraft oder der Mentor »beschwert« sich immer wieder indirekt oder direkt bei der Studienseminarleitung über die zu hohen Anforderungen der Studienseminararbeit.	Im Einzelgespräch mit der Betreuungslehrkraft oder des Mentors nach der Nachbesprechung konkret nachfragen und differenzieren und spezifizieren lassen, was mit den Aussagen gemeint ist, wenn sie direkt der Studienseminarleitung gegenüber geäußert wurden. Klar die Studienseminarstandards benennen und betonen, dass diese für alle Lehramtsanfänger im Studienseminar gleich sind.

Situation	Handlungsmöglichkeit
Gerade zum Berufseinstieg kommt es zu großen Überforderungen als Studienseminarleitung. Auf einmal kann man »alles« aufgrund der neuen beruflichen Rolle – Seminartage halten, eine Gruppe von Lehramtsanfängern führen, Lehrproben beurteilen, schriftliche Hausarbeiten beurteilen usw. Nicht immer greifen dabei Unterstützungssysteme aus welchen Gründen auch immer, effizient. Die Studienseminarleitung fühlt sich überlastet.	Sich der Anforderungen bewusst werden – kleine Schritte gehen auf dem langen Weg zur Professionalisierung als Studienseminarleitung. Dazu gehört, die eigenen Ansprüche zu überprüfen und auch »Nein« zu sagen, wenn (zusätzliche) Erwartungen von Lehramtsanfängern oder auch Vorgesetzten an die Studienseminarleitung herangetragen werden und auch »Nein« zu sich selber sagen und nach dem Pareto-Prinzip zu arbeiten. Dieses Prinzip benennt, dass 80 % (also der Großteil) der Ergebnisse mit 20% des Gesamtaufwands geschafft werden. Die restlichen 20% der Ergebnisse zur Perfektionierung benötigen 80% der Zeit. Flankierende Möglichkeiten: • »Goldplättchen sammeln während und am Ende des Tages«. Die Goldplättchen sind ein gedankliches Symbol für Angenehmes, Schönes, Lustiges usw. Diese Momente gilt es zu sammeln, denn diese kleinen Momente bewusst als stärkend zu empfinden ist eine euthyme Verhaltensweise und erhöht die Anzahl positiver Erfahrungen in Belastungszeiten. • Mit einer bewussten Handlung den Tag ritualisiert beenden, z. B. bewusst den Computer ausschalten und eine Tasse Tee trinken als Einstieg in den »Feier-«Abend. • In den Austausch mit Kollegen kommen – dies kann je nach Passung fachlich und/oder emotional gefärbt sein. • Kollegiale Supervision andenken. • Sich davon verabschieden, perfekt sein zu wollen/zu müssen, es jedem recht zu machen, alles zu kontrollieren und unbedingt durchziehen zu müssen. • Für körperlichen Ausgleich sorgen – Bewegung hilft, Stress abzubauen und Distanz zu schaffen. • Sich über Teilerfolge freuen. • Effektive Methoden der Stressbewältigung und Entspannungstechniken erlernen. • Die eigene Arbeitsweise und das Zeitmanagement umstellen. • Sich um tragfähige soziale Beziehungen bemühen. Hinweis: Sollte sich auch z. B. nach längeren Ferien ein Gefühl der Hilflosigkeit, des Ausgelaugtseins, des Frustriertseins sowie Arbeitsunlust, Kompetenzzweifel, Zynismus, oder auch nervöse Unruhe, Reizbarkeit, Vergesslichkeit, übermäßiges Schwitzen, Schlafprobleme, schnelle Erschöpfbarkeit, Schwindel, verändertes Essverhalten oder übersteigerter Ordnungssinn u. a. m. einstellen, kann eine ärztliche Klärung hilfreich sein.

Situation	Handlungsmöglichkeit
Der Referent für einen bestimmten Fachbereich am Seminartag kann krankheitsbedingt nicht kommen.	Es gibt verschiedene Möglichkeiten, trotzdem Seminartage zu gestalten: Einen anderen Inhalt aus der Seminarplanung vorziehen. Zeit für eine (Zwischen-) Evaluation des Studienseminars – die Lehramtsanfänger notiere auf Zetteln: Das gefällt mir ..., Das wünsche ich mir ..., Das möchte ich im Seminar beitragen ... Die Gruppe der Lehramtsanfänger bepunktet die nächsten Handlungsschritte, die für das eigene Arbeiten und das Arbeiten im Studienseminar wichtig sind. Andere Kollegen aus der Studienseminarleitung kontaktieren, um Materialaustausch/-hilfe genau zu diesem Thema bitten. Methodische Allzweckwaffe: Einem ausführlichen biografischen Einstieg folgt die Lehrplananalyse in Gruppen, eine Internetrecherche zur fachlichen Vertiefung und Gestaltung eines Plakats dazu, eine Pause, und dann die unterrichtspraktische Umsetzung in Unterrichtssequenzen anhand von Schulbüchern oder selbst gewählten Jahrgangsstufen, in denen die Lehramtsanfänger unterrichten. Dies wird im Plenum vorgestellt und diskutiert. Ein spontaner Lernspaziergang zum nächsten Café lässt die Studienseminarleitung auf dem Weg dorthin flexibel den weiteren Verlauf planen, wenn der Referent so überraschend absagt, dass keine andere Ersatzplanung möglich ist.
Die Verabschiedung des Referenten am Ende der Veranstaltung.	Bewährt hat sich ein personell zweigeteilter Dank zum einen durch die Seminarsprecher im Namen der Gruppe der Lehramtsanfänger und zum anderen anschließend »offiziell« durch die Studienseminarleitung. Ohne viel Aufwand könnten die Lehramtsanfänger auf einem kleinen blanko DIN-A6 Zettel ein kurzes wohlwollendes Feedback formulieren, das in einem kleinen (gestalteten) Umschlag vom Seminarsprecher überreicht wird, die Studienseminarleitung übergibt mit zusammenfassenden lobenden Worten ein kleines Dankeschön zusammen mit einer Referentenbestätigung.

Erstkontakt mit Lehramtsanfängern | 6.5.8

Situation	Handlungsmöglichkeit
Der erste persönliche Kontakt beeinflusst nachhaltig das Gefühlsleben von Lehramtsanfängern sowie ihren (An-) Spannungszustand.	Bewusste Gestaltung dieser Anfangsphase Ein Erstkontakt erfolgt i.d.R. mit einem Begrüßungsschreiben und kurz gehaltenen Erstinformationen zum organisatorischen Rahmen der Studienseminararbeit sowie Kontaktdaten der Studienseminarleitung. Als von den Lehramtsanfängern entlastend empfunden wird ein informelles Treffen der Gruppe der neuen Lehramtsanfänger zum ersten Kennenlernen. Die Gruppe lernt sich und die Studienseminarleitung kennen, erste wichtige Fragen können im Einzelgespräch und in der Gruppe besprochen werden und ein Gefühl der Handlungssicherheit bei den Lehramtsanfängern unterstützt. In heterogenen Seminaren kann die Gestaltung des Erstkontaktes auch von Zweitjährigen gestaltet werden, indem diese die Neulinge einladen und informell begrüßen in einem Treffen, zu dem (vielleicht zeitversetzt) auch die Studienseminarleitung kommt. Haltung der Studienseminarleitung: Ankommen ermöglichen, es gibt keine »dummen« Fragen, Sorgen und Wünsche der Lehramtsanfänger ernst nehmen, auch wenn es nicht immer eine (Sofort-) Lösung gibt, Benennen einer Vorfreude auf die Zusammenarbeit.

6.5.9 *Erstkontakt bei der Vereidigung von Lehramtsanfängern*

Situation	Handlungsmöglichkeit
Die Seminarleitung wird als Dienstanfänger in der Studienseminarleitung gebeten, die Vereidigung der Lehramtsanfänger aktivierend mitzugestalten.	Eine Fundgrube für Vereidigungen sind literarische Vorlagen, aus denen zitiert werden kann und evtl. mit einem Bildimpuls veranschaulichend gewirkt werden kann. Dazu zählen: Der Ernst des Lebens von Sabine Jörg und Ingrid Kellner, Frau Hoppes erster Schultag von Axel Scheffler und Agnès Bertron, Chill mal Frau Freitag von Frau Freitag, usw. Zu klassischen Punkten einer Ansprache gehören: Begrüßung der Anwesenden, Hierarchie der amtlichen Würdenträger beachten Beglückwunschung der Lehramtsanfänger zur Berufswahl und zum bestandenen Examen Vorstellen: Was ist gelungene Studienseminararbeit? Gute Wünsche für den Berufseinstieg ...
Die Studienseminarleitung weiß bei der Vielzahl der anwesenden Personen nicht, welche Lehramtsanfänger zu seinem Studienseminar gehört.	Eine Namensliste des Studienseminars dabeihaben. Sollte es die Personengruppenanzahl erlauben ist es auch denkbar, jedem Lehramtsanfänger vor dem offiziellen Beginn die Hand zu schütteln und zu begrüßen. Die Lehramtsanfänger, die zum eigenen Studienseminar gehören, geben sich spätestens zu diesem Zeitpunkt als ins Studienseminar zugehörig zu erkennen.

Umgang mit schwierigen Lehramtsanfängern 7

Im Folgenden werden überzeichnet Typen von Lehramtsanfängern und Ausstiegsmöglichkeiten zum Umgang mit diesen Situationen dargestellt.

Der Ganz-bestimmt, aber-Lehramtsanfänger 7.1

Der »Ganz-bestimmt, aber«-Lehramtsanfänger: Das Thema ist stets das Gleiche. Ein Lehramtsanfänger hat ein Problem und sucht Hilfe. Die Studienseminarleitung bemüht sich und gibt Ratschläge. Der Lehramtsanfänger weist diese aber immer mit »Ganz-bestimmt, aber ...« zurück und stellt den Lösungsvorschlag damit infrage. Dadurch entsteht auf Seiten der Studienseminarleitung und des Lehramtsanfängers Unmut.

Ausstiegsmöglichkeiten

Ziel: Keine Tipps oder Ratschläge geben.

Stattdessen:

- Bisherige Lösungsversuche und den Willen zur Veränderung erfragen, z. B.
  - »Was haben Sie sich überlegt?«
  - »Welchen Weg halten Sie für sinnvoll?«
  - »Was möchten Sie erreichen?«
  - »Was ist aus Ihrer Sicht meine Aufgabe?«
  - »Was möchten Sie zur Problemlösung beitragen?«

Der Richter-Lehramtsanfänger 7.2

Eine mögliche Situation wäre, dass Lehramtsanfänger berichten, dass die Betreuungslehrkraft empfiehlt, für die Schülereinträge nur Schnellhefter anschaffen zu lassen, die Parallellehrkraft davon abrät und stattdessen Hefte für sinnvoller hält. Die Studienseminarleitung soll die Richterrolle übernehmen und entscheiden, wer recht hat. Nimmt die Seminarleitung die Richterrolle an, beginnt die Interaktion und es wird über eine dritte Person(en) »gerichtet«. Die eine Person »hat Recht«, die andere Person »unrecht«. Am Ende entsteht eine Spielauszahlung mit oft negativen Gefühlen, die Problemlösung liegt in weiter Ferne.

Ausstiegsmöglichkeiten

Ziel: Nicht die Richterrolle annehmen. Durch empathische Reaktionen kann man die Beziehung zum Lehramtsanfänger zunächst festigen, jede Stellungnahme führt jedoch nicht zur Lösung der Angelegenheit.

Stattdessen:

- Auf die unbeteiligte dritte Person verweisen, z. B.
  - »Ich kann/möchte zu dem Thema nichts sagen, weil ich in diesem Punkt nicht der Ansprechpartner bin, sondern (der/die nicht anwesende Dritte) Herr/Frau …?
  - »Sollen wir Herrn/Frau (der/die nicht anwesende Dritte) dazu holen, da ohne diese nicht seriös vorgegangen werden kann!«
  - »Ich kann mich als Mediator anbieten …?«
  - …

7.3 Der Fehlerteufel-Lehramtsanfänger

Der Lehramtsanfänger möchte der Seminarleitung einen Fehler nachweisen und diesen Fehler stark in den Vordergrund stellen und somit den Rest der Arbeit abwerten. Das Augenmerk soll so, trotz guter Leistung der Seminarleitung, auf den Fehler gelegt werden. Dadurch wird von seitens des Lehramtsanfängers Kontrolle erlangt und von eigenen Unsicherheiten abgelenkt. Dieses Spiel wird oft mit engagierten Studienseminarleitungen gespielt und löst oft Perplexität einen erhöhten zusätzlichen Arbeitsdruck bei Studienseminarleitungen zur Fehlerlosigkeit aus.

Ausstiegsmöglichkeiten

Ziel: nicht die Perspektive des Lehramtsanfängers einnehmen, sondern sich selbst als Seminarleitung wertschätzen.

Stattdessen:

- aus der Haltung »Ich als Seminarleitung bin gut und schätze mich wert« eine empathische Reaktion anbieten, z. B.
  - »Ihnen ist die aus Ihrer Sicht veraltete Quelle der Literaturangabe aufgefallen. Ich möchte das Augenmerk auf den Inhalt des Skriptes lenken! Ist das in Ordnung?«

7.4 Der »Ich rette Dich«-Lehramtsanfänger

In diesem Fall ist die Seminarleitung der Hauptakteur. Sie reagiert aktiv auf ein angebotenes Verhalten des »Ich rette Dich-Lehramtsanfängers«. Die Seminarleitung erkennt, dass der Lehramtsanfänger gerade ein schwerwiegendes Problem, ggf. auch außerunterrichtlicher Art hat (z. B. Trennung vom Partner, Umzug, …) und versucht mit dem Lehramtsanfänger zu koalieren unter dem Motto: »Das schaffen wir schon!« Diese Interaktion wird oft von überfürsorglichen Seminarleitungen gespielt, die eine Art »Helfersyndrom« aufweisen. Dadurch wird i. d. R. das Problem des Lehramtsanfängers nicht gelöst.

Ausstiegsmöglichkeiten

Ziel: als Seminarleitung vergewissern, dass man durch die Überfürsorglichkeit, den Lehramtsanfänger nicht abwertet.

Stattdessen:

- Einverständnis einholen und Fragen stellen:

z. B.

- »Wie sehen Sie die Situation?«
- »Möchten Sie Hilfe von mir?«
- »Welchen Weg halten Sie für sinnvoll?«
- »Was möchten Sie erreichen?«
- »Was möchten Sie verändern?«
- »Welchen Teil können Sie übernehmen, welchen ich?«
- »Woran erkennen Sie, dass Sie erfolgreich sein werden?«
- …

7.5 Der »Ich bin doof«-Lehramtsanfänger

Der Lehramtsanfänger verhält sich sehr unsicher und fragt ständig nach, obwohl die Sachverhalte schon mehrfach im Seminar erläutert wurden. Dadurch zieht der Lehramtsanfänger viel negative Aufmerksamkeit auf sich. Oft handelt es sich um anstrengende und zeitraubende Gespräche.

Ausstiegsmöglichkeiten

- die Verantwortung an die Lehramtsanfänger wieder abgeben.
- sich als Seminarleitung selbst überprüfen, ob man »genervt« oder verärgert wird.
- für sich als Seminarleitung zunächst innerliche Ruhe schaffen und klar kommunizieren.

Ziel: Der Lehramtsanfänger soll/muss selbst Verantwortung für seine Wünsche und sein Verhalten übernehmen.

Fragen stellen:

- »Wo könnten Sie selbst die gesuchte Information gewinnen?«
- »Wie stellen Sie sich die Lösung vor?«
- »Was haben Sie denn bisher verstanden?«
- »Was möchten Sie erreichen?«
- »Was ist aus Ihrer Sicht meine Aufgabe?«
- »Was möchten Sie zur Problemlösung beitragen?«
- …

7.6 Die »Studienseminarleitung-Melkkuh«-Lehramtsanfänger

Diese Situation stellt sich manchmal ein, wenn Lehramtsanfänger daran gewöhnt sind, von der Seminarleitung viel geboten zu bekommen. Perfektionistisch veranlagte oder unsichere Studienseminarleitungen fühlen sich dadurch ggf. gedrängt, noch mehr zu arbeiten oder ertappt, nicht »gut genug« die Lehramtsanfänger im Seminar auf das »Lehrerleben und die Prüfung« vorzubereiten. Oft bringen sich Seminarleitungen dadurch an die psychische und physische Belastbarkeitsgrenze.

Ausstiegsmöglichkeiten

- sich als Seminarleitung selbst überprüfen, ob das Anliegen gerechtfertigt ist.
- die Verantwortung an die Lehramtsanfänger zur Erarbeitung von Inhalten abgeben lernen.
- für sich als Seminarleitung zunächst innerliche Ruhe schaffen und klar kommunizieren.

Ziel: Die Lehramtsanfänger übernehmen selbst Verantwortung für ihre Wünsche und ihr Verhalten.

Fragen stellen:
- »Warum erscheint Ihnen dieses Anliegen so wichtig?«
- »Gibt es dazu Vorwissen in der Gruppe?«
- »Wer kann sich dazu einbringen und an der Schule nach Erfahrungswerten fragen?«
- »Wer kann ein best-practice-Beispiel mitbringen?«
- »Was ist aus Ihrer Sicht meine Aufgabe?«
- »Was möchten Sie zur »Problemlösung« beitragen?«
- »Kann das jemand für die Gruppe zusammenstellen in einem Handout?«
- …

Literatur

Altrichter, H./Posch, P./Spann, H. (2018): Lehrerinnen und Lehrer erforschen ihren Unterricht (5., grundlegend überarb. Auflage). Bad Heilbrunn.

Anweisungen zum Vorbereitungsdienst (ZALGM) und zu den Zweiten Staatsprüfungen (LPO II) für das Lehramt an Grundschulen und für das Lehramt an Mittelschulen in Bayern 2016).

Apel, H. J./Sacher, W. (2007): Studienbuch Schulpädagogik. Bad Heilbrunn.

Arnold, K.-H./Wiechmann, J./Sandfuchs, U. (2006): Handbuch Unterricht. Bad Heilbrunn.

Blömeke, S./Bohl, T./Haag, L./Lang-Wojtasik, G./Sacher, W. (2009): Handbuch Schule. Bad Heilbrunn.

Böttcher, W./Philipp, E. (2000): Mit Schülern Unterricht und Schule entwickeln. Vermittlungsmethoden und Unterrichtsthemen für die Sekundarstufe I. Weinheim/Basel.

Böttcher, W. (2004): Beraten lernen, Soest.

Bovet, G./Frommer, H. (2004): Praxis Lehrerberatung – Lehrerbeurteilung, 3. Auflage. Baltmannsweiler.

Brunner, I./Schmidinger, E. (2001): Leistungsbeurteilung in der Praxis. Der Einsatz von Portfolios im Unterricht der Sekundarstufe I. Linz.

Brunner, I./Häcker, T./Winter, F. (Hrsg.) (2006): Handbuch Portfolioarbeit. Konzepte und Erfahrungen aus Schule und Lehrerbildung. Seelze.

Buchen, H./Rolff, H.-G. (Hrsg.) (2006): Professionswissen Schulleitung, Weinheim/Basel.

Dienstordnung für Lehrkräfte an staatlichen Schulen in Bayern (Lehrerdienstordnung – LDO) Bekanntmachung des Bayerischen Staatsministeriums für Unterricht, Kultus, Wissenschaft und Kunst vom 24. August 1998 Az.: II/2-P4011/1-8/105 491, zuletzt geändert durch Bekanntmachung vom 31. Januar 2008 (KWMBl S. 35).

Dröse, I./Weiß, L. (2008): Grundschule braucht Methoden, Braunschweig.

Gemeinsame Erklärung des Präsidenten der Kultusministerkonferenz und der Vorsitzenden der Bildungs- und Lehrergewerkschaften sowie ihrer Spitzenorganisationen Deutscher Gewerkschaftsbund DGB und DBB – Beamtenbund und Tarifunion/Beschluss der Kultusministerkonferenz vom 5.10.2000 (2000) (siehe: http://www.kmk.org/fileadmin/veroeffentlichungen_beschluesse/2000/2000_10_05-Bremer-Erkl-Lehrerbildung.pdf)

Glöckel, H. (1992): Vom Unterricht. Bad Heilbrunn.

Göb, J./Köhler, K./Weiß, L. (2020): Die Lernentwicklungslandschaft in der Grundschule. Die kindgerechte Methode für das erfolgreiche Lernentwicklungsgespräch. Hamburg.

Götz, T. (2006): Selbstreguliertes Lernen. Donauwörth.

Gührs, M./Nowak, C. (2003): Trainingshandbuch zur konstruktiven Gesprächsführung. Meezen.

Haag, L./Streber, D. (2012): Klassenführung: Erfolgreich unterrichten mit Classroom Management. Weinheim.

Häcker, T. H. (2002): Der Portfolio-Ansatz – die Wiederentdeckung des Lernsubjekts? In: Die deutsche Schule, 94. Jg., Heft 2.

Helmke, A. (2009²): Unterrichtsqualität und Lehrerprofessionalität, Diagnose, Evaluation und Verbesserung des Unterrichts. Seelze.

Helmke, A. (2007): Unterrichtsqualität. Erfassen, bewerten, verbessern. 5. Auflage. Seelze.

Hoof, D. (2001): Didaktisches Denken und Handeln. Eine Einführung in die Theorie des Unterrichts. Braunschweig.

Huber, A. (2004): Kooperatives Lernen – kein Problem. Leipzig.

Kiel, E. (2008): Unterricht. Sehen, Analysieren, Gestalten. Bad Heilbrunn.

Kiel, E./Kahlert, J./Haag, L./Eberle, T. (2010). Herausfordernde Situationen in der Schule. Ein fallbasiertes Arbeitsbuch. Bad Heilbrunn.

Klein, R./Reutter, G. (Hrsg.) (2005): Die Lernberatungskonzeption – Grundlagen und Praxis, Baltmannsweiler.

Klippert, H. (1998): Teamentwicklung im Klassenraum. Übungsbausteine für den Unterricht. Weinheim.

Klippert, H. (2001): Eigenverantwortliches Arbeiten und Lernen. Bausteine für den Fachunterricht. Weinheim/Basel.

KMK (2004): http://www.kmk.org/fileadmin/veroeffentlichungen_beschluesse/2004/2004_12_16-Standards-Lehrerbildung.pdf

Köhler, K./Weiß, L. (2012): Teamentwicklung in der Grundschule. Braunschweig.

Köhler, K./Weiß, L. (2015): Unterricht kompetenzorientiert nachbesprechen. Lehrproben – Unterrichtsbesuche – Kollegiale Hospitationen. Weinheim/Basel.

Köhler, K./Weiß, L. (2016): Reflexionskarten für den Unterricht – Zur Selbstreflexion und kompetenzorientierten Nachbesprechung. Weinheim/Basel.

Köhler, K./Weiß, L. (2017): Mit Kindern kompetenzorientiert über Lernen sprechen. Reflexionsmethoden für die Grundschule. Mit Online-Materialien. Weinheim/Basel.

Lott/Pirner: Schulleiter-ABC (begründet von Willi Weber 1976) – Sachkartei für den verwaltungstechnischen Bereich der Schulleitung in Bayern (Grundschule – Hauptschule – Förderschulen). Mediengruppe Oberfranken – Buch- und Fachverlage GmbH & Co. KG, Postfach 11 49, 95301 Kulmbach; Ausgabe 2014.

Meyer, H. (2010[5]): Was ist guter Unterricht? Berlin.

Miller, R. (2004): 99 Schritte zum professionellen Lehrer / Erfahrungen, Impulse, Empfehlungen. Seelze.

Oser, F. (2001): Standards: Kompetenzen von Lehrpersonen, in: Oser, F./Oelkers, J. (Hrsg.): Die Wirksamkeit der Lehrerbildungssysteme. Von der Allrounderbildung zur Ausbildung professioneller Standards. Chur.

Richtlinien für die dienstliche Beurteilung und den Leistungsbericht für Lehrkräfte an staatlichen Schulen in Bayern – Bekanntmachung des Bayerischen Staatsministeriums für Unterricht und Kultus.

Rost, D. H. (Hrsg.) (2006[3]): Handwörterbuch Pädagogische Psychologie. Weinheim.

Sacher, W. (2009): Leistungen entwickeln, überprüfen und beurteilen. Bad Heilbrunn.

Schulz von Thun, F. ([1981] 1993): Miteinander Reden 1 – Störungen und Klärungen. Allgemeine Psychologie der Kommunikation, Hamburg.

Tuckman, B. W. (1965). Developmental sequences in small groups. Psychological Bulletin, 63, 348–399.

Walter, A.-L. (2008): Kooperative Entwicklungsprozesse – Die Lehr-Lern-Form Team Teaching (TT), München.

Wellenreuther, M. (2009): Forschungsbasierte Schulpädagogik. Anleitungen zur Nutzung empirischer Forschung für die Schulpraxis. Baltmannsweiler.

Wild, E./Gerber, J. (2008): Einführung in die Pädagogische Psychologie. Opladen.

Winter, F. (2004): Leistungsbewertung. Eine neue Lernkultur braucht einen anderen Umgang mit den Schülerleistungen. Baltmannsweiler.

Raum für Seminarlogo

Lehren und Lernen
im Studienseminar

Eigenverantwortliches Arbeiten!

Initiieren und Reflektieren

Arbeit an den eigenen Stärken

Im Team arbeiten

Wertschätzender Umgang

Raum für Seminarlogo

Haben sie Fragen, Anliegen oder Besprechenswertes?

Bitte nehmen Sie Kontakt zu Ihrer Studienseminarleitung auf!

Ich freue mich darauf, von Ihnen zu hören oder zu lesen!

Kontakt:

Seminarleitungen:

Name und Kontaktdaten

Raum für Seminarlogo

Studienseminar
___________schule

2. Phase der Lehrerbildung

Name der Schule

Herzlich willkommen!

Raum für Seminarlogo

Das sind Aspekte der Seminararbeit:

- Im Fokus stehen anfangs Ihre Ausbildung und erst später Ihre Prüfung.
- Das Seminar ist ein geschützter Ort, an dem Sie ihre Erfahrungen reflektieren.
- Sie arbeiten mit eigenen Denkmodellen und entwickeln diese weiter.
- Dabei werden Sie in Ihrem Lernen und Ihrem Lehrweg von der Seminarleitung begleitet und beraten.
- Team- und Kommunikationsfähigkeit von Lernenden und Lehrenden wird gefördert.
- Pädagogische Theorie und Praxis werden miteinander verknüpft.
- u.a.m.

Raum für Seminarlogo

So können Sie sich einbringen:

Dokumentieren und reflektieren Sie Ihre

- Unterrichtserfahrungen,
- Situationen des Schullebens,
- Begegnungen mit Kolleg/innen und Schulleiter/innen und dem Seminar,
- Unterrichtsbesuche,
- u.a.m.

und bringen Sie diese Erfahrungen ins Seminar mit ein.

Denn im Sinne eines Netzwerkes und einer Werkstattarbeit gestalten Sie Ihr Seminar und Ihre Seminarkultur aktiv mit.

Denn
*„Lernen muss jeder selbst,
man kann sich nicht dabei vertreten lassen.
Denken muss man nicht nur selbst, man
kann nutzen, was andere gedacht haben.“
(Karlheinz A. Geißler)*

Raum für Seminarlogo

Anschrift der Seminarschulen:

Name der Schule
Adresse
Telefon
Email
Homepage der Schule

Lernprozesse initiieren - erleben - begleiten - reflektieren

Raum für Seminarlogo

Lehren und Lernen
an der Einsatzschule
und im Seminar

Eigenverantwortliches Arbeiten!

Initiieren und Reflektieren

Arbeit an den eigenen Stärken

Wertschätzender Umgang

Im Team mit dem Lehramtsanwärter arbeiten

Raum für Seminarlogo

Haben sie Fragen, Anliegen oder Besprechenswertes?

Bitte nehmen Sie Kontakt zu Ihrer Studienseminarleitung auf!

Ich freue mich darauf, von Ihnen zu hören oder zu lesen!

Kontakt:

Seminarleitungen:

Name und Kontaktdaten

Raum für Seminarlogo

Betreuungs-lehrkraft

im Studienseminar

xy

Herzlich willkommen!

Raum für Seminarlogo

Das sind Aspekte der Betreuungstätigkeit:

- Betreuen des Lehramtsanfängers im Praktikum.
- Zeigen und Besprechen eines didaktisch und methodisch geplanten und gestalteten Unterrichts.
- Einblick geben in die tägliche Erziehungs- und Unterrichtsarbeit sowie in die weiteren Tätigkeitsfelder des Lehrers und des Klassleiters.
- Unterstützen des Lehramtsanfängers in Abstimmung mit der Seminarleitung zum Erreichen der Ausbildungsziele.
- Dabei werden Sie, wenn Sie das möchten, von der Seminarleitung begleitet und beraten.
- u.a.m.

Raum für Seminarlogo

Aufgaben des Lehramtsanfängers:

- Der Vorbereitungsdienst umfasst an der Schule das Praktikum, acht Stunden eigenverantwortlichen Unterricht, Hospitation mit Studienzeiten und andere ausbildungsbezogene Aufgaben des Lehramtsanfängers.
- Das Praktikum umfasst die Teilnahme des Lehramtsanfängers am Unterricht des Betreuungslehrers, die Erteilung von Unterricht – im Allgemeinen in Anwesenheit der Betreuungslehrkraft – sowie die Vor- und Nachbesprechung des Unterrichts unter Beachtung der allgemeinen und speziellen Erziehungsaufgaben der jeweiligen Jahrgangsstufe.
- Der Lehramtsanfänger soll im Praktikum nach Möglichkeit die Schularbeit in allen Jahrgangsstufen der Grundschule kennen lernen.
- u.a.m.

Raum für Seminarlogo

Anschrift der Seminarschulen:

Reflektieren Sie mit Ihrem Lehramtsanfänger Ihre

- Unterrichtserfahrungen,
- Situationen des Schullebens,
- Begegnungen mit Kolleg/innen und Schulleiter/innen und dem Seminar,
- Unterrichtsbesuche,
- u.a.m.

und bringen Sie diese Erfahrungen mit ein.

- Denn im Sinne eines Netzwerkes gestalten Sie die Ausbildung aktiv mit.

Herzlichen Dank für Ihren Einsatz!

Lernprozesse initiieren - erleben - begleiten - reflektieren

Die ersten Schritte für meinen Lehramtsanfänger

Als unverbindlicher, aber empfohlener Vorschlag...

Der erste Tag

In der Schule (Anfangskonferenz)

- ☐ Vorstellung bei der Schulleitung, im Sekretariat und weiteren relevanten Personen im Schulhaus
- ☐ Vorstellen im Kollegium, evt. Bitten um Hospitationsmöglichkeiten
- ☐ Führung im Schulhaus (Lehrerzimmer, Bücherei, Lehr- und Lernmittel, Fachräume, PCs, Kopierer, Pausenhof, Toiletten,...)
- ☐ Vorbereitung auf den ersten Schultag (Vorbereitung des Klassenzimmers, Gestaltung von Namenskärtchen,...)

In der Klasse

- ☐ Vorstellen des Lehramtsanfängers und Erklärung für seine Anwesenheit
- ☐ Auswahl des Platzes des Lehramtsanfängers mit erwachsenengerechter Sitz- und Schreibmöglichkeit
- ☐ Miteinbindung des Lehramtsanfängers in einfache Aufgaben
- ☐ Pausenzeiten, Gewohnheiten, formelle und informelle Regeln im Schulhaus, in der Klasse,...
- ☐ Aufsicht

Die erste Woche

- ☐ Aufsichtspflicht
- ☐ Führung der Schülerakten/ -listen
- ☐ Stundenplan
- ☐ Mitarbeit bei der Tages- und Wochenplanung
- ☐ Erste kleine Arbeitsschwerpunkte (Übernahme von Kleinphasen des Unterrichts, z.B. Motivationsphase, Hausaufgabenkontrolle, Hefteintrag, Beobachtungen, Erziehungsmaßnahmen,...
- ☐ Einblick in alltägliche Vorbereitungen, Klassenlehrplan (v.a. in den Fächern des Lehramtsanfängers)

Die ersten beiden Monate

- ☐ Mitarbeit bei der Wochenplanung und Vorbereitung
- ☐ Sichtung und Beschaffung von Lehr- und Lernmitteln, Medienbeschaffung und -einsatz
- ☐ Vorbereitung und Teilnahme am ersten Elternabend (positive Einführung, Herausstellen der Vorteile,...)
- ☐ Vorbereitung und Teilnahme am Wandertag, Unterrichtsgang, Schullandheimaufenthalt,...
- ☐ Gemeinsames Gespräch mit dem Seminarrektor
- ☐ Mitarbeit am Stoffverteilungsplan
- ☐ Kennen lernen des amtlichen Schriftwesens: Klassentagebuch, Lehrnachweis, Notenlisten,...
- ☐ Vermehrte Übernahme einzelner Unterrichtsphasen
- ☐ Gezielte Lehrer- und Schülerbeobachtung

Bis Weihnachten...

- ☐ Mitgestaltung des Schullebens (Klassenzimmer-/ Schulhausgestaltung, Feiern, Geburtstage,...)
- ☐ Erstellen von Arbeitsblättern, Tafelanschriften, Lernzielkontrollen, Einladungsschreiben,...
- ☐ Mitarbeit an Korrekturen/ Bewertungen
- ☐ Zunehmende Unterrichtserteilung mit Vor- und Nachbesprechung mit dem Betreuungslehrkraft
- ☐ Belehrungskalender

Das erste Halbjahr

- ☐ Einblick in Gutachten
- ☐ Elterngespräche
- ☐ Zeugniserstellung
- ☐ Ordnungsmaßnahmen, Unfallmeldungen,...
- ☐ ...

Dienste im Seminar

Ihr Bereich	Ihre Aufgaben	Name(n)
Listenverwalter	▸ Sie haben den Überblick, wofür es sich lohnt, eine Liste anzulegen, wann es wieder neue Listeneintragungen geben sollte usw., z.B. für Frühstück, Tagesbeginn,...	
Reflektor	▸ Sie achten darauf, dass abwechselnd jeder Seminarteilnehmer die Gelegenheit hat, eine Reflexionsphase für das Ende des Seminartags teilnehmeraktivierend zu gestalten.	
Zeitwächter	▸ Sie sind dafür zuständig, dass wir pünktlich begonnen und aufgehört wird, z.B. bezogen auf den Ausbildungstag, Pausenlänge, Stundennachbesprechung,...	
Vergnügungswart	▸ Sie achten auf die Stimmung im Studienseminar und besprechen mit der Gesamtgruppe und der Studienseminarleitung, wann es Zeit ist, durchzuschnaufen und gemeinsam etwas für die Psychohygiene und die Seele zu tun. ▸ Sie sorgen dafür, dass wir die Geburtstage der Seminarteilnehmer/innen wahrnehmen und mit einem immateriellen Geschenk (z.B. Lied, Gedicht, „rosarote Brille", Rede ...) gratulieren.	
Chronist	▸ Sie achten auf bemerkenswerte Momente im Seminar und dokumentieren und fotografieren in Bild und Wort. Gemeinsam gestalten wir damit unsere Seminarchronik.	
Stühlerücker	▸ Sie achten darauf, dass gemeinsam mit angepackt wird, dass wir den jeweiligen Zwecken angemessene Sitz- und Arbeitsplatzordnung im Seminarraum haben und am Ende ggf. zurückgestellt wird.	
Sauberwächter	▸ Sie achten darauf, dass der Seminarraum wieder so verlassen wird, wie er vorgefunden wurde, z. B. gewischte Tafel, Fenster geschlossen, Abfall ...	
Anwesenheit	▸ Sie führen die Anwesenheitsliste und lassen jeden Seminarteilnehmer persönlich jeden Seminartag unterschreiben.	
Reisekosten	▸ Sie kündigen rechtzeitig das Abgeben der Reisekosten an und sammeln zu passenden Terminen die ausgefüllten Reisekostenformulare ein und geben sie gesammelt weiter.	
Dankedienst	▸ Sie bedanken sich im Namen des Seminars mit anerkennenden und zusammenfassenden Worten beim Referenten.	
Seminarbücherei	▸ Sie verwalten die Seminarbücherei, nehmen neue Bücher mit Signatur auf und kündigen rechtzeitig die gemeinsame Inventur der Bestände an.	
Kaffee / Tee	▸ Sie kümmern sich rechtzeitig darum, dass Kaffee oder Tee vor Seminarbeginn gemeinsam zubereitet wird und erinnern daran, dass rechtzeitig vor Pausen Kaffee und / oder Tee gekocht wird, dass er zu Pause getrunken werden kann. ▸ Sie haben den Überblick, wann neuer Kaffee / Tee besorgt werden muss.	

Klassische Inhalte der ersten Ausbildungstage und -monate

Allgemeine Informationen und Kompetenzen	**Entwicklungslandschaft Unterrichten**
• Selbstreflexion – Warum will ich Lehrer werden? • Was ist ein Seminar? • Aufgaben des Lehrerberufs • Standards für die Lehrerbildung • Aufgaben und Inhalte des Referendariats • Welche Aufgaben erwarten Sie in Seminar und Schule? • Grundkurs Schulrecht (Aufsichtspflicht, Verschwiegenheit, Erziehungs- und Ordnungsmaßnahmen,...) • Klarheit im Nummerngewirr • Versicherungsfragen • Dienstunfähigkeit • Sicher auftreten im Beruf • Das (erste) Gespräch mit Ihren Vorgesetzten • Aufmerksamkeitsrichtungen zu Schuljahresbeginn an einer Schule • Aktive Hospitation: Zusammenarbeit von Betreuungslehrkraft/Mentor und Referendar • Aktive Hospitation: Die ersten Schritte • Beratungsbesuche der Studienseminarleitung • Amtliches Schriftwesen: Die tägliche Unterrichtsvorbereitung, Wochenplan, Lehrnachweis, Schülerbeobachtungen • Die besondere Unterrichtsvorbereitung	• Was ist guter Unterricht? • Unterrichtsplanung: Vom amtlichen Lehrplan zur Unterrichtsstunde • Lehrziel/Kompetenzerwartungen • Von der Lernziel- zur Kompetenzorientierung • »Aus dem Nähkästchen geplaudert!« – Kleintechniken des Unterrichtens kennen und können • Suchraster für interessante Hausaufgaben • Effektive Unterrichtsgespräche führen • Das Klassenzimmer als Bühne – Körpersprache im Unterricht bewusst einsetzen • Das Tafel- und Bodenbild im Unterricht • Lehrerschrift • Heftführung und Arbeitsblattgestaltung • Arbeitsblattgestaltung • Handhabung und didaktisch passender Einsatz von digitalen Medien • Tipps für die allererste(n) Unterrichtsstunde(n) • Unterrichtsanalyse und -nachbesprechung im Seminar
Entwicklungslandschaft Erziehen • Unterrichtsstörungen und Disziplin oder: Wer stört eigentlich wen? • Einführung von Regeln im Klassenzimmer • Umgangsmöglichkeiten mit auffälligem Schülerverhalten auf einen Blick • Classroom-Management: So bekommen Sie Ihre Klasse in den Griff!	**Entwicklungslandschaft Beobachten, Diagnostizieren und Beraten** • Schülerbeobachtung • Diagnostik • Beratung • Elterngespräche führen
Entwicklungslandschaft Innovieren • Kollegiale Hospitation • Portfolioarbeit im Referendariat • Teamteaching • Beiträge zur Lehrergesundheit und -zufriedenheit	**Entwicklungslandschaft Beurteilen** • Rechtliche Grundlagen • Leistungserfassung – Lernzielkontrollen – Klassenarbeiten/ schriftliche Leistungsnachweise • Mündliche Leistungsnachweise • Praktische Leistungsnachweise • Alternative Formen der Leistungsfeststellung
Im heterogenen Seminar, z. B. mit Erst- und Zweitjährigen in Auswahl je nach unterrichtlichem Einsatz	
• Aufgaben einer Klassenleitung (Belehrungen, Zeugnisse, Elternabend, Organisation, Absprache mit Fachlehrkräften, Führen des Schüleraktes/-bogens, ...) • Elternarbeit/Elternabend • Klassenfahrt • Schullandheim ⇨ keine Fahrten im Prüfungszeitraum	Mögliche Änderungen zum 1. DJ: • Anforderungen ans Schriftwesen • Spitzkostenabrechnung • Lehrproben/mündliche Prüfung/Kolloquium • Stundenplan • Prüfungsanmeldung • Seminarplan • Personalbogen • ...

KV 6 Warum will ich Lehrerin werden

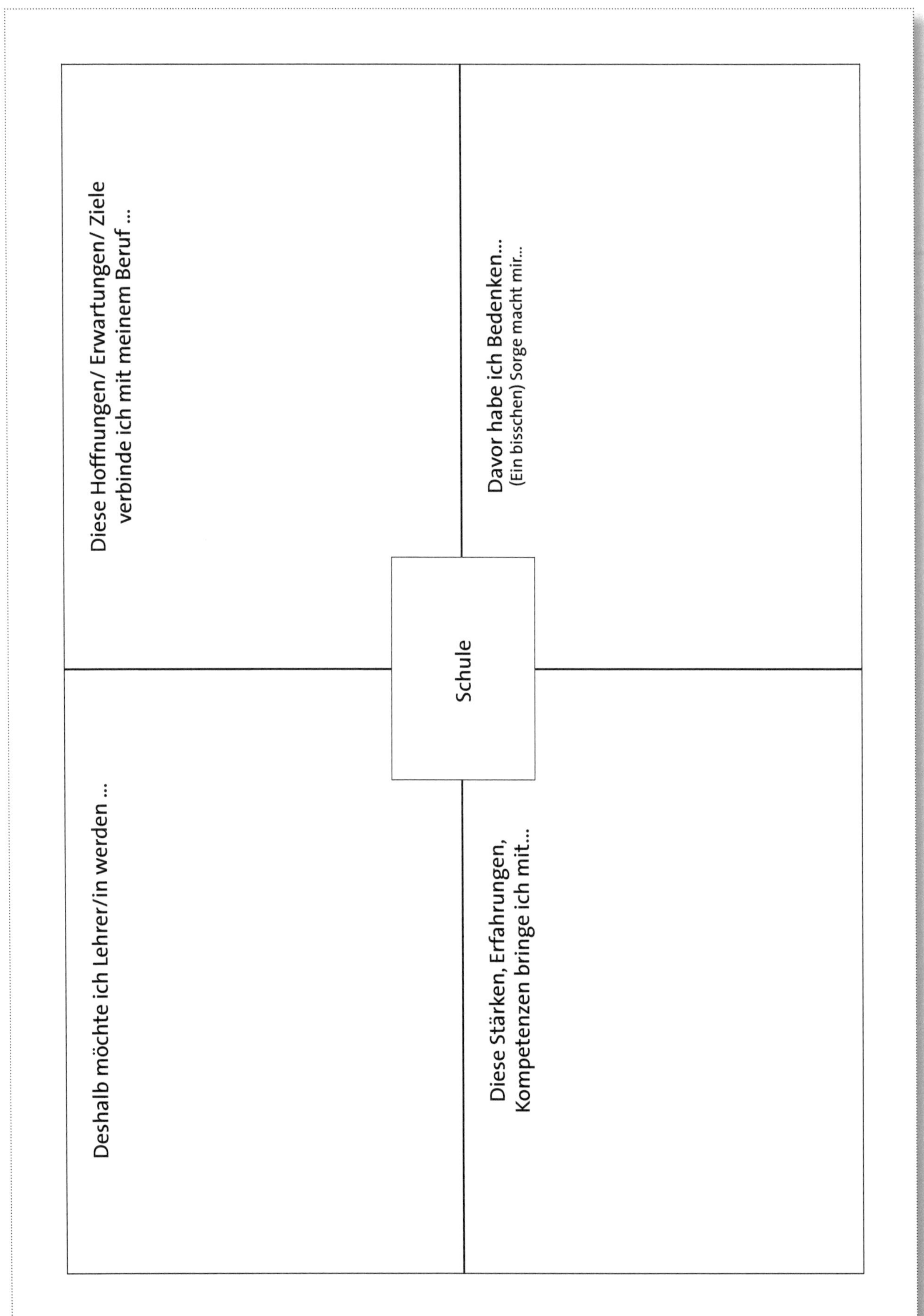

Seminarplanung in 19 Schritten

1. Inhalte der Ausbildungsordnung in einer Jahreskalenderübersicht auf den Ausbildungszeitraum verteilen – je nach Fachrichtung und Lehramt ggf. mit Zuordnung der Fachdidaktiken und u. U. fachdidaktische und fachspezifische Inhalte
2. Vernetzung der Inhalte beachten
3. Eintragen der Prüfungszeiten und »Sperren« von Seminartagen zur Prüfungsvorbereitung (schulpraktische Prüfungen/ Lehrproben, Kolloquium, mündliche Prüfungen,...) und zur Themenfindung und Themengenehmigung schriftlicher Hausarbeiten
4. sinnvolle Kooperationen mit anderen Studienseminaren rechtzeitig besprechen und gemeinsame Termine mit den anderen Studienseminaren finden?
5. Im nach Ausbildungsmonaten heterogenen Studienseminar Differenzierungsmöglichkeiten von Erst- und Zweitjährigen beachten: entspricht die zeitliche Abfolge der Themen den Bedürfnissen und dem Können der Lehramtsanfänger, die neu in den Lehrberuf einsteigen? (z.B. Grundlegungstage zur Lehrerolle, einfache Formen der Unterrichtsplanung, Schriftwesen, Klassenführung, erster eigenverantwortlicher Unterricht,...) und den Bedürfnissen den dienstälteren Lehramtsanfängern? (z.B. Klassenleitung, Elternabend, Prüfungsvorbereitung,...)
6. Werden insgesamt die Anforderungen der Lehramtsprüfungsordnung abgedeckt?
7. Seminarleben bewusst gestalten (Ausflug, Wandertag, außerschulische Lernorte,...)
8. Kompetenzen der Lehramtsanfänger nutzen und Beiträge gestalten lassen
9. Referenten für Fachthemen rechtzeitig ansprechen, Inhalte und Termine vereinbaren (z.B. Schulpsychologen, Multiplikatoren, Fachberatungen,...)
10. Lehrkräfte für Unterrichtsmitschauen rechtzeitig ansprechen, Inhalte und Termine vereinbaren
11. Festlegen der Termine für Unterrichtsbesuche mit Nachbesprechung bei Lehramtsanfängern gemeinsam mit dem Studienseminar
12. Zeitreserven für kooperatives, experimentierendes Handeln und Reflexions- und Austauschrunden einplanen
13. Gezielte Prüfungsvorbereitung einplanen
14. Entwurf der Seminarplanung dem Seminar vorstellen, besondere Wünsche der Lehramtsanfänger falls möglich berücksichtigen
15. Hospitationen und Kooperationen an anderen Schularten?
16. Freiraum für besondere und/oder aktuelle Bedürfnisse und Wünsche der Lehramtsanfänger
17. Berücksichtigung von Abwesenheiten der Seminarleitung z.B. wegen Fortbildung (Inhalte im Seminarplan dann z.B. koll. Hospitationen, externe Referenten, eigenverantwortliche Seminararbeit)
18. Seminartage zur Psychohygiene, Ermutigung und/oder Ablenkung planen (z.B. Sport, Hospitation an einer Einrichtung,...) während der Prüfungszeiten
19. Studienfahrt(en) rechtzeitig einplanen und beantragen, z.B. zur politischen Bildung, Schullandheim,...)

<u>Abgabetermine bei relevanten Stellen einhalten!</u>

Rechtsgrundlagen beachten (Lehramtsprüfungsordnungen sowie Zulassungs- und Ausbildungsordnungen der jeweiligen Schulart, der jeweiligen Schulart, Lehrerbildungsgesetz des jeweiligen Lehramts,...)

KV 8 Seminarplanvorlage (Teil 1)

Seminarlogo

Ggf. Spruch

Bitte bringen Sie zu den Fachseminartagen jeweils den amtlichen Lehrplan, Schulbücher des jeweiligen Faches sowie evtl. schon vorhandene Unterlagen mit.

Das Skript zum jeweiligen Ausbildungstag lesen Sie vorab.

Das Seminar beginnt immer pünktlich! Die Seminarveranstaltungen dauern in der Regel von ____ Uhr – ____ Uhr.
Bitte finden Sie sich passend vor Beginn mit den ausbildungsrelevanten Materialien im entsprechenden Raum ein.

Wenn wir an Ihrer Einsatzschule sind, setzen Sie sich bitte rechtzeitig mit Ihrer Schulleitung in Verbindung, um die anfallenden organisatorischen Fragen zu klären.

Änderungen aus organisatorischen Gründen können sich ergeben und werden soweit möglich, rechtzeitig bekannt gegeben.

Allen Kolleginnen und Kollegen, die sich als Mentoren oder Referenten zur Verfügung stellen, danke ich ganz herzlich für Ihre wertvolle und äußerst wichtige Mitarbeit! Wir wissen es zu schätzen, was Sie für die Arbeit im Seminar leisten.

Ein herzliches Dankeschön auch den Schulleitungen, die es ermöglichen, dass Seminarveranstaltungen an den Schulen durchgeführt werden können sowie allen Kollegen, die durch unseren Besuch von Veränderungen im Alltag betroffen sind.

SEMINARPLAN FÜR DAS 1. und 2. Halbjahr 20__/20__

Tag Datum	Thematik und Inhalt	**Anwendungssituationen** (berufsspezifische Aufgaben, Fälle, Herausforderungen, Aufmerksamkeitsrichtungen und Probleme)	Ort ggf. Referent(en)	Bemerkung/Hinweise Schwerpunkt(e) lt. Prüfungsordnung
Chronologische Nummerierung der Ausbildungstage Datum	*Seminartagsthema:* **Fächerverbindendes bzw. -integratives Arbeiten** **Vom amtlichen Lehrplan zur Jahresplanung 1** Skriptbezeichnung und –nummer G 2 *Inhaltsbeschreibung:* Exemplarisches Arbeiten an Sequenzen Arbeit mit dem Lehrplan -Struktur des Lehrplans, Ziele und Inhalte, Querverbindungen, Klassenlehrplan, Amtliche Voraussetzungen, Arbeitsschritte	Vorstellen der Verteilung der Lehrplaninhalte am ersten Elternabend	Seminarort Raumnummer	Bitte vorhandene Jahresplanungen aus Ihrer Schule mitbringen! **Zuordnung zur Prüfungsordnung** 1. Kompetenzbereich Erziehen 2. Kompetenzbereich Unterrichten 3. Kompetenzbereich Beraten 4. Kompetenzbereich Beurteilen 5. Kompetenzbereich Innovieren 6. Kompetenzbereich Kooperieren 7. Kompetenzbereich Organisieren 8. Schulrecht und Schulkunde 9. Grundfragender Staatsbürgerlichen Bildung und ihre Bedeutung für die Schule
Chronologische Nummerierung der Ausbildungstage Datum	**Leistungserziehung – Leistungsmessung – Leistungsbeurteilung** Z 7 G9 Anforderungsstufen, Pädagogische Grundsätze bei der Leistungsbewertung, alternative Formen der Leistungsbewertung, Auswertung schriftlicher Leistungsnachweise und Förderansätze	Alternative und traditionelle Formen der Leistungsbewertung nach den Kriterien Selbstwirksamkeit, Feedback, Effizienz u.a.m. im Hinblick auf den Lernenden untersuchen	Seminarort Raumnummer	1. Kompetenzbereich Erziehen 2. Kompetenzbereich Unterrichten 3. Kompetenzbereich Beraten 4. Kompetenzbereich Beurteilen 5. Kompetenzbereich Innovieren 6. Kompetenzbereich Kooperieren 7. Kompetenzbereich Organisieren 8. Schulrecht und Schulkunde 9. Grundfragender Staatsbürgerlichen Bildung und ihre Bedeutung für die Schule

Morgenkreis zum Schuljahresbeginn

Beispiel für einen gestalteten Tagesbeginn im Studienseminar

1. Meditationsmusik
2. Lehramtsanfänger schließen die Augen, setzen sich entspannt und bequem hin
3. Lehrererzählung

Die drei Wünsche

Vor vielen Jahren kam einmal der liebe Gott auf die Erde. Er verkleidete sich als Bettler. Als es Abend wurde, klopfte er an die Tür eines reichen Mannes und sagte: »Ich bin ein armer alter Mann und bin hungrig und durstig. Wärt ihr so gütig und würdet mir ein wenig zu Essen geben und einen Schluck Wasser zu Trinken, und wenn es euch nichts ausmacht, ein Schlafgemach für die Nacht?«

Da lachte der reiche Mann und sagte: »Du glaubst doch wohl nicht, dass ich jedem dahergelaufenen Bettler zu Essen und zu Trinken gebe und ihn bei mir übernachten lasse. Mach, dass, du fortkommst.«

Da ging der liebe Gott weiter. Er kam an einem alten verfallenen Haus vorbei, wo ein armer Bauer mit seiner Frau wohnte. Dieser arme Bauer hatte mitangehört, was der reiche Mann zu ihm gesagt hatte. Da sagte er zum Bettler: »Ich habe zwar nicht viel, aber ich könnte dir ein Stück Brot anbieten und einen Schluck Wasser habe ich auch für dich. Und wenn du mit einem Strohsack und einer alten Decke zufrieden bist, kannst du gerne bei uns übernachten.«

Das machte den lieben Gott sehr glücklich. Er dankte dem lieben Bauern und sprach: »Du hast selbst kaum genug zu essen für dich und deine Frau und trotzdem gibst du mir etwas davon ab. Zum Dank gewahre ich dir drei Wünsche.«

Da überlegte der Bauer gut, was er sich wünschen sollte. Und der liebe Gott ließ seine drei Wünsche in Erfüllung gehen.

(im Original: Gesundheit, Zufriedenheit, sein Haus wieder in guten Zustand setzen)

nach einem Märchen der Brüder Grimm

Stellen Sie sich vor, Sie haben auch drei Wünsche für das neue Schuljahr frei.
Notieren Sie die Wünsche auf.

4. Musik
5. Aufkleben der Wünsche auf ein individuell gestaltetes Plakat
6. Galerierundgang - Aussprache

Gesprächsimpulse zur Einführung in ausgewählte Kompetenzbereiche der Lehrerbildung

Gesprächsimpulse Unterrichten	Gesprächsimpulse Erziehen
• Nenne die drei Kompetenzen der KMK Standards für Lehrerbildung zum Thema »Unterrichten«! • Wie erreicht man dies Deiner Meinung kurz- und im Weiteren langfristig? Woran kann man das dann erkennen? • Was ist guter Unterricht? Welche Kriterien sind für Dich im Moment besonders wichtig? • Wie gehst du bei Deiner täglichen Unterrichtsvorbereitung vor? • Effektive Unterrichtsgespräche führen – 10 Möglichkeiten, Nichtsprecher zum Sprechen zu veranlassen – Redefiguren, die zum weiteren Verbalisieren anregen • Das Klassenzimmer als Bühne – Körpersprache im Unterricht bewusst einsetzen	• »Lehrerinnen und Lehrer üben ihre Erziehungsaufgabe aus.« (KMK 2004) Nenne die drei Kompetenzen der KMK Standards für Lehrerbildung zum Thema »Erziehen«! – Wie erreicht man dies Deiner Meinung kurz- und im Weiteren langfristig? Woran kann man das dann erkennen? • Einführung von Regeln im Klassenzimmer – wozu und wie machst Du das eigentlich? • Umgang mit Konzentrationsschwierigkeiten – was machst du da eigentlich? • Umgangsmöglichkeiten mit Aggression – was machst du da? • Classroom Management: wie geht das eigentlich?! • Kläre den Begriff Unterrichtsstörungen! – Welche Kunstfehler der Lehrkraft gilt es zu vermeiden? • Wie finde ich eine gute Beziehung zu Schülern, Eltern und Kollegen • Wie kann man als Lehrkraft störungsreduzierendes Lehrerverhalten erhöhen?
Gesprächsimpulse Beobachten, Beraten, Diagnostizieren	**Gesprächsimpulse Leistungsbeurteilung**
• Wie beobachtest du Schüler und zu welchen Gelegenheiten? • Was beobachtest du eigentlich? • Wie dokumentierst du deine Beobachtungen? Gibt es ein besonders empfehlenswertes System? • Hat du eine Ahnung, wie man Förderpläne schreibt? Muss man das überhaupt? • Was macht man mit leserechtschreibschwachen Kindern? Was mit rechenschwachen Kindern? • Wie führt man geschickt Elterngespräche? Wie beginnt, wie beendet man ein Elterngespräch? • Wann muss man Eltern informieren und zum Gespräch bitten?	• Wann erhebst du deine ersten Leistungsnachweise? • Was ist eine Iststandserfassung – was eine Lernstandserfassung – was eine Lernzielkontrolle? • Was muss ein schriftlicher Leistungsnachweis enthalten? • Wie korrigiert man einen schriftlichen Leistungsnachweise? • Und wie schaut es aus in Kunst, Religion Musik und Sport? – Wie kommt man da zu Noten? • Wann muss man Eltern über schlechte Leistungen informieren und zum Gespräch bitten?
Gesprächsimpulse Elternabend und Elterngespräche	**Gesprächsimpulse Heftführung und Betreuung von Schülerarbeiten**
• Wie bereitest du deinen Elternabend vor? • Was sind deine Inhalte zum ersten Elternabend? • Wann ist ein erster Elternabend besonders gelungen? • Was sollte auf dem ersten Elternabend keinesfalls geschehen? • Was ist dir in der Elternsprechstunde besonders wichtig? • Wie bereitest du dich auf die Elternsprechstunde vor?	• Heftführung und Arbeitsblattgestaltung – Was ist bei der Gestaltung von Hefteinträgen zu beachten? – Welche Festlegungen zu Heft-/Mappeneinträgen hast du getroffen? – Was ist der Standard im Seminar zur Arbeitsblattgestaltung? • Korrektur und Betreuung von Schülerarbeiten • Und was schreibst Du drunter bei der Korrektur? • Nenne 10 verschiedene Möglichkeiten gestaffelt nach Perfektionsgrad. • Wie realisierst Du den dialogischen Charakter der Heftkorrektur? • Wie ist Dein Korrektursystem? (am selben Tag, am Ende der Woche, in der Schule, zu Hause?...)

Gesprächsimpulse zur zur täglichen Unterrichtsvorbereitung

Nr.	Karte	Nr.	Karte
1	Tägliche Unterrichtsvorbereitung *Auf mindestens zwei Methodenwechsel achten!* Welche Methodenwechsel fallen Dir ein?	2	Tägliche Unterrichtsvorbereitung *Am Ende der Stunde eine Form des Feedbacks wählen!* Welche Feedbackmethoden kennst du?
3	Tägliche Unterrichtsvorbereitung *Einen Ausblick auf die nächste Stunde geben!* Welche Möglichkeiten kennst du?	4	Tägliche Unterrichtsvorbereitung *Mindestens zwei Mal die Sozialform wechseln!* Welche Sozialformen kennst du?
5	Tägliche Unterrichtsvorbereitung *Auf Übungsphasen achten!* Welche Möglichkeiten zur Übung/Durcharbeitung von Gelerntem in der Unterrichtsstunde kennst?	6	Tägliche Unterrichtsvorbereitung *Den Schülern mindestens einen Bewegungsanlass bieten!* Welche Ideen hast du dazu?
7	Tägliche Unterrichtsvorbereitung *Den Schülern während der Stunde die Möglichkeit geben, eigene Erfahrungen und Interessen einzubringen!* Welche Möglichkeiten kennst du?	8	Tägliche Unterrichtsvorbereitung *Eine klare Zielangabe in der Stunde geben!* *Was wird in der Stunde behandelt?/* *Was soll gelernt werden?* Wann, wie und durch wen sollte die Zielangabe erfolgen?
9	Tägliche Unterrichtsvorbereitung *Welche Unterrichtseinstiege kennst du?*	10	Tägliche Unterrichtsvorbereitung *Wie kann man Unterricht beenden?*
11	Tägliche Unterrichtsvorbereitung *Was ist ein entwickelndes Tafelbild?* Was muss man bei Tafelanschriften beachten?	12	Tägliche Unterrichtsvorbereitung *Teilzusammenfassungen* Wie schätzt du die Bedeutung von Teilzusammenfassungen im Unterricht ein?
13	Tägliche Unterrichtsvorbereitung *Die klare Formulierung von Arbeitsaufträgen im Vorfeld der Planung an Schlüsselstellen erspart viel zusätzliche Erklärungsarbeit während des Unterrichts.* Wie stehen Sie dazu?	14	Tägliche Unterrichtsvorbereitung *Vereinfachtes Strukturmodell* Wie gestalte ich den Einstieg? Was gehört in die Erarbeitungsphase? Was soll ausgewertet, reflektiert werden? Wie soll die Stunde ausklingen?
15	Tägliche Unterrichtsvorbereitung *Raster zur schriftlichen Unterrichtsvorbereitung* Welche Erfahrungen hast du mit welchen Rastereinteilungen zur schriftlichen Vorbereitung gemacht?	16	Tägliche Unterrichtsvorbereitung Das habe ich zur Vorbereitung von Unterricht an der Universität gelernt! Das hätte ich mir noch gewünscht!
17	Tägliche Unterrichtsvorbereitung Nichtdeutschsprachige Lernende Wie gehen Sie mit Lernenden um, die nicht oder kaum Deutsch sprechen?	18	Tägliche Unterrichtsvorbereitung Inklusive Lernende Welche Formen der Inklusion kennst du? Welche Fördermöglichkeiten im Unterricht bieten sich jeweils an?

Checkliste zu Seminarbeginn und -ende

Zuweisungen der neuen Lehramtsanfänger

- [x] Schnellstmöglichst Kontakt aufnehmen: dabei um die Aktualisierung von persönlichen Daten bitten, die studierten Fächer abgleichen und ggf. neu hinzugekommene Erweiterungsfächer in Erfahrung bringen – vorsichtig nachfragen, ob die Voraussetzung zum Antritt des Referendariats gegeben sind (Examen bestanden?)
- [x] Einsatz der Lehramtsanfänger in Absprache mit den an der Ausbildung Beteiligten initiieren (Einsatzschule festlegen, Einsatz in der Hospitation, eigenverantwortlicher Unterricht in passenden Fächern zu passenden Zeiten in passenden Jahrgangsstufen, Bestellen der zuständigen Betreuungslehrkraft/ Mentorin,...)
- [x] Stundenplan von der Schulleitung unterschrieben einfordern und auf Richtigkeit überprüfen
- [x] Anlegen der Seminarbögen, in denen alle Unterlagen zu den Lehramtsanfänger gesammelt werden (z.B. Zeiträume an den /der Einsatzschule(n), Lebenslauf, Stundenpläne, Stellungnahmen zu den Unterrichtsbesuchen mit Nachbesprechung, Anträge und Genehmigungen bei Klassenfahrten, Eintragen von Fehlzeiten,...)
- [x] Reisekosten der Lehramtsanfänger und der Studienseminarleitung
- [x] Seminarskripten und Arbeitshilfen auf den aktuellen Stand hin überprüfen und ggf. überarbeiten

Checkliste zu Schuljahresende

- [x] Beobachtungen der Schulleitung zum Lehramtsanfänger einfordern
- [x] Falls gefordert: Gesamtwürdigung über den jeweiligen Ausbildungszeitraum für jeden Lehramtsanfänger verfassen
- [x] Gespräche mit den Schulleitungen hinsichtlich des Einsatzes des Lehramtsanfängers bei Verbleib an der Schule
- [x] Bei Ausbildungsende: Abschluss der Seminarbögen – auf Vollständigkeit der Unterlagen achten
- [x] Bekanntgeben der den Lehramtsanfängern nicht bekannten Noten bewusst gestalten
- [x] Abschlussgespräche mit den Absolventen – Übergang in die 3. Phase der Lehrerbildung erleichtern
- [x] Abschlussevaluation durchführen - Rückmeldegespräche
- [x] Seminarabschluss (mit den Lehramtsanfängern) planen und bewusst gestalten
- [x] Den an der Ausbildung Beteiligten danken, z.B. durch einen Brief, ein persönliches Gespräch

Einsichtnahme ins Schriftwesen

Lehramtsanfänger: ______________________					
Datum:					
Jahresplanung: • Stoffverteilungspläne für das ganze Jahr bestehen. • Fixpunkte (Projekte, Erkundungen, Praktikum, Schullandheim, ...) sind eingeplant. • Der Plan ist sinnvoll zu nutzen (Form, Ablage, Bearbeitung).					
Wochenplan: • Die Wochenpläne sind auf dem aktuellen Stand.					
Tägliche Vorbereitungen: • Kontinuierliche und effektive Aufzeichnungen sind vorhanden. • Das Lernen organisatorischer und methodisch-didaktischer Maßnahmen wird deutlich					
Lehrnachweis: • Die Lehrnachweise sind auf dem aktuellen Stand.					
Schülerbeobachtungen: • Handhabung: Art und System, Arbeitspapiere, konsequente Führung • Diagnosewert: Einzelbeobachtungen mit Datum, Aussagekraft, Beobachtungen statt Beurteilungen • Maßnahmen: Vielfältiges Repertoire (vor allem positiv verstärkende Maßnahmen!) • Soziogramm ausgewertet					
Probearbeiten/ Leistungsnachweise: • Das Layouts ist übersichtlich und logisch nachvollziehbar (Titel, Spalten, Farben, ...). • Die Anzahl der Noten ist vernünftig (praktisch, schriftlich, mündlich mit Datum • Berücksichtigung der Kompetenzbereiche 1) Reproduktion, 2) Reorganisation, 3) Transfer und Kreativität • Nachvollziehbare Bewertung (Mindestkompetenz, ...) • Auswerten der Leistungsnachweise ⇨ Förderung/Forderung ableiten • Elternkontakt falls notwendig • weitere alternative Formen der Leistungserhebung					
Schülerhefte/ Mappen: **Sinnhaftigkeit** • Die Einträge sind einfach, übersichtlich und grafisch strukturiert. • Die Einträge zeigen die Lernergebnisse der Schüler. **Korrekturdurchführung** • Ökonomisches Vorgehen: Regelmäßigkeit, Anmerkungen • Konsequenz • Sorgfältige und gründliche Fehlerkorrektur mit fordernder und fördernder Berichtigung					
Hospitationsnachweise: • Aktualität der Eintragungen • Unterschriften • vernünftige Aufzeichnungen im Rahmen der Hospitation sind vorhanden					
Aufstellung der Fehltage und Vertretungsstunden: • Die Aufzeichnungen sind auf dem aktuellen Stand.					
Absprachen:					

Belehrungen in Auswahl

- **Seminarbücherei:**
  Die Medien aus der Seminarbücherei können ausgeliehen werden. Am Ende jeden Schuljahres wird die Vollständigkeit überprüft. Fehlende Medien werden kostenpflichtig ersetzt.

- **Seminartag:**
  Seminartage sind i.d.R. an ______________. Sie können auch ganztägig sein oder am Nachmittag stattfinden. Dies wird in den Terminplanungen von den Lehramtsanfängern berücksichtigt.

- **Grüßen:**
  Beachten Sie die Außenwirkung als Seminar und grüßen sie selbstständig als Erstes die Personen, die Ihnen im Schulhaus begegnen.

- **Fehlen am Seminartag und in der Schule:**
  Sollten Sie an einem Seminartag und/ oder Schultag fehlen schreiben Sie eine E-Mail an die Studienseminarleitung und je nach den weiteren Vorgaben auch an die Schulleitung.

- **Arbeiten rund ums Seminar:**
  Die Lehramtsanfänger haben aktiv an den Seminarveranstaltungen mitzuwirken, insbesondere haben sie nach Weisung des Seminarrektors oder der Seminarrektorin Arbeiten zu fertigen, die der Vor- und Nachbereitung sowie der Gestaltung von Ausbildungstagen dienen.

- **Vorbereitung des Unterrichts – Führen des amtlichen Schriftwesens – Praktikum:**
  Die Lehramtsanfänger sind verpflichtet, den von ihnen erteilten Unterricht nachweislich vorzubereiten, das amtliche Schriftwesen zu führen und im Praktikum die erforderlichen Aufzeichnungen zu fertigen.

- **Vorlage des Schriftwesens:**
  tägliche Unterrichtsvorbereitungen • Inhaltsverteilungs-/Sequenz-/Jahresplan • Wochenpläne • Klassenarbeiten/-auswertungen • Notenlisten • Schülerbeobachtungen • schriftl. Leistungsnachweise • Schülerhefte/-mappen • Für jedes geführte Heft gibt es ein »Lehrerexemplar«, das vorgelegt wird. • Praktikums-/Hospitationsnachweis • Aufstellung der Fehltage • Weiteres, das vorgelegt werden möchte:

- **Dienstweg:**
  Die Lehrkraft hat in dienstlichen Angelegenheiten den Dienstweg einzuhalten. (z.B. Lehrkraft – Schulleiter – Staatliches Schulamt – Regierung – Staatsministerium).

- ...

KV 14 Notizhilfe zur Unterrichtsbeobachtung

bei:	am:
Schule:	Klasse:

Zeit	Unterrichtsverlauf	Aufmerksamkeitsrichtungen	
			Artikulation / Stufung
			Impulsgebung
			erzieherisches Wirken/ Ordnungsrahmen
			Lehrerverhalten (Körper-) Sprache
			Medieneinsatz und -präsentation
			Unterrichtsformen – Tätigkeitswechsel
			Veranschaulichung/ Visualisierung/ Unterrichtsmittel/Tafelbild
			Arbeitsblatt/Hefteinträge-Gestaltung
			Unterrichtsorganisation
			Beobachtungen zur Klasse und zu Einzelschülern
			Aufgabenauswahl/ Fachspezifische Arbeits-weisen
			Strategieorientierung
			Reflexion
			Sonstiges / Extras

Sachorientierung	Zielorientierung	Schülerorientierung
	Tiefenstrukturen des Unterrichts	
Klassenführung	Kognitive Aktivierung	Konstruktive Unterstützung

Qualität der Rückmeldungen	Intensität und Qualität der inhaltlichen Auseinandersetzung/Fachspezifika

Lerninhalt und didaktische Reduktion	Methodische Entscheidungen	**Klassenführung**	**Kognitive Aktivierung**	**Konstruktive Unterstützung**
Inhaltliche und fachliche Klarheit der Sachstruktur *Fachdidaktisch- sequenzielle Schwerpunktsetzung* *Erfolgskriterien der Unterrichtseinheit/ -sequenz Strukturierung* *Gliederung komplexer Sachverhalte angepasst an die Lernenden*	*Didaktisch-methodische Stimmigkeit* *Strategieorientierung* *Methodenkompetenz* *Allg. und fachspez. Arbeitsweisen* *Rhythmisierung* *Wechsel der Sozialformen* *Choreographie und Artikulation des Unterrichts* *Motivationale Orientierungen* *Unterstützende Lernumgebung*	*Päd. Bezug und Sensibilität* *Koordination und Steuerung des Unterrichts zur optimalen Nutzung der Lernzeit* *Allgegenwärtigkeit der Lehrkraft* *Präventives und reaktionales Verhalten, um Störungen zu vermeiden, etabliertes Regelsystemen* *Flüssige Übergänge, Organisation*	*Aktive Auseinandersetzung mit dem Lerninhalt* *Anregungspotenzial zum vertieften Nachdenken und aktiven Auseinandersetzung* *Herausfordernde Aufgabenstellungen* *aktive Veränderung von Wissensstrukturen*	*Rückmeldung, Unterstützung und Wertschätzung* *Umgang mit Verständnisproblemen bei den Lernenden* *unterstützendes Klima (kognitiv, sozial und emotional)* *individuelle Unterstützung* *Hohe Leistungsziele* *Strukturierende adaptive, (individuelle) Hilfestellungen* *Fehlerkultur*
Kompetenzorientierung	Medienauswahl, -gestaltung und -einsatz	Heterogenität	**Intensität und Qualität der inhaltlichen Auseinandersetzung**	**Qualität der Rückmeldungen**
Sequenzielle und stundenbegleitende Zielorientierung *Aufgabenkultur* *Wissen + Können+ Wollen + Handeln im sozialen Austausch*	*Veranschaulichungsangebote* *Didaktischer Ort der Lern- und Arbeitsmittel* *Visualisierung von Lernprozess und -ergebnis*	*Ist-Stand-/ Lernstandserfassung mit Auswertung* *Differenzierung/ Individualisierung* *Dosierte Diskrepanzerlebnisse* *Hohe und transparente Leistungsziele*	*Nutzung der Übungs-/ Lernzeit* *Klarheit des Ergebnisses* *Sicherung* *Unterrichtserfolg*	*Reflexion (Inhalt, Person, Prozess)* *Strategieorientierung* *Fachsprache* *Begriffsbildung* *Gesprächsführung* *Zum Nachdenken anregende Gesprächsführung* *Metakognition*
Weiteres/ Fachspezifika				

FETT= Tiefenstrukturen des Unterrichts in Anlehnung an Kunter, M. & Trautwein, U. (2013). Psychologie des Unterrichts. Reihe: StandardWissen Lehramt. Stuttgart: UTB

KV 16 Schlüsselwörter (Teil 1)

Die folgende Übersicht bietet eine Zusammenstellung ausgewählter Adjektive, die einen Anhaltspunkt geben kann, wie Beurteilungen treffsicherer formuliert werden können.

Eine Leistung, die Anforderungen deutlich übertreffend

- ausgezeichnet
- außergewöhnlich
- außerordentlich
- äußerst
- bestechend
- bestens
- brillant
- einmalig
- einzigartig
- exzellent
- hervorragend
- hervorstechend
- höchst …
- in ganz besonderer Weise
- optimal
- sehr …
- sehr beeindruckend
- sehr hohes Niveau
- sehr souverän
- sehr gut

Eine Leistung, die Anforderungen übertreffend

- anerkennenswert
- auffallend
- beachtlich
- beeindruckend
- bemerkenswert
- detailliert
- eindrucksvoll
- fundiert
- hohes Niveau
- niveauvoll
- reichhaltig
- reichhaltig
- souverän
- stichhaltig
- überdurchschnittlich
- überzeugend strukturiert
- umfassend
- ungewöhnlich
- gut

Eine Leistung, die durchschnittlichen Anforderungen entspricht

- durchschnittlich
- … adäquat
- angemessen
- bekannt
- durchgängig
- durchwegs
- gängig
- gebräuchlich
- geeignet
- geeignet
- geläufig
- glaubwürdig
- hinreichend
- kompetent
- korrekt
- passgenau
- richtig
- sachlogisch
- sinnvoll
- solide
- strukturiert
- treffend
- vertraut
- zielgerichtet
- zufriedenstellend
- zuverlässig
- befriedigend

eine Leistung, die trotz ihrer Mängel durchschnittlichen Anforderungen noch entspricht

- durchaus …
- einigermaßen
- gewöhnlich
- häufig
- hinlänglich/zulänglich
- hinreichend
- im Allgemeinen
- in der Regel
- manchmal
- mäßig
- meist brauchbar
- noch angemessen
- noch durchschnittlich
- noch genügend
- passabel
- phasenweise
- randständig
- sachlich/fachlich stellenweise unpräzise
- teilweise
- üblicherweise
- undeutlich
- unklar
- vertretbar
- wenig aussagekräftig
- zeitweise
- ausreichend

eine an erheblichen Mängeln leidende, im Ganzen nicht mehr brauchbare Leistung

- nur in Ansätzen/ansatzweise
- bruchstückhaft
- dürftig
- fragmentarisch
- gelegentlich
- kaum …
- lückenhaft
- nur annähernd
- punktuell
- randständig
- sachlich/fachlich stellenweise unpräzise
- schwach
- sehr selten
- sporadisch
- teils …
- überwiegend fehlerhaft
- unfertig
- unvollständig
- unzulänglich
- unzureichend
- wenig sinnvoll
- mangelhaft

eine völlig unbrauchbare Leistung

- eindeutige Themaverfehlung
- eindeutiger Verstoß
- keine …
- nicht erkennbar
- nicht nachvollziehbar
- Nichtbeachtung von …
- nie
- ohne …
- planlos
- unbrauchbar
- unlogisch
- unstrukturiert
- unverständlich
- völlig …
- völlig unangemessen
- zusammenhanglos
- ungenügend

Unterrichtsverlauf
- Zielorientiert
- Verlaufsorientiert
- Eintönig
- Langweilig
- konzeptverhaftet
- lebendig
- natürlich
- originell
- sprunghaft
- übersichtlich
- artikuliert
- in sich geschlossen
- logisch
- schematisch
- improvisierend
- rezepthaft, gängelnd

Lerninhalt
- sachgerecht
- exemplarisch
- altersgemäß
- klassenbezogen
- repräsentativ
- lebensbedeutsam
- unkritisch übernommen
- zufällig
- planlos,
- anspruchsvoll
- überladen
- lückenhaft
- schwammig
- sachgemäß
- fächerübergreifend
- sinnvoll
- beziehungslos
- konstruiert
- gegliedert
- vorbildorientiert

Medien
- abwechslungsreich
- didaktisch aufbereitet
- vielfältig
- wirksam
- effektiv
- planlos
- zeitgerechter Einsatz
- aufwendig
- überlegt
- isoliert
- adäquat
- optimal
- vernachlässigt
- übertrieben
- wirklichkeitsfremd
- überflüssig

Methodische Planung
- abwechslungsreich
- variationsreich
- vielseitig
- kreativ
- eng
- fachgerecht
- modellhaft
- theoriebegründet
- problemorientiert
- induktiv
- deduktiv
- eigenständig

Tafelarbeit
- gegliedert
- strukturiert
- übersichtlich
- einprägewirksam
- abwechslungsreich
- statisch
- dynamisch
- ungeordnet
- überladen
- unterrichtsbegleitend

Lehrzielbestimmung
- präzise
- konkret
- detailliert
- differenziert
- begrenzt
- eindeutig
- exakt
- operationalisiert
- zielklar
- altersgerecht

Arbeits-/Sozialformen
- gezielt geplant
- zeitgerechter Wechsel
- arbeitsteilig
- schematisch
- ertragreich
- vereinzelt
- fruchtbar
- effektiv
- variabel

Lehrersprache
- vorbildlich
- lebendig
- aufmunternd
- mitreißend
- deutlich
- verständlich
- artikuliert
- altersgemäß
- reversibel
- eintönig

Sachstruktur
- wissenschaftlich grundgelegt
- fundiert
- elementarisiert
- simplifiziert
- vereinfacht
- sachlich ungenau
- unvollständig
- unreflektiert
- oberflächlich

Lehrerverhalten
- taktvoll
- zurückhaltend
- verständnisvoll
- geduldig
- gerecht
- emphatisch
- konsequent
- nachgiebig
- wechselnd
- launisch
- vorbildlich

Einsatzbereitschaft
- willig
- bereit
- Eigeninitiative
- engagiert
- initiativ
- kooperativ
- höflich
- pünktlich
- korrekt
- konstruktiv
- verschwiegen
- hilfsbereit
- gewissenhaft
- zuverlässig
- sorgfältig
- integrationsfähig
- selbstkritisch
- aufgeschlossen
- entscheidungsfreudig
- produktiv
- gesprächsbereit
- reflexionsfähig
- lernbegierig
- solide
- interessiert
- kontaktfreudig
- aktiv
- passiv
- verhalten
- gründlich
- ruhig
- besonnen
- glaubwürdig
- fleißig
- argumentationsfähig

Unterrichtsverlauf
- Lehrerzentriert
- Schülerorientiert
- plangemäß

Erziehungsstil
- autoritär
- autokratisch
- sozial-integrativ
- partnerschaftlich
- konzeptlos

Geamtplanung
- gründlich überlegt
- logisch
- in sich geschlossen
- knapp
- komprimiert
- gedrängt
- skizzenhaft
- oberflächlich
- lehrplankonform

Atmosphäre
- gelöst
- vertrauensvoll
- locker
- sachbezogen
- freundlich
- humorvoll

positiv
- ausführlich
- äußerst
- sehr
- in hohem/höchstem Maße
- außerordentlich
- überaus
- überzeugend
- gründlich
- ausgezeichnet
- erschöpfend
- einwandfrei
- angemessen
- entsprechend
- hervorragend
- prägnant
- brauchbar
- sinnvoll
- beachtlich
- bezieht ein
- vortrefflich
- optimal
- wohlbegründet

negativ
- kein
- im Ansatz
- formell
- wenig
- gering
- oberflächlich
- es fehlt
- scheinbar
- völlig
- schlicht
- einfach
- allenfalls
- partiell
- ansatzweise
- punktuell
- gelegentlich
- teilweise
- vage, oftmals

Vorbereitung auf ein Lernentwicklungsgespräch

Mögliche Aufmerksamkeitsrichtungen

Phasen eines Entwicklungsgespräches		
1. Analyse/ Rückschau	**2. Planung/ Zielvorhaben**	**Weiterführende Entwicklungsperspektiven**
Bisherige Erfolge	Zielformulierung(en)	Berufliche Perspektiven
Aktuelle Arbeitsschwerpunkte	Aufgabenplanung/ erste Schritte	Persönliche Wünsche
Erreichte Ziele	Veränderungen	Entwicklungsmöglichkeiten
Arbeitszufriedenheit		Weiterbildung

Rückblick
1 Worauf sind Sie stolz?/ Womit sind Sie zufrieden?/ Was hat Sie gefreut?
2 Wie beurteilen Sie Ihr Engagement für Schule/ Einbringen in die Ausbildung?
3 Wie beurteilen Sie Ihre Zuverlässigkeit?
4 Was sind Ihre besonderen Stärken?
5 Woran möchten Sie (weiter) arbeiten/ haben Sie besonders gearbeitet?
Einschätzung des Unterrichts
1 Was bereitet Ihnen am Unterricht am meisten Freude?
2 Was bereitet Ihnen am Unterricht am wenigsten Freude?
3 Wie zufrieden sind Sie mit den Leistungen Ihrer Schüler?
4 Was schätzen die Kinder an Ihrem Unterricht?
5 Wie sieht für Sie im Moment der ideale Unterricht aus? Wie können Sie diese Situation erreichen?
Einschätzung der Erziehungsfähigkeiten:
1 Was fällt Ihnen am leichtesten? Was ist Ihr größter Erfolg?
2 Was kostet Sie am meisten Kraft?
3 Was ist mittlerweile Routine?
Einschätzung des Ausbildungsklimas
1 An welche Ereignisse erinnern Sie sich besonders gern/ ungern?
2 Was bereitet Ihnen besonders Freude?
3 Was ist besonders interessant?
4 Was ärgert/ überlastet/ behindert Sie?
5 Was würde fehlen, wenn Sie nicht im Seminar wären?
Einschätzung der Ausbildungsleitung
1 Worin sehen Sie die Stärken der Seminarleitung?
2 Was sollte verbessert, was sollte beibehalten werden?
3 Inwiefern hat Sie die Ausbildungsleitung gefördert?
4 Was könnte an der Organisationsstruktur geändert werden?
Reflexion über Seminarentwicklung
1 Wenn Sie unbeschränkt viel Geld einsetzen könnten, wofür würden Sie es einsetzen?
2 Worüber wird zu viel/ zu wenig im Seminar geredet?
Diskussion über Zielvorhaben
1 Welche Herausforderungen reizen Sie?
2 Inwiefern profitiert Ihre Schule/ das Seminar davon?

Unterrichtskompetenz

		1. AA	2. AA
a. Planung von Unterricht			
Die Lehrkraft	• plant Unterricht schülerorientiert, lebensbedeutsam und kompetenzorientiert		
	• konzipiert Unterrichtssequenzen unter Beachtung der Lernausgangslage der Klasse und der Lernenden		
	• plant sinnvolle Anwendungssituationen des erworbenen Wissens ein		
	• wendet verschiedene Möglichkeiten der Diagnostik von Lernleistungen sachgerecht an und zieht daraus Schlüsse für die Unterrichtsplanung		
	• begründet Zielvorgaben des Unterricht fachlich und fachdidaktisch überzeugend		
	• achtet auf zielgerichteten Methodenwechsel, kooperative Arbeitsformen und den passenden Einsatz fachgemäßer Arbeitsweisen		
	• achtet auf fachspezifische Besonderheiten in der Artikulation des Unterrichts in Abhängigkeit vom Unterrichtsfach und Unterrichtsthema		
	• wählt Unterrichtsmedien und Arbeitsmittel gezielt aus		
	• achtet auf passende Veranschaulichung		
	• wählt gezielt die Möglichkeiten der Kooperation zur Unterrichtsvorbereitung		
	• setzt Lernumgebungen und Möglichkeiten natürlicher Differenzierung gezielt ein		
	• nutzt konstruktiv die Möglichkeiten von Feedback zum eigenen Unterricht (kollegiale Hospitation, Visitationen, Schülerfeedback,...)		
	• stellt geeignete Übungsmöglichkeiten zur Vertiefung, Anwendung und Übung bereit		
b. Unterrichtsgestaltung			
Die Lehrkraft	• nimmt die Rolle als Führungskraft im Unterricht bewusst und natürlich wahr		
	• kann verschiedene Rollen als Lehrkraft an sinnvollen Stellen des Unterrichts einnehmen, z.B. als Lernbegleiter, Moderator, Coach,...		
	• setzt die Kernprinzipien effektiver Klassenführung um		
	• provoziert mentale Auseinandersetzung mit den Unterrichtsgegenständen zur Erweiterung von Wissensstrukturen (kognitive Aktivierung)		
	• unterrichtet unter Beachtung der Kernprinzipien der Zielorientierung und Strukturierung		
	• gibt qualitativ hochwertige Rückmeldungen zum Lernprozess und -produkt		
	• setzt motivationale Reizpunkte unter dem Aspekt (individueller) dosierter Diskrepanzerlebnisse		
	• steuert den Unterrichtsprozess sprachlich wertschätzend und klar und unterstützt dabei die Klasse wie den Einzelnen konstruktiv		
	• organisiert den Ablauf des Unterrichts reibungslos und effektiv		
	• wendet verschiedene Möglichkeiten zielgerichteter Veranschaulichung		
	• achtet auf passende Versprachlichung durch mehrere Lernende an entscheidenden Stellen im Unterricht		
	• ist in den Unterrichtsablauf involviert und reagiert inhaltlich und erzieherisch sicher		
	• realisiert Phasen kooperativen und selbstständigen Lernens zu sinnvollen Gelegenheiten im Unterricht/ der Unterrichtssequenz		
	• nimmt auf die Lernbiographie der Schülerinnen und Schüler mit Blick auf Lerninhalt und Lernziel Rücksicht		
	• setzt Unterrichtsmedien und Arbeitsmittel gezielt und effektiv ein		
	• bietet Strukturen an und schafft Sinnzusammenhänge, in denen die erworbenen Unterrichtsinhalte ihre (weiterführende) Bedeutung		
	• meldet erbrachte Leistungen der Lernenden (individuelle) im Unterricht konstruktiv rück		
	• regt zu intensiver und qualitativ hochwertiger Auseinandersetzung mit den Unterrichtsinhalten an		
c. Leistungsbeurteilung			
Die Lehrkraft	• setzt verschiedene Möglichkeiten der Leistungserhebung ein		
	• zieht Schlüsse aus den Leistungserhebungen zur weiteren Förderung und Forderung der Lernenden und meldet erbrachte Leistungen der Lernenden (individuelle) im Unterricht auch im Einzelgespräch konstruktiv rück und vereinbart weitere Arbeitsschwerpunkte		
	• beurteilt die Lernleistungen pädagogisch verantwortlich und reflektiert		
	• beurteilt in pädagogischer Verantwortung Produkt und Prozess der Lernenden		
	• fördert Lernentwicklung gezielt durch Förder-/ Forderpläne		
	• gibt konstruktive Rückmeldungen zu Schülerprodukten (Hefteinträge, Lerntagebuch, Portfolio,...)		

⇧ übertrifft die Anforderungen   O = entspricht den Anforderungen   × = Optimierungsbedarf   ×× = hoher Optimierungsbedarf

Erzieherische Kompetenz

		1. AA	2. AA
a. Sicherung des Erziehungs- und Ordnungsrahmens als Voraussetzung für einen geregelten Unterricht			
Die Lehrkraft	• gibt eine klare Struktur vor und achtet konsequent und pädagogisch sinnvoll und variabel auf deren Einhaltung		
	• behandelt die Lernenden individuell gerecht und unterstützt persönlichkeitsfördernd		
	• nimmt Störungen im Unterricht wahr und reagiert sinnvoll und konstruktiv		
	• steuert Unterrichtsstörungen aktiv und präventiv entgegen		
	• stellt individuellen Erziehungsbedarf fest und sucht die Kooperation mit den Sorgeberechtigten und evtl. mit Fachdiensten		
	• wendet verschiedene individuell passende Methoden zur Verstärkung passenden Verhaltens an		
	• beschreibt konkrete erzieherische Förderziele		
	• schafft motivierende Lerngelegenheiten		
	• meldet Erfolge (auch individuell) rück und schafft Gelegenheiten zur Wahrnehmung des Erfolgs		
	• bahnt freiheitlich-demokratische, religiöse, sittliche und soziale Werthaltungen an und lebt sie modellhaft vor		
	• trainiert mit den Lernenden eigenverantwortliches Urteilen und Handeln dem Alter angemessen		
	• beachtet interkulturelle und geschlechtsspezifische Unterschiede im Umgang mit Lernenden		
	•		
b. Erzieherisches Gestalten und Wirken			
Die Lehrkraft	• fördert selbstverantwortliches Handeln		
	• ermöglicht soziale Gruppenprozesse und reflektiert mit den Lernenden den weiteren Umgang im sozialen Miteinander		
	• achtet auf eine wertschätzende Gesprächs- und Feedbackkultur		
	• schafft Möglichkeiten zum positiven Selbstwirksamkeitserleben ihrer Schülerinnen und Schüler durch eine Kultur der konstruktiven Rückmeldung		
	• bindet die Lernenden in die Vereinbarungen zum sozialen Umgang miteinander immer wieder mit ein		
	• reflektiert mit den Lernenden die aktuelle und prozessuale Entwicklung als Klassengemeinschaft		
	• reagiert in Konfliktsituationen deeskalierend		
	• übt und reflektiert Strategien der Konfliktprävention und -lösung mit den Lernenden ein		
	•		
c. Reflexion von erzieherischen Prozessen			
Die Lehrkraft	• nutzt diagnostische Möglichkeiten zum Ergreifen zielgerichteter Erziehungsmaßnahmen		
	• nutzt die Vereinbarung		
	• kennt und nutzt schulrechtliche Aspekte zur Förderung von erziehungsschwierigen Prozessen		
	• macht Erziehungskonzepte den an der Schule Beteiligten transparent (z. B. auf Elternabenden, Tag der offenen Tür,...)		
	• kennt Herausforderungen des Entwicklungspsychologie im Kindes- und Jugendalters und interveniert präventiv und situativ		
	• nutzt Möglichkeiten fachlicher und kollegialer Unterstützung (kollegiale Hospitation, Fachdienste,...)		
	• konzipiert Förder-/Forderpläne mit geeigneten Maßnahmen für einzelne Lernende und/oder Lerngruppen in Abstimmung mit den Sorgeberechtigten für individueller erziehliche Ziele		
	• evaluiert mit Bezug auf Zielerreichung und Nachhaltigkeit		
	•		
d. Beratung von Sorgeberechtigten und Interaktion mit und außerschulischen Partnern			
Die Lehrkraft	• erkennt relevante Situationen, die zum gemeinsamen transparenten Besprechen von Handlungsmaßnahmen notwendig sind und lädt zum Gespräch ein.		
	• bespricht mit Sorgeberechtigten Möglichkeiten der Schullaufbahnentscheidung verantwortungsbewusst		
	• interagiert in Beratungssituationen zielorientiert, wertschätzend und konstruktiv mit einzelnen Lernenden, mit der Klasse, mit Sorgeberechtigten und ggf. mit weiteren an Schule beteiligten Personenkreisen		
	• konzipiert individuelle Fördermaßnahmen und Beratung		
	•		

⇧ übertrifft die Anforderungen O = entspricht den Anforderungen × = Optimierungsbedarf ×× = hoher Optimierungsbedarf

Handlungs- und Sachkompetenz

		1. AA	2. AA
a. Grundeinstellung zum professionellen Arbeiten als Lehrkraft			
Die Lehrkraft	• zeigt grundsätzliche Bereitschaft, Engagement und Fähigkeit zur verantwortungsvollen Auseinandersetzung mit beruflichen Situationen		
	• identifiziert sich mit der gewählten Rolle als Lehrkraft in den schulischen Bildungsprozessen		
	• gestaltet Schulleben aktiv und konstruktiv mit		
	• entwickelt Ansätze der Schul- und Unterrichtsentwicklung prozessual und weiterführend interessiert mit		
	• ist bereit berufliches Handeln zu reflektieren und zu evaluieren		
	•		
b. Dienstliches Verhalten			
Die Lehrkraft	• zeigt selbstständiges eigenaktives Handeln bei schulischen Prozessen		
	• hält Termine ein		
	• ist pünktlich		
	• zeigt Fach-, Selbst- und Sozialkompetenz bei der Übernahme übertragener Aufgaben		
	• zeigt Zuverlässigkeit und Loyalität in Führung und Gestaltung dienstlicher Aufgaben		
	• kann konstruktive Kompromisse schließen		
	• verwaltet das Schriftwesen korrekt, kontinuierlich und termingerecht und lückenlos		
	• beachtet schulrechtliche Vorgaben		
	•		
c. Weiterbildung in Schule, Studienseminar und darüber hinaus			
Die Lehrkraft	• reagiert auf individuelle Fortbildungsbedarfe		
	• verfolgt Fort- und Weiterbildung als fortlaufende Lernaufgabe		
	• reflektiert berufliche Erfahrungen professionell individuell und im Team		
	• informiert sich und nutzt Verfahren und Unterstützungssysteme der Schulentwicklung		
	•		
d. Kooperation mit schulischen und außerschulischen Partnern			
Die Lehrkraft	• nutzt situationsadäquat die Kooperation mit ... – Außerschulischem Person an der eigenen Schule sowie Kolleginnen und Kollegen – Sorgeberechtigten – vorschulischen Einrichtungen – ggf. anderen und weiterführenden Schulen – sozialpädagogischen Einrichtungen und Erziehungspartnern – Experten – Industrie und Wirtschaft, auch im Hinblick auf die zukünftige Berufswahlentscheidungen der Lernenden		
	•		
e. Optimierung des Selbstmanagements			
Die Lehrkraft	• organisiert sich selbst durch strukturierte und ökonomische Arbeitsweise		
	• achtet auf effektiven Arbeitsaufwand		
	• unterstützt und nutzt kollegiale Zusammenarbeit		
	• reflektiert eigene Arbeitsprozesse		
	•		

⇧ übertrifft die Anforderungen   O = entspricht den Anforderungen   × = Optimierungsbedarf   × × = hoher Optimierungsbedarf

Lernentwicklungsgespräch

1. Wesentliche Inhalte der Ausführungen des Lehramtsanfängers

2. Gestellte Hauptfragen des vertiefenden Fachgesprächs

3. Beurteilung

Päd.-psycholog. Fachkompetenz

- ☐ äußerst fundierte Grundkenntnisse, sehr umfassendes Konzept, besonders hervorragend
- ☐ sehr überzeugend und sachlich begründet
- ☐ zufriedenstellender, folgerichtiger Darlegung
- ☐ wenig zusammenhängender Gebrauch von Einzelwissen, meist fundiert
- ☐ wenig sicherer Gebrauch von professioneller Fachsprache

Dargelegte Handlungskompetenz

- ☐ sehr gut begründet, fachlich fundiert und sehr überzeugend vorgetragen
- ☐ gut begründet, fachlich fundiert und überzeugen dargelegt
- ☐ konzeptionell schlüssig, pädagogisch begründet vorgetragen
- ☐ brauchbar und sachlich weitgehend begründet, nicht immer schlüssig
- ☐ mangelhaftes Begründungskonzept, unklare Vorgehensweise
- ☐ ungenügendes und fehlerhaftes Konzept

Reflexionsexpertise

- ☐ äußerst fundiert
- ☐ sehr klar und aussagekräftig
- ☐ konzeptionell reflektiert und diagnostisch hinterfragend
- ☐ wenig praxisbezogen, wenig eigenständige Gedankenführung
- ☐ mangelhafte Reflexionskompetenz ohne fachliche Tiefe
- ☐ kein fachliches Grundwissen

Wertungsfreie Fragemöglichkeiten im Prüfungsgespräch nach der schulpraktischen Prüfung – Lehrprobe

Um mit dem Lehramtsanfänger nach der Lehrprobe ins Gespräch zu kommen ohne bereits tendenziös eine Note aufgrund der Fragestellung vorwegzunehmen, wie etwa durch wertende Adjektive in der Gesprächsführung (»In der mangelnden Organisation der Gruppenarbeit waren zusätzlich die Arbeitsaufträge und die Zielklarheit nicht klar gestellt und von den Lernenden erfasst. Warum haben Sie denn nicht die bessere Variante der Partnerarbeit gewählt?«), ist das Stellen offener Fragen eine Möglichkeit, die Kontrolle über das Gespräch auf den Lehramtsanfänger, der die Frage beantwortet zu übergeben, wodurch eher ein Austausch zwischen den Gesprächsteilnehmern als ein »Ausfragen«.

Eine offene Frage beginnt mit einem Fragewort und gibt dem Lehramtsanfänger die Möglichkeit, umfassender und in vollständigen Sätzen zu antworten als mit Ja/ Nein- Antworten.

Wer ..., wie ..., was ..., wo ..., weswegen ..., wieso ..., weshalb ..., woher ..., wodurch ..., womit, worin ..., welche ...

Fragenschwerpunkt auf auslösende Momente
Worin sehen Sie die Ursachen...?
Was war für Sie ausschlaggebend...?
Wodurch wurde dies ausgelöst...?

Fragenschwerpunkt auf zeitliche Entwicklungen
Wie kam es zu...?
Wie entwickelte sich...?
Was ging dem voraus...?

Fragenschwerpunkt auf Beweggründe des Lehramtsanfängers
Was ging in Ihnen vor, als...?
Was waren Ihre Beweggründe für...?
Wodurch gelangten Sie zu dem Entschluss...?

Fragenschwerpunkt auf Umfeldbedingungen
Welche Umstände waren ausschlaggebend...?
Welche Gegebenheiten spielen eine Rolle...
Welche äußeren Faktoren waren ausschlaggebend...?

Fragenradar: Aufmerksamkeitsrichtungen für offene Fragestellungen im Nachgespräch zu einer Lehrprobe:

Bedeutung, Konseqeuenzen, Entwicklung, Ziele, Ausmaß, Qualität, Quantität, Ursache, Entwicklung, Betroffenheit, Wirkung

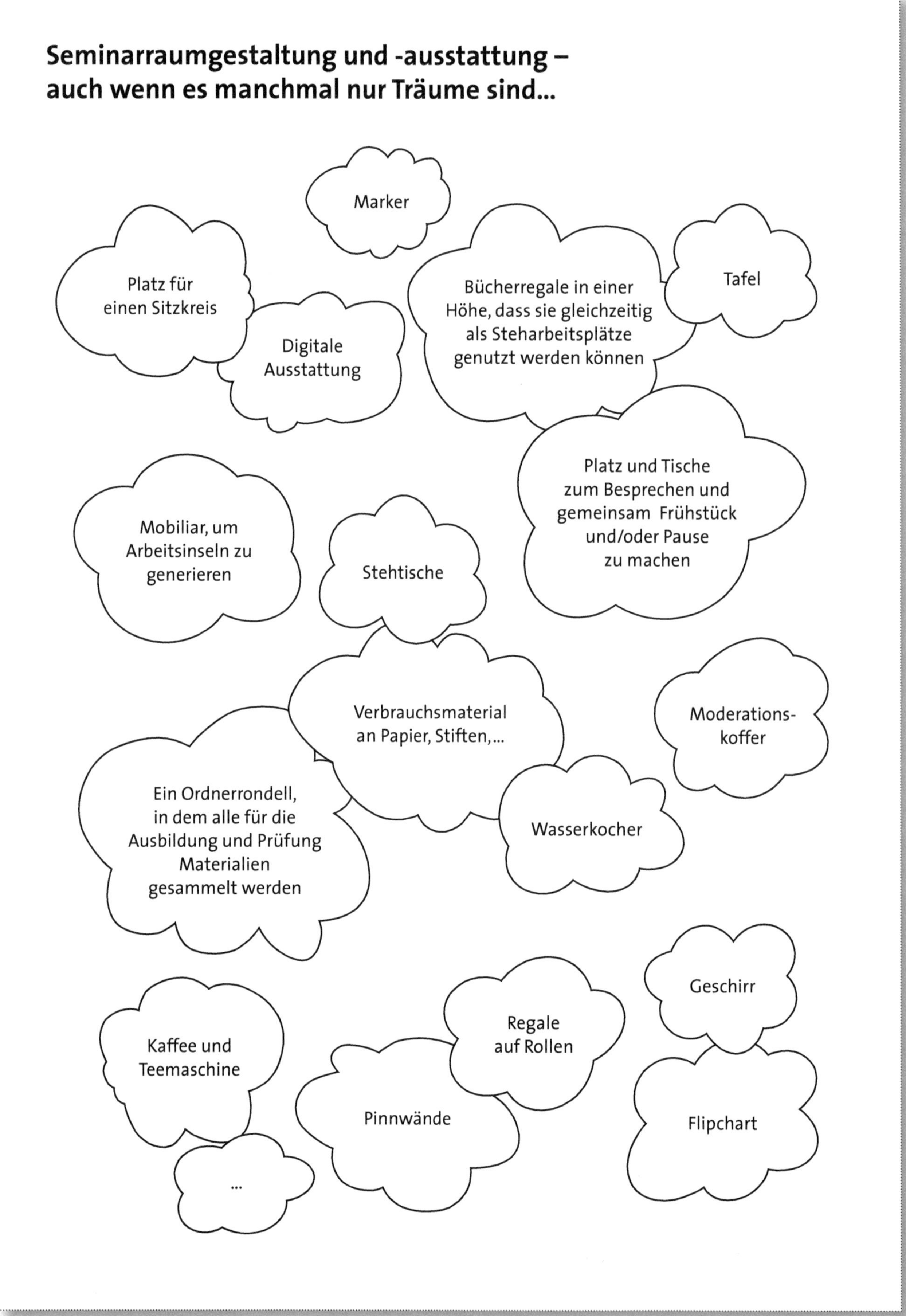
Seminarraumgestaltung und -ausstattung –
auch wenn es manchmal nur Träume sind...
Marker
Platz für einen Sitzkreis
Digitale Ausstattung
Bücherregale in einer Höhe, dass sie gleichzeitig als Steharbeitsplätze genutzt werden können
Tafel
Platz und Tische zum Besprechen und gemeinsam Frühstück und/oder Pause zu machen
Mobiliar, um Arbeitsinseln zu generieren
Stehtische
Verbrauchsmaterial an Papier, Stiften,...
Moderations-koffer
Ein Ordnerrondell, in dem alle für die Ausbildung und Prüfung Materialien gesammelt werden
Wasserkocher
Geschirr
Regale auf Rollen
Kaffee und Teemaschine
Pinnwände
Flipchart
...

Lernspur für die Arbeit in der Lehrwerkstatt Lehrerbildung

Name:		**Datum:**
Ziel: Das nehme ich mir vor Zuordnung zum Kompetenzbereich in Anlehnung an die Lehrerbildungsstandards (KMK Beschluss von 2004)	**Informationsquellen, verwendete Literatur/Medien/ Internet,...**	**abgeschlossen am:**
Das nehme ich aus meiner heutigen Arbeit in der Lehrwerkstatt Lehrerbildung mit:		

Erweiterte Reflexion

Ich habe geschafft, was ich wollte	So schwer war es für mich	So sehr habe ich mich angestrengt
☐ ☐ ☐ ☐ ☐	☐ ☐ ☐ ☐ ☐	☐ ☐ ☐ ☐ ☐

Kreuzen Sie an: Diese Metapher möchte ich für die Zwischenreflexion oder Schlussrunde nutzen:

☐ Eine Schlüsselerkenntnis für mich war...	☐ Das liegt mir am Herzen... / Ich habe erlebt / gefühlt...	☐ Ich habe Unterstützung bekommen von... / Mir hat geholfen, dass	☐ Mir hat besonders gut gefallen, dass
☐ Ich habe gelernt... / eine neue Idee bekommen	☐ Diese Puzzlestücke sind für mich dazu gekommen	☐ Ich habe eine neue Perspektive auf...	☐ Meine nächsten Schritte werden sein...

Begründung

Diese Materialien zur Arbeit an diesem Themenschwerpunkt kann ich weiter empfehlen...

Das setze ich ganz konkret um:

